大学生心理素质教育丛书
DAXUESHENGXINLISUZHIJIAOYUCONGSHU

心理素质教育
实践教程

SHIJIAN JIAOCHENG

北京高校学生心理素质教育工作研究中心组织编写

XINLISUZHI JIAOYU
SHIJIAN JIAOCHENG

经济管理出版社
ECONOMY & MANAGEMENT PUBLISHING HOUSE

图书在版编目（CIP）数据

心理素质教育实践教程/北京高校学生心理素质教育工作研究中心组织编写．—北京：经济管理出版社，2008.4
ISBN 978-7-5096-0207-2

Ⅰ．心… Ⅱ．北… Ⅲ．大学生—心理卫生—健康教育—教材 Ⅳ．B844.2

中国版本图书馆 CIP 数据核字（2008）第 035446 号

出版发行：经济管理出版社
北京市海淀区北蜂窝 8 号中雅大厦 11 层
电话：(010)51915602　　邮编：100038
印刷：世界知识印刷厂　　　　经销：新华书店

组稿编辑：贾晓建	责任编辑：贾晓建　杨小泽
技术编辑：晓　成	责任校对：超　凡

880mm×1230mm/32　　11 印张　　287 千字
2008 年 4 月第 1 版　　2008 年 4 月第 1 次印刷
印数：1—10000 册　　定价：20.00 元
书号：ISBN 978-7-5096-0207-2/F·203

·版权所有　翻印必究·

凡购本社图书，如有印装错误，由本社读者服务部
负责调换。联系地址：北京阜外月坛北小街 2 号
电话：(010)68022974　邮编：100836

大学生心理素质教育丛书编委会

主编： 林永和

成员： （以姓氏笔画为序）

田宝伟　刘立新　刘海鹃　陈红敏　杨舒立

林永和　金冬梅　龚　文　董竹娟　傅　磊

关于深入开展高等学校心理健康教育的研究报告*

(代总序)

"如何引导当代大学生形成健康的心理素质，促进他们更好地应对人生和社会的各种问题和矛盾"课题组

胡锦涛总书记在全国加强和改进大学生思想政治教育工作会议的讲话中，提出了"如何引导当代大学生形成健康的心理素质，促进他们更好地应对人生和社会的各种问题和矛盾"的问题，这是当前需要深入研究解决的一个重大课题。本报告简要回顾了高等学校心理健康教育的历史发展，重点分析了我国高等学校心理健康教育的状况，探讨了高等学校心理健康教育存在的问题，并提出了在高等学校深入开展心理健康教育的对策建议。现在分三部分阐述如下：

一、高等学校心理健康教育的兴起与发展

我国高校的心理健康教育起源于20世纪80年代的心理咨询服务。在1984年、1985年前后，上海、北京、浙江、湖北、陕西、四川等地的一些高校尝试性地开展了大学生心理咨询服务，

---

* 本文是2005年度国家社会科学基金重大项目"新世纪新阶段大学生思想政治教育问题研究"（05&ZD021）相关子课题的阶段性成果。课题组组长：中共北京市教育工委常务副书记张建明；课题组成员：中共北京市教育工委宣教处、北京高教学会心理咨询研究会部分人员；本报告执笔人：北京工商大学教授、北京高教学会心理咨询研究会理事长林永和。

一些院校还建立了心理咨询机构，组织了各种形式的心理咨询活动。到1986年年底，全国已有30余所大学开展了大学生心理咨询工作。[①] 1988年6月，在上海交通大学召开了"首届咨询教育理论与实践研讨会"，此次会议对推动大学生心理咨询工作、建立全国大学生心理咨询研究机构产生了重要影响，标志着高校心理咨询工作的兴起。这一阶段的工作虽然限于少数学校对个别学生的心理咨询服务和少数学校开展的心理健康教育，具有自发性和局限性的特点，但已经有了一个良好的开端。

1990年8月，中国心理卫生协会在青岛召开学术年会，正式成立中国心理卫生协会大学生心理咨询专业委员会。同年11月，北京师范大学召开了中国心理卫生协会大学生心理咨询专业委员会第一次学术年会，有17个省市的近百所学校的代表参加。会议号召全国高校在开展各种形式的心理咨询活动的同时，还要大力开展大学生心理健康教育。会后，北京、上海、浙江等省市迅速成立了大学生心理咨询专业委员会地方分会，这标志着心理健康教育开始在高等学校全面兴起。

20世纪90年代以来，全国大学生心理健康教育进入了蓬勃发展时期。在这个时期，党中央和国务院及各地政府相继出台了多个推动大学生心理健康教育的文件。1994年《中共中央关于进一步加强学校德育工作的若干规定》指出："在科学技术迅速发展，社会主义市场经济体制逐步建立的情况下，如何指导学生在观念、知识、能力、心理素质方面尽快适应新的要求，是学校德育工作需要研究的新课题。"并且提出"要积极开展青春期卫生教育，通过多种方式对不同年龄层次的学生进行心理健康教育和指导，帮助学生提高心理素质，健全人格，增强承受挫折、适应环境的能力"，"德育工作者要深入到学生中去，通过谈心、咨询等活动，指导他们处理好在学习、成才、择业、交友、健康、生活等方面遇到的矛盾和问题"。

1999年，中共中央、国务院颁发《关于深化教育改革　全面

[①] 参见《健康报》，1987年1月18日。

推进素质教育的决定》,提出要"针对新形势下青少年成长的特点,加强学生的心理健康教育,培养学生坚韧不拔的意志、艰苦奋斗的精神,增强青少年适应社会生活的能力"。

进入 21 世纪以来,我们党更加重视包括大学生在内的青少年的心理素质教育。十六届四中全会通过的《中共中央关于加强党的执政能力建设的决定》明确提出要"切实抓好青少年的思想品德和心理素质教育,健全学校、家庭、社会各负其责又密切配合的教育网络,把社会主义思想道德生动具体地融入青少年成长的各个环节,营造有利于青少年健康成长的思想文化环境",把青少年的心理素质教育作为思想政治工作教育的重要组成部分。在党中央和政府的高度重视下,在社会的普遍关注中,大学生心理健康教育逐渐规范化,在各个方面都取得了较大的成绩。这主要表现在:

1. 开设了心理健康教育课程

许多高校针对大学生心理方面存在的实际问题,积极组织专兼职教师开设了大学生心理素质教育、大学生心理素质训练、大学生心理与调适、大学生心理卫生与咨询、挫折教育与心理测量、社会心理学、团体心理训练、自我心理平衡、人际关系与交际技巧等心理素质与心理健康教育课程。北京市 2005 年 10 月的调查表明,66 所高校中有 39 所开设了心理素质教育或心理健康课程,占调查高校的 59.1%;35 所学校开设了与心理素质和心理健康相关的课程,占调查高校的 53%。实践证明,这些课程的选修率较高,在一定程度上满足了学生对心理素质与心理健康知识的需求,使多数学生的心理素质与心理健康知识、技能得到了丰富和提高。

2. 建立了心理健康咨询机构

建立大学生心理健康辅导中心,为大学生提供日常的服务咨询,是深入开展心理健康教育的有效途径。经过努力,北京市及许多省市的高校已建立了学校、院系和学生心理委员三级心理健康教育和心理疾病预防与危机干预工作体系,形成了课内与课外、教育与指导、咨询与自助结合的心理健康教育模式,心理健康的理念逐步深入，学校教职员工积极为学生的健康成长创造良好的心理氛围。调查表明，截至 2005 年年底，北京市 66 所高校中有 62 所建立了心理素质教育和心理咨询机构，所占比例达到 93.9%。

3. 开展了丰富的心理健康教育实践活动

丰富的心理健康教育实践活动进一步增强了心理健康教育的实效性。例如，2000 年兴起的"5·25"大学生心理健康节活动在全国许多高校精彩纷呈；"大学生心理素质与心理健康教育"宣传月（周、日）活动不断创新，受到了广大师生的热烈欢迎，增强了广大师生维护心理健康的意识，使心理素质与心理健康教育的知识和理念在一定程度上得以深化和推广。

4. 创办了大学生心理健康教育的宣传刊物

在开展心理健康教育的过程中，全国一些高校创办了各种类型的大学生心理健康方面的刊物。这些刊物融科学性、思想性、启发性、趣味性为一体，采取大学生喜闻乐见的形式，宣传心理健康与提高心理素质的重要性，介绍国内外先进的心理调适方法，普及心理健康及提高心理素质知识，使学生在闲暇时间里轻松自然地接受了心理素质与心理健康的教育。

5. 创办了心理热线和广播栏目

近年来，一些高校创办了"大学生心理健康咨询热线"，由专职教师负责解答学生提出的问题，许多学生从中受益，解决了各种心理困惑，重新扬起理想的风帆。此外，许多学校的广播站创办了"心灵之声"、"心灵有约"等栏目，向广大师生宣传心理素质与心理健康知识，解答学生提出的带有普遍性的心理困惑问题，使学生们的心理健康得到多方面的关爱，心理问题得到了有效的疏导。

6. 成立了"大学生心理健康协会"等社团组织

为了使大学生学会自助，并使心理健康教育得到大面积推广，许多高校成立了"大学生心理健康协会"、"心友学社"等社团组织，吸收对维护大学生心理健康工作有热情、有兴趣的同学为会员，由专职教师对他们进行相关知识、技能的培训，以此增进学生的自我调适能力。学生社团发挥了"朋辈"之间代沟小、防御性低、共性多、互动性大等优势,积极开展"朋辈"互动、"朋辈"咨询活动,有效开发丰富的教育资源,充分发挥学生自我教育、自我管理的积极作用。

7. 建立了心理健康教育网站

随着互联网络日益深入人们的日常生活,许多高校兴办了符合大学生实际需要的心理健康教育网站。这些网站积极发挥网络优势,大力宣传普及心理素质与心理健康的知识,占领了心理健康教育的主阵地。许多学生能通过网络向自己信赖的心理辅导教师或心理专家进行网上咨询,及时解决了学习、生活中遇到的各种心理问题。现在许多高校正在融合心理健康教育和思想政治教育的资源,创建有利于大学生健康成长、成才的校园"红色网站"。

8. 加大了培训和科研经费的投入

近年来,在教育部举办全国高校大学生心理健康教育骨干教师培训班的同时,各省(直辖市、自治区)教育行政部门也增加了投入,形成了经费保证机制,积极开展培训及资助大学生心理素质与心理健康教育课题研究等活动。例如,北京市教育工委制定了心理素质与心理健康教育文件——《北京高校大学生心理素质与心理健康教育教学大纲》、《北京高校大学生心理素质与心理健康教育咨询大纲》和《北京高校大学生心理素质与心理健康教育心理疾病与危机干预大纲》,连续几年投入经费,设立大学生心理素质与心理健康教育研究课题,培训心理素质与心理健康教育骨干教师,有力地推动了北京市高校心理素质与心理健康教育的深入开展。江苏省教育厅制定颁发了《关于切实做好全省大学生心理健康教育工作的意见》,要求各高等院校在年度经费预算中,按每年生均不低于15元的标准设立心理健康教育工作专项经费。其他省市也推出了类似的举措,大力关心和支持高校心理健康教育的良好局面已经初步形成。

9. 推动了心理健康教育和思想政治教育的融合

随着社会的发展,提高大学生的心理素质和社会适应能力、开发学生的潜能、塑造学生的健全人格等问题，逐渐成为学校思想政治教育的重要内容。近年来，伴随德育理论研究的深化，德育的内容拓展为政治教育、思想教育、品德教育和心理健康教育四个方面，一些德育教师因此参与了大学生心理健康教育方面的工作，并从中认识到：不少看似思想意识、道德品质的问题，实际上是由心理问题或心理障碍引起的，若从心理咨询的角度进行教育，收到的效果往往更好。思想政治工作的开展和理论研究的深化，进一步提高了社会和德育工作者对心理健康教育在高校思想政治工作中的重要作用的认识，这对于加强和改进高校思想政治教育及心理健康教育工作，意义十分深远。

二、高等学校心理健康教育存在的问题

改革开放20多年来，我国高等学校心理健康教育工作获得了较大发展，但仍然存在不少问题。主要表现在以下几方面：

1. 心理健康教育机构不完善

设立高校心理健康教育机构，应做到人员、场地、经费、活动时间落实，大学生心理健康教育工作才有保证。但是，部分省市的抽样调查反映出，全国高校心理健康教育机构中兼职人员多、专职人员少、经费无保证的现象十分普遍。

2. 难以满足学生的要求

目前，心理素质与心理健康教育在许多高校已经受到重视，但普及率仍然较低，仍难以满足学生的要求。许多高校只是将心理健康教育课程列为公共（自由）选修课，只有大约20%的学生能够选修此类课程，即使工作做得较好的学校，也难以满足学生学习心理健康知识的强烈愿望。[①]

3. 学校及各级领导的重视程度有待进一步提高

目前，仍有一些学校对心理健康教育的重要性缺乏足够认识，虽设有专门的心理健康教育机构，但在人、财、物方面的投

---

① 参见北京2005年10月高等学校心理健康教育机构调查报告。

入却远远不够，直接影响了工作的正常开展，学校及各级领导的重视程度有待进一步提高。①

4. 政策不到位影响专业队伍稳定

高等学校心理健康教育涉及心理学、思想政治教育、医学等知识，是一项专业性很强的工作。它要求教师既要有很强的敬业精神，又要经过特殊的专业训练。我国大部分高校现在都设有正式或非正式的心理咨询机构，其成员大多是业余或兼职教师，尽快形成一支高水平的专业队伍已迫在眉睫。

5. 培训工作缺乏系统化、规范化

从事心理教育与辅导工作的人员需要接受系统的培训、指导和资格认证，培训工作的规范化直接影响着心理健康教育事业的健康发展。由于我国目前没有统一机构管理，对课程设置、时间安排和资格认证等也未施行统一的要求，培训及督导工作仍处于比较混乱的状态。教育行政部门虽已开始重视对领导、教师、医务人员进行心理健康教育培训，但培训力度仍然不能满足客观发展的需要。

三、深入开展大学生心理健康教育的建议

为了贯彻落实《中共中央、国务院关于进一步加强和改进大学生思想政治教育的意见》和《教育部、卫生部、共青团中央关于进一步加强和改进大学生心理健康教育的意见》精神，通过调查研究和广泛征求意见，我们对深入开展大学生心理健康教育工作提出以下建议。

1. 提高思想认识，切实加强领导

各级教育行政部门和各高校要把思想认识统一到中央精神上来，深刻认识开展心理健康教育对于加强和改进大学生思想政治教育工作的重要意义，学校党委和行政领导要把心理健康教育列入学校工作的重要议事日程，纳入学校整体教育规划中，切实加

---

① 参见北京 2005 年 10 月高等学校心理健康教育机构调查报告。

强对心理健康教育工作的领导。

要加大政策支持力度，把心理健康教育工作作为学校建设和"十一五"规划的重要组成部分，从机构定位、人员构成、课程设置、队伍建设、经费投入、设施保障等方面进行规范管理，保证各项措施落到实处。高校心理健康教育工作需要全体教职员工关心支持，共同帮助大学生正确处理在学习、恋爱、人际交往、职业发展等方面的心理困扰，努力促进大学生健康成长。学校应将心理健康教育渗透到教学、管理、服务的全过程，不仅要设置专门机构为大学生提供心理辅导与咨询，而且要动员和引导全体教职员工关注大学生心理健康教育，并将心理健康教育落实到学科教学、思想品德教育、班主任工作、校园文化建设、教师心理保健等各个环节，努力营造全员育人的氛围，形成校校有心理教育机构、人人关心学生心理健康的局面。

教育行政主管部门应尽快研究制定出心理健康教育的明确要求和规定，制定出心理健康教育的建设与评估标准，切实加强对心理健康教育的指导和管理。高等学校心理健康教育的建设与评估标准应包括六个方面：一是学校领导的重视程度；二是必要的条件保障；三是建立健全心理健康教育制度；四是心理咨询机构的设立与运行；五是心理疾病与心理危机的预防与干预；六是心理健康教育工作的实际效果。教育行政主管部门要将这项工作正式列入高校学生工作，认真进行评估验收，或在校园文明评估、党建评估中列入心理健康教育的考评指标，以推动和确保高校心理健康教育工作的持续、健康发展。

2. 健全教学制度，提高教育质量

心理健康的教学是高校开展心理健康教育的重要途径与方法，高校心理健康教育工作要全面贯彻党的教育方针，明确教学目标和教学原则。深入开展心理健康教育，必须将心理健康教育课程列为大学生（研究生）的必修课或限定选修课，使全体学生掌握心理健康知识，以大多数学生是否满意为教学质量的评价标准，把提高每个学生的心理素质作为重要任务；要提高课程的吸引力，增强课堂教学的实效性；要经常组织专家和学生对课堂教学进行评估检查，努力建设精品课程；要加快心理健康教育进网络的步伐，为大学生的心理健康教育和咨询提供新的平台和途径。

高校心理健康教育机构应进一步加大宣传教育工作的力度，在继续保持对低年级学生进行宣传教育工作的基础上，加大对高年级尤其是本科四年级和研究生的心理健康教育工作。要开设和完善大学生心理健康教育课程，通过开展心理健康宣传周、宣传月活动等方式，通过普及心理健康知识，增强学生的心理健康意识，协助学生自觉维护自身的心理健康，提高心理素质。

3. 规范心理咨询，健全服务体系

高校心理咨询是运用心理学的理论与方法，帮助大学生解决成长中遇到的心理困惑，使他们正确认识自我、接纳自我、完善自我、开发潜能、健康发展。高校心理咨询必须坚持以育人为本，以学生的心理健康需要为出发点，遵循学生心理发展的规律及个体发展的客观要求。心理咨询的内容主要是对大学生在学习、恋爱、人际交往、职业发展、自我认识和人生意义探询等方面的心理困扰开展咨询。心理咨询可采取个别咨询、团体咨询、团体训练、网络咨询、电话咨询、书信咨询等多种形式，为大学生提供多方面的服务。要积极做好新生心理健康普查工作，建立健全学生心理健康档案资料，定期对学生的心理发展状况进行分析、预测，对患有心理疾病的学生及时进行矫治，帮助他们提高心理健康水平；同时多关注独生子女学生、边远农村学生和研究生的心理健康教育，重视对不同阶段及不同学生群体的心理咨询服务。心理咨询必须由受过专业培训、具有专业资格的人员来承担，因此，教育行政部门应尽快出台高校心理咨询人员的资格认定标准。

4. 强化心理疾病预防与危机干预，稳定校园秩序

高校应建立学生心理疾病预防与危机干预预案，建立健全班级、院系和学校三级预防体系，努力构建完善的工作系统。做到有专人负责、有专职队伍、有专业人员、有专门培训，一旦大学生遇到灾难性或重大的心理创伤事件时，学校有能力提供紧急的、质量有保证的服务。近年来，全国各地高校大学生心理疾病与心理危机呈上升趋势，大学生自杀与他杀事件屡屡发生，引起

了全国人民关注,因此,积极开展心理问题早期发现和主动干预,对于维护学生心理健康、稳定校园秩序显得格外重要。

5. 重视学科建设,完善师资队伍

重视学科建设、完善师资队伍、规范专业培训是当前心理健康教育的迫切任务。高校心理健康教育工作的质量主要取决于师资队伍的质量,教育行政部门应花大力气抓师资队伍建设,认真研究制定高校心理健康教师培训规划和方案,加强对心理健康教师实际操作能力的培养,建立高校心理健康教育师资培训基地,加大政策和经费支持力度,促进高等学校心理健康教育工作又好又快发展。

6. 切实帮助大学生解决实际问题

加强和改进高校心理健康教育,要切实帮助大学生解决实际问题。全国高等学校要在建立健全班级、院系和学校三级心理健康教育和心理疾病预防体系的基础上,开展深入细致的谈心活动,注重对大学生的人文关怀和心理疏导,帮助大学生解疑释惑;要采取切实有效措施,帮助大学生缓解来自经济、就业、学习和生活等方面的压力,帮助他们培养良好的心理素质;要进一步动员全体教职员工关注大学生的心理健康,促进大学生的健康成长。

2007年10月15日胡锦涛总书记在中国共产党第十七次全国代表大会上的报告中指出:"加强和改进思想政治工作,注重人文关怀和心理疏导,用正确方式处理人际关系。动员社会各方面共同做好青少年思想道德教育工作,为青少年健康成长创造良好社会环境。"这是我们深入开展大学生心理健康教育的重要指导方针。我们相信,在党的"十七大"精神和中央关于进一步加强和改进大学生思想政治教育工作精神的推动下,在国家和各地教育部门的领导及大力支持下,通过全国高校教职员工的积极努力,我国高校的心理健康教育在"十一五"期间一定能够深入持续发展。

序 言

  人类进入21世纪以来，社会生活节奏日益加快，科学技术飞速进步，新知识层出不穷，迫使人们不断更新知识；工业化、都市化、人口高度集中，造成了居住和交通的日益拥挤，人际关系也会变得越来越复杂；市场经济体制的建立和发展，使得竞争加剧、压力增大、心理问题凸显。大量的心理学研究表明，人类社会的健康状况已经从"传染病时代"、"躯体疾病时代"进入了"心理疾病时代（精神病时代）"。随着社会生活水平的提高和生活方式的改变，人们对生活质量和健康水平的要求也日益提高，使得大学生心理素质与心理健康教育愈发重要。在社会生活发生复杂而深刻变化的时期，如何全面推行素质教育，指导大学生打好素质基础，整合协调发展，促进心理健康，在观念、知识、能力、心理素质等方面尽快适应社会发展的新要求，是高等学校需要研究和解决的新课题。

  进入21世纪以来，我们与全国高等学校的心理健康教育教师并肩作战，深入开展了大学生心理素质和心理健康教育的研究和实践探索：2002年10月~2005年12月，北京高教学会心理咨询研究会理事长、北京工商大学林永和教授完成了全国高等教育"十五"规划重点课题——"大学生心理素质教育的研究"；2005年8月，受中共北京市教育工委常务副书记张建明教授的委托，林永和教授开展了2005年度国家社会科学基金重大项目"新世纪新阶段大学生思想政治教育问题研究"（05&ZD021）相关子课题的研究，2007年11月完成了阶段性成果《关于深入开展高等学校心理健康教育的研究报告》（见代总序）；2005年12月~2006年12月，林永和教授完成了中共北京市教育工委重点课题——

"大学生心理素质教育评估和建设标准的研究";参加了中共北京市教育工委、北京市教育委员会等六个部门关于《北京高校大学生心理素质教育教学大纲》、《北京高校大学生心理素质教育咨询大纲》、《北京高校大学生心理素质教育心理疾病预防和危机干预大纲》的制定;2006年4月,中共北京市教育工委和北京市教育委员会下发文件,决定由北京工商大学与首都师范大学共同建设"北京高校学生心理素质教育工作研究中心",2006年7月,北京工商大学党委任命林永和教授为中心主任;2006年10月,中共北京市教育工委和北京市教育委员会下拨131万余元在北京工商大学建设"北京地方高校科技创新平台——北京大学生心理素质教育研究基地",一年多来,在学校党委的领导和支持下,完成了上级领导交付的各项工作任务,成绩显著。特别是在"大学生心理素质训练馆"的建设上有所创新;在研究生心理素质教育方面有所突破;在班级心理委员培训上进一步规范;在院系心理素质教育方面进一步深入;完善了学校心理素质教育与危机干预三级体系,促进了校园的和谐稳定;积极探索了心理素质教育与思想政治教育相结合的新途径,具有高等学校心理素质教育的示范作用;2007年11月通过了由教育部思想政治教育司和中共北京市教育工委等单位专家组成的专家组的评估验收。

  春华秋实,在喜庆中共十七大胜利召开的日子里,由北京高校学生心理素质教育工作研究中心组织编写的《大学生心理素质教育丛书》完成了第一批书稿,包括《研究生心理健康教育读本心理健康:人生成功的起点》、《心理素质教育实践教程》、《学生心理委员读本》、《大学生职业生涯辅导》和《毕业生就业指导》(第二版),希望能够积极贯彻党中央、国务院关于开展素质教育的文件和各级教育部门开展心理素质教育的文件精神,紧密联系我国改革开放的伟大实践和当代大学生的思想特点,"有针对性地帮助大学生处理好学习成才、择业交友、健康生活等方面的具体问题,提高思想认识和精神境界"。促进大学生心理素质和心理健康教育的深入研究。

  该书编写的指导思想旨在通过课堂教学和训练,试图帮助大学生掌握增进心理素质和维护心理健康的基本知识和方法，培养大学生良好的心理素质，以适应社会发展对人才素质的全面要求。

针对大学生在成长过程中面临的主要问题，本书从心理素质及其培养、认识自我、情绪调节、意志培养、良好个性、学习心理、人际关系、个性优化、创造思维、领导能力、心理卫生、生涯规划12个方面，密切结合学生的心理特点，从小故事入手，介绍心理素质的小常识和小测试，注重学生的积极参与，帮助学生解决在大学生涯中面临的实际问题，不断提高大学生的心理素质和心理健康水平。

希望广大同学和读者能够在《心理素质教育实践教程》的启发下，自我认识、自我体验、自我教育，不断提高自身的心理素质，积极开展大学生喜闻乐见的心理素质和心理健康教育活动，丰富校园文化生活，促进大学生的心理健康发展；也希望教师在使用本教材时注意在教学方式上灵活多样和生动活泼，以启发式和参与式教学法为主，吸引学生参与到教学活动中来，不断开发新的教学方法和推出新的教学形式，并对教材中的疏漏、缺陷和不足提出修改意见，以促进教材的充实和完善。同时欢迎广大同学和读者提出批评和建议。

参加本书编写的有林永和、卢思锋、董竹娟、龚文、刘立新、张平、杨林、陈红敏、杨舒立、傅磊等老师，林永和教授担任主编，负责统稿和校对工作。在本书的编写过程中，我们参阅了大量的学术著作、学术论文、研究成果和上级有关文件，并得到了北京工商大学领导和有关部门的大力支持，得到了经济管理出版社的积极协助，在此一并表示真诚的谢意！

北京高校学生心理素质教育工作研究中心
2007年12月

目 录

第一章 绪 论 ……………………………………………… 1
- 第一节 心理素质小常识 …………………………………… 2
- 第二节 大学生的心理素质 ………………………………… 7
- 第三节 开展心理素质训练的方法 ………………………… 14
- 作业与思考 …………………………………………………… 20

第二章 自我认知 …………………………………………… 21
- 第一节 自我认知小常识 …………………………………… 23
- 第二节 自我认知小测试 …………………………………… 36
- 第三节 自我认知训练 ……………………………………… 49
- 作业与思考 …………………………………………………… 54

第三章 情绪管理 …………………………………………… 55
- 第一节 有关情绪小常识 …………………………………… 56
- 第二节 情绪状态小测试 …………………………………… 69
- 第三节 情绪管理训练 ……………………………………… 81
- 作业与思考 …………………………………………………… 88

第四章 意志品质 …………………………………………… 89
- 第一节 有关意志小常识 …………………………………… 90
- 第二节 意志品质小测试 …………………………………… 98
- 第三节 意志品质训练 ……………………………………… 101
- 作业与思考 …………………………………………………… 107

第五章 学习心理 …………………………………………… 108

第一节 有关学习小常识 …………………………………… 109
第二节 学习心理小测试 …………………………………… 119
第三节 学习能力训练 ……………………………………… 122
作业与思考 …………………………………………………… 129

第六章 人际交往 …………………………………………… 130

第一节 人际交往小常识 …………………………………… 130
第二节 人际关系小测试 …………………………………… 137
第三节 人际交往训练 ……………………………………… 150
作业与思考 …………………………………………………… 154

第七章 个性优化 …………………………………………… 155

第一节 个性理论小常识 …………………………………… 156
第二节 有关个性小测试 …………………………………… 166
第三节 优化个性训练 ……………………………………… 172
作业与思考 …………………………………………………… 176

第八章 创新思维 …………………………………………… 177

第一节 创新思维小常识 …………………………………… 177
第二节 创新思维小测试 …………………………………… 188
第三节 创新思维训练 ……………………………………… 198
作业与思考 …………………………………………………… 205

第九章 心理卫生 …………………………………………… 206

第一节 心理卫生小常识 …………………………………… 207
第二节 心理卫生小测试 …………………………………… 215
第三节 心理卫生训练 ……………………………………… 229
作业与思考 …………………………………………………… 232

第十章 领导能力 ······ 233
第一节 有关领导小常识 ······ 233
第二节 领导能力小测试 ······ 241
第三节 表达能力训练 ······ 244
作业与思考 ······ 254

第十一章 生涯规划 ······ 255
第一节 生涯规划小常识 ······ 257
第二节 生涯规划小测试 ······ 264
第三节 生涯规划训练 ······ 280
作业与思考 ······ 290

第十二章 求职择业 ······ 291
第一节 求职择业小常识 ······ 292
第二节 求职择业小测试 ······ 305
第三节 求职择业训练 ······ 311
作业与思考 ······ 315

附录一 心理素质拓展训练简介 ······ 316

附录二 关于进一步加强北京高等学校学生心理素质教育工作的意见(试行) ······ 323

参考文献 ······ 329

第一章 绪 论

[小故事] 接纳自己

多年前的一个傍晚,一个叫亨利的青年移民,站在河边发呆。这天是他30岁生日,可他不知道自己是否还有活下去的必要。因为亨利从小在福利院里长大,身材矮小,长相也不漂亮,讲话又带着浓厚的法国乡下口音,所以他一直很瞧不起自己,认为自己是一个既丑又笨的乡巴佬,连最普通的工作都不敢去应聘,没有工作,也没有家。

就在亨利徘徊于生死之间的时候,与他一起在福利院长大的好朋友约翰兴冲冲地跑过来对他说:"亨利,告诉你一个好消息!"

"好消息从来就不属于我。"亨利一脸悲戚。

"不,我刚刚从收音机里听到一则消息,拿破仑曾经丢失了一个孙子,播音员描述的相貌特征,与你丝毫不差!"

"真的吗,我竟然是拿破仑的孙子?"亨利一下子精神大振,联想到爷爷曾经以矮小的身材指挥着千军万马,用带着泥土芳香的法语发出威严的命令,他顿感自己矮小的身材同样充满力量,讲话时的法国口音也带着几分高傲和威严。

第二天一大早,亨利便满怀自信地来到一家大公司应聘。

20年后,已成为这家大公司总裁的亨利,查证自己并非拿破仑的孙子,但这早已不重要了。

「大智慧」承认自己,欣赏自己,将自己的长处发挥出来。如果你能做到这一点,那成功离你就不远了。

21世纪是高素质人才竞争的时代,哪个国家拥有高素质人才,科学技术就领先于世界。教育上培养高素质人才是时代的呼唤。我国非常重视人才素质的培养，要求各级各类学校通过素质教育，培养高素质的人才。在本章中，我们将在介绍心理科学和心理素质基本常识的基础上，介绍心理素质训练的基本内容，论述大学生提高心理素质的意义，讲授大学生良好心理素质培养的方法和途径。通过本章的教学，使大学生了解什么是心理素质及良好心理素质的特征；认识提高心理素质教育对自身健康成长的意义；掌握提高自身心理素质的基本方法和途径。

第一节　心理素质小常识

在全面推行素质教育的过程中，各级各类学校特别是高等学校普遍认识到心理素质教育和训练是素质教育的基础，认识到了心理素质教育和训练的重要性。但什么是心理学？什么是心理素质？良好心理素质有哪些特征？如何认识当代大学生的心理素质特征？如何认识大学生心理素质教育和训练的现状？大学生心理素质培养的方法和途径有哪些？等等，是在心理素质教育和训练过程中亟待解决的理论问题和实践问题。

一、心理科学知识

1. 什么是心理学

心理科学亦称心理学，主要研究心理现象及其规律，是一门既古老又年轻的科学。说它古老，是因为早在两千多年前，中国古代和古希腊的哲学家、思想家如孔子、孟子、老子、柏拉图（Plato）、亚里士多德（Aristotle）等，在他们的著作中已经包含了极其丰富的心理学思想。他们论述了精神与物质、意识与存在的关系。例如，孔子（公元前551~前479）提出的因材施教的观点，可以说是世界上最早渗透心理学思想的教育原则；亚里士多德（公元前384~前322）所著的《论灵魂》一书，是世界上最早的关于人类心理方面的专著。但当时心理学一直被包括在哲学的范畴中，没有成为一门独立的学科。直到1879年，德国的生理学家、心理学家冯特（W.Wundt，1832~1920）在莱比锡大学创立了世界上第一个心理学实验室，心理学才成为一门独立的学科。因为至此，人的心理活动可以用自然科学的实验方法进行研究，而不仅仅是通过内省和思辨的方法去探究，人们便把1879年定为科学的心理学诞生的年代。1879年至今，仅有一百多年的历史，所以心理学又是一门很年轻的科学。

一百多年来，心理学有了突飞猛进的发展，不但有了自己的基本理论，还广泛地应用于人类活动的各个领域，成为社会生活不可或缺的科学之一。

2. 心理学的研究对象

心理学是研究心理现象及其规律的科学。它既研究人的心理，也研究动物的心理，而以人的心理现象为主要对象。人的心理现象是自然界最复杂、最奇妙的一种现象，主要指人的精神世界。像人的感觉、知觉、记忆、想象、思维、情感、意志、能力、气质、性格等，这些现象统称为心理现象或心理活动，恩格斯曾把它誉为"地球上最美丽的花朵"。人的心理活动极其复杂，它们是一个统一的整体。为了研究和理解的方便，心理学把人的心理活动划分为心理过程和个性两大方面。

（1）心理过程。心理过程是心理活动的动态过程，它包括认识过程、情感过程与意志过程三个相互联系的方面，简称知、情、意。认识过程是人类最基本的心理活动过程之一。它主要反映客观事物的性质及其规律。

认识过程的主要内容有感觉、知觉、思维、想象、记忆和注意。感觉是一种最低级的心理活动过程。它所反映的是直接作用于感官的客观事物的个别属性。例如，对气味、颜色、声音的反应。知觉是对直接作用于感官的客观事物的整体的反应。对于成年人来说，单纯的感觉几乎是没有的，而主要是对客观事物综合属性的反应，即知觉。例如，我们不只感觉红色，而且知道是一面红旗的红颜色；我们听到声音，即可以分辨出是铃声还是歌声，这就是知觉；在各种实践活动中，人还能运用头脑中的知识去间接地、概括地反映客观事物,揭露事物的本质与规律,这就是思维;人还能反映本人未经历过或客观现实中根本不存在的东西,这要借助于人的想象过程。想象是对人脑中已有的旧形象加工改造而形成新形象的过程;记忆是比感知更复杂的心理过程。人们不仅能感知事物,而且能记住它,当这些事物再出现时,能把它们认出来;或这些经历过的事物不在面前时,仍能把它们回忆起来,这就是记忆;注意则是人脑对一定客观事物的指向、集中和维持,是一种特殊的心理现象,注意不是一个独立的心理活动过程,但却伴随着心理活动过程的始终。

情感过程是指人对客观现实所持的态度体验。人在认识事物时,常常会产生喜、怒、哀、乐、爱、惧、恨等态度的内心感受和体验,即为人的情绪与情感。人的情绪、情感对人的各种活动既有积极的推动作用,也有消极的阻碍作用。

意志过程是指人不仅能认识世界,对客观现实产生一定的态度体验;还可以在头脑中制订计划,并将头脑中的活动表现为具体的行动,从而能动地变革现实。这种自觉地确定目的、自觉地支配行动、自觉地克服困难,从而实现预定目的的过程称之为意志过程。

人的认识过程、情感过程及意志过程是人的心理过程的三个不同方面,它们是相互联系、相互影响与相互制约的。其中,认识过程是引起人的情绪、情感和确定行动目标的基础;情绪、情感对人的认识活动与意志活动起着动力或阻力作用;意志品质又反过来对人的认识、情绪、情感及目标的实现有着巨大的影响。

(2)个性。个性是人的心理活动的另一方面的内容。上述心理过程的三个方面,是每个正常人都有的心理活动,体现了人的心理活动共性的一面。但由于每个人的遗传素质不同,所处的生活环境、所受的教育不同,就使人的各种心理活动带上了主体自身的特点,形成了人的个别差异,即个性。个性是一个人经常的、稳定的、本质的心理特征。个性,也可称人格,指一个人的整个精神面貌,即具有一定倾向性的心理特征的总和。具体表现在人的个性倾向性与个性心理特征两个方面。

心理学研究表明，人的个性是先天性和后天性的统一；是共同性和个别性的统一；是积极性与消极性的统一；是稳定性与可变性的统一；也是制约性与能动性的统一。影响人的个性形成与发展的主要因素：素质是个性形成与发展的自然前提；社会条件是个性形成与发展的决定因素；教育在个性形成与发展中起主导作用；实践是个性形成与发展的重要途径。我们将在后面的章节中展开论述。

二、素质与心理素质

1. 素质

什么是素质？《新华词典》解释：素质是指人的生理上原来的特点，事物本来的性质，完成某类活动所必需的基本条件。心理素质是素质的核心，而且是其他素质的基础。因此，素质教育应该从心理素质教育开始；培养高素质人才要重视心理素质工程的设计与实施。

素质在心理学界被解释为个体生而具有的解剖和生理特点，主要是指感觉器官、运动器官、神经系统等的结构特点和机能特点。例如，有的人视力好，有的人视力差；有的人音色好听，有的人音色逆耳；有的人神经系统的耐力高，有的人神经系统的耐力低；等等。好的先天素质特别是神经系统的结构和机能特点是个人心理发展的生物学前提，但它既不是心理发展的唯一因素，也不是决定因素。心理的发展是素质、环境、教育、文化和个人主观努力共同作用的结果。

2. 心理素质

心理素质是以个体的生理条件和已有的知识经验为基础，将外在获得的刺激内化成稳定的、基本的、衍生的并与人的适应行为和创造行为密切联系的心理品质，心理素质的形成源于生理、心理和外部条件。或者说，心理素质是以先天的禀赋为基础，在环境的教育、影响下形成并发展起来的稳定的心理品质。它既包括认识过程等智力因素，也包括情感过程、意志过程和个性心理倾向及个性心理特征等非智力因素。

例如，在先天的禀赋方面，有人活泼好动，有人沉默寡言；有人暴躁，有人温柔；有人行动敏捷、灵活，有人缓慢、呆滞等。在智力因素方面，有的人记忆力好，有的人思维能力强等。在非智力因素方面，有人谦虚，有人骄傲；有人认真，有人马虎；有人意志坚强，有人怯懦、退缩；有人果断、有人寡断；有人会迎着困难上，有人则知难而退；有人追求物质需要，有人更注重精神需要；有人生理动机占优势，有人社会性动机更突出；有人有坚定的理想、信念，有明确的世界观；有人则理想、信念、世界观动摇、模糊等。

3. 心理素质与心理健康

心理素质与心理健康有联系，也有区别。心理素质往往是指个体单一的知、情、意和个性，是内在的；心理健康则是指个体通过对心理素质的整合所表现出来的持续、高效、满意的状态，是外显的。心理素质是心理健康的基础，心理健康是心理素质的表现形态之一。心理健康教育是健康教育的组成部分，具有心理卫生的意义；心理素质教育是素质教育的组成部分，更具有教育的意义。

三、素质教育与心理素质教育

1. 素质教育

素质教育是以提高民族素质为宗旨的教育。素质教育与应试教育相比，具有三个显著特点，即面向全体学生，使每个学生都获得同等的受教育机会和良好发展的条件；面向学习的总体，使学生在德智体等方面协调发展；面向学生的未来，激励他们为了民族利益和社会发展的长远需要而生动、活泼、主动地学习。

2. 心理素质教育

研究表明，心理素质是可以优化和培养的。因为心理素质的形成既源于生理、遗传因素，更取决于环境的教育和社会的影响。心理素质是个体素质的重要组成部分，是个体成长发展的重要基础，心理素质教育是素质教育的重要内容，其作用是其他教育所不能替代的。因此，本书的宗旨就是深入贯彻《中共中央、国务院关于深化教育改革全面推进素质教育的决定》的精神，教育和引导大学生打好素质基础，特别是心理素质基础，并积极进行整合协调，维护心理健康，培养科学精神和创新思维习惯，培养坚韧不拔的意志、艰苦奋斗的精神，增强适应社会生活的能力，促进全面发展，争当社会主义现代化建设的合格人才。

第二节 大学生的心理素质

一、大学生的心理素质概述

大学生作为中国社会中文化层次较高的群体，一向被认为是最活跃、最健康的群体之一。但是，由于大学生无论在生理上、心理上还是人际交往上都处于一个迅速变化的过程中，处于从不成熟到逐渐成熟、迅速向成人过渡的时期，社会阅历浅、生活经验不足、独立生活能力不强，加上离开家庭和父母的直接指导，又易受社会上的各种思潮的冲击，极容易产生各种各样的心理困惑、冲突和矛盾。

大学生的年龄一般为18~22岁，正处于个体成长的特殊发展阶段。以往的大学教育比较重视社会环境对学生成长的影响，而对学生自身的发展规律（特别是心理）研究不够。在心理素质教育中对大学生的心理需求，以及他们所处的心理发展阶段，应给予充分的重视。大学生正处在一生中心理变化最激烈的时期，是从幼稚走向成熟的过渡期，情绪不稳定；易产生心理矛盾，心理冲突时有发生。特别是当代大学生，为了在激烈的高考竞争中取胜，几乎都经历过全身心投入复习迎考的准备、家长的过度保护、学校的过度教育和生活经历的缺乏，使这些学生心理脆弱，承受挫折能力差。进入大学后，学习、交友、恋爱、择业等实践中可能出现的挫折常令他们中的一些人难以承受。

当代大学生生活在一个变化激烈的时代，随着经济的发展，竞争的加剧，文化的冲突，人们的生活方式、价值观念发生很大的变化。复杂的社会环境使人们的心理活动较以前更加复杂，处于选择中的大学生往往难以适应，出现种种困惑、迷惘、焦虑、不安；在心理和行为上出现了不少的问题；而社会变革对人才的心理素质的要求却比以往任何时代都高；迫切需要大学生发展开创、自信、进取的精神，以适应竞争的时代。因而从大学生心理发展的层面和时代发展的需求来看，大学生的心理素质教育是必需的，也是符合实际的。

大学教育的目标是为社会培养德、智、体、美全面发展、身心健康的人才，而不仅仅是传授知识，发展智能。随着社会的发展，健康概念的内涵已大大丰富，联合国世界卫生组织（WHO）对健康的定义是，不仅仅是没有疾病和衰弱现象，而且要求心理健康，社会适应良好。在现代社会里，所谓健康的人应该是身心健康，乐观向上，和谐发展的人。因此，重视大学生的心理素质教育是高等教育的内在要求。

二、大学生心理素质分析

1998年，北京高教学会心理咨询研究会运用"卡特尔十六种人格因素"（16PF）、"精神症状自评量表"（SCL-90）及自编的"学生基本情况调查表"作为测量工具，抽样选取北京市23所高校6000名在校大学生进行心理素质及心理健康状况调查。

调查结果表明，北京市大学生心理健康状况优于全国大学生（SCL-90中躯体化、抑郁、焦虑、敌意、恐怖、偏执因子有显著性差异），但仍有16.51%的学生存在中度以上心理问题。女生的心理健康差于男生；低年级差于高年级，其中二年级心理症状最突出；农村学生差于城市学生；独生子女与非独生子女没有明显差异；个性特征方面存在男女性别差异。随着年级提高学生自律性不断提高，但创造能力有所下降。具体分析主要有以下几点：

1. 北京大学生心理素质总体上是良好的、积极的

调查发现,大部分学生在个性特征上呈现出开放、活泼、思维敏捷、情绪较稳定、有较强的自信、富于幻想、有创造性的潜力、有应对挫折的能力和适应能力。但是也有一部分学生个性存在明显的弱点,表现为缺乏认真负责精神,责任感不强,以自我为中心,言行易脱节,自制力较差,缺乏坚韧不拔、持之以恒的精神等。这些弱点对培养高素质的人才是不利的。在全面推行素质教育过程中应重视大学生心理素质的培养与训练,帮助大学生认识自身个性弱点,激发学生成长的内在动力,通过生活实践的磨炼,培养良好个性品质,优化学生人格结构,促进学生德、智、体、心全面发展。

2. 北京市大学生心理健康状况总体上较之全国大学生为好

调查表明,北京市大学生心理健康状况总体上较之全国大学生为好。但是仍有 16.51% 的学生中存在中度以上的心理问题。这部分学生如果得不到帮助与调整可能会发展为心理疾病,影响他们的成长和发展;如果得到及时的指导和帮助,可以解决或缓解冲突和症状,恢复健康。这部分学生是大学心理咨询和治疗工作的重点。

3. 大学生群体心理素质的特征明显

对大学生不同群体的心理健康调查分析表明,女生有中度以上心理问题的比例高于男生,且对症状的体验更明显和广泛;在各年级学生中,二年级学生有中度以上心理问题的比例最高;农村和小城镇学生中有中度以上心理问题的比例明显高于城市学生;独生子女大学生心理健康与非独生子女相比没有明显差异。由此可见,高校心理素质教育工作应加强对女大学生心理特征的研究,应注意对来自农村和边远地区学生的心理健康引导,在抓两头(新生适应和毕业班工作)时不能忽视中年级学生的心理健康工作,心理素质教育应贯穿在大学生活的每一个发展阶段。

4. 创新能力的培养是素质教育的重点

调查表明,北京大学生随着年级的不断升高,个性中的创造力因素却不断下降,这不能不引起我们深刻反思。现行的教育思

想、制度、方法,到底哪些因素影响了学生创造力的培养,束缚了学生个性的发展?没有创新就没有发展,就难以在激烈的竞争中取胜。高校心理素质教育必须把创新能力的培养列入心理素质培养工作中,通过创新思维训练等方式,帮助大学生摆脱个性束缚,增强自信,培养创造品质。

5. 大学生迫切要求开展心理素质教育

调查发现:大学生认为自己的心理素质:

很高	较高	一般	较差	很差
7.9%	37.2%	41.4%	9.9%	0.8%

大学生认为别人的心理素质:

很高	较高	一般	较差	很差
0.9%	10.6%	62.6%	21.4%	1.7%

大学生对当前环境的适应:

很适应	较适应	一般	不太适应	很不适应
7.9%	37.2%	41.4%	9.9%	0.8%

大学生判断自己的人际关系:

很好	较好	一般	较差	很差
11.7%	45.3%	3.4%	5.4%	0.6%

大学生认为心理素质教育的必要性:

很大	较大	不太大	没必要
49%	38.3%	7.6%	2%

这些数据说明,大多数大学生迫切要求开展心理素质教育与训练。

三、大学生心理素质训练的主要内容

《中共中央关于进一步加强和改进学校德育工作的若干意见》

中明确指出:"在科学技术迅速发展,社会主义市场经济体制逐步建立的情况下,如何指导学生在观念、知识、能力、心理素质方面尽快适应新的要求,是学校德育工作需要解决的新课题。"并且提出:"要通过多种方式对不同年龄层次的学生进行心理健康教育和指导,帮助学生提高心理素质,健全人格,增强承受挫折、适应环境的能力。"

高等学校培养的学生不仅要有良好的思想道德素质、文化素质、专业素质和身体素质,而且要有良好的心理素质。良好心理素质的特征主要包括:良好的认知能力、客观的自我评价、良好的情绪调控能力、坚强的意志品质、积极进取的人生态度、健全的人格特征等。因此,本书将从以下几个方面教育和引导大学生培养良好的心理素质:

1. 自我认知

大学阶段正是一个人从青春期向成年期转变的重要时期,也是人的自我意识发展、走向完善的重要时期,正确的自我认知是培养良好的心理素质的重要前提。为什么有的人容易自卑?有的人自我认识容易波动,主要在于自我意识的偏差。通过教学可以使学生了解与掌握自我意识的内涵、结构和特征,从而客观地认识自我,正确地评价自我,积极地悦纳自我、有效地控制自我和科学地发展自我;针对大学生自我意识的形成规律及常见的问题的分析,有助于大学生正确处理理想我与现实我、主观我与客观我、个人我与社会我的关系,建立健康的自我形象。

2. 情绪调节

情绪是心理素质教育中的重要内容。人每时每刻都处在一定的情绪状态之中,每个人的个性、自我认知、人际关系无不反映到人的情绪状态上。为什么有的大学生情绪稳定?有的大学生则情绪波动较大?为什么有的大学生积极、乐观、向上,而有的大学生则负面情绪持续较长?这反映了大学生情绪调节与管理能力的差异。通过学习情绪心理的知识和理论,可以使大学生对自我情绪有科学的认识,并能对自己的情绪状态有所反思和了解;同时,运用理性情绪理论,掌握自我情绪管理的技巧,主动调整自我情绪,经常保持良好的情绪状态。

3. 意志品质

心理学的研究表明,意志在大学生成长与发展过程中具有重大意义,结合大学生的实际,我们主要讲授关于意志及意志力的基本概念,讲授意志的基本特征;分析个体的意志过程;介绍意志力培养的方法和途径,开展有关意志的测试和意志品质训练;引导大学生树立远大理想和抱负,培养大学生的坚韧不拔的意志品质。

4. 良好个性

个性是心理素质的核心,良好的个性是大学生健康成长的重要保障。本书通过介绍心理学有关个性的知识,使大学生了解个性及其构成、成功人才所应具备的个性特征以及影响个性发展的主要因素,从而了解和认识自己的个性特点,理解他人的个性,找到优化自己个性的方法,主动完善自己,培养健全人格,发挥优势才干,以利于创造美好未来。

5. 学习心理

学习是大学生求学期间的主要任务,大学是人终生学习过程中的一个重要阶段,也是为未来职业的发展打基础的阶段。学会学习,提高自主学习的能力是大学生学习的特殊任务。为什么有的人学习成绩优异、全面发展,并有所创造、有所发现?为什么有的人也在刻苦学习,勤奋努力,可是成绩却不理想?这里既有学习动机问题,也有学习方法问题,更有心理素质方面的差异。通过教学,可以帮助大学生了解大学学习活动的特点以及学习的一般心理规律,从而培养学习兴趣,增强学习动机,积极主动地学习;通过分析大学生常见的学习困扰以及影响因素,可以帮助大学生掌握有效的学习方法,科学用脑、培养能力,特别是着重培养大学生创新思维和创造能力,这是大学生迫切关心的问题。

6. 人际交往

研究表明,人际关系方面的问题是大学生产生心理困惑的主要原因之一。有的人不懂得人际交往的艺术,不会沟通或不善沟通;有的人则是因为个性及其他心理素质方面的问题导致人际沟通不良。通过教学，可以帮助大学生正确认识人际交往是一系列复杂的心理活动，涉及人在交往中的动机以及人对交往的认知、情感与行为调节等方面；使大学生深入领会人际交往在人的社会化过程中的作用，树立积极健康的人际交往心态，懂得在当代社会中，人际交往对于大学生自身适应社会、更好地发展自己的意义；同时，积极培养自己善于交往的良好个性，掌握与人沟通的实际应用方法，进一步培养团队精神，提高沟通与合作的能力；结合大学生实际，我们还介绍常见的人际交往中的心理困惑和问题，通过心理训练等方式帮助大学生掌握克服不良的交往心态和行为的方法，协调人际关系，积极愉快地生活。

7. 创新思维

学习创新思维是大学生的主要任务之一，创新是一个民族进步的灵魂，是国家兴旺发达的不竭动力。一个没有创新能力的民族，难以屹立于世界先进民族之林。只有从这个高度来认识创造、创新，才能把握它的深刻意义和重要性。我们将在介绍创新思维的理论的基础上，进行大学生创新思维的测试，开展创新思维的训练，着重培养大学生创新思维和创新能力。

8. 心理卫生

心理卫生是维护心理健康的重要途径。在教学中，我们将讲授心理卫生的基本知识，帮助大学生树立科学的健康观，使大学生认识到心理卫生是提高心理素质的基础，是全面提高自身素质和发挥自身潜能的必要条件，从而提高大学生对维护心理卫生重要性的认识；介绍和增进心理健康的途径和方法，使大学生了解一些心理咨询、心理治疗的常识，掌握一些心理调适和心理保健的方法，正确对待挫折，提高维护心理卫生的自觉性。

9. 领导能力

大学生毕业以后，大多数人将成为建设有中国特色社会主义的骨干力量，在祖国现代化建设的各个岗位承担责任，不少人将走上各级领导岗位。因此，在大学生中开展领导心理训练显得格外重要。在教学中，我们将介绍有关领导的理论，进行领导能力的测试，开展表达和演讲的训练，开展各种活动的策划，以培养大学生的组织管理能力。

10. 生涯规划

通过教学和练习,教育和引导大学生明确职业生涯规划的意义和作用,提高自主抉择能力,在正确认识自己的个性、兴趣、能力,以及了解社会发展的需要的基础上,认真设计自己的职业生涯规划;要努力完善自身的心理素质,在积极挖掘潜力的基础上,学会正确认知、合理规划、主动实施、及时调整、认真准备、积极竞争,充分发挥自己的专长,在为社会发展贡献自己的才华和力量的同时实现自己的人生价值。

11. 求职择业

通过学习和训练,使在校大学生了解怎样收集就业信息,怎样写好独具特色的求职信,怎样参加用人单位的录用考试等相关的知识,有助于大学生提前做好知识准备、技能准备、信息准备、资料准备和心理准备等;有助于大学生提高完善自身素质的自觉性;也有助于大学生在校期间的勤工俭学。

第三节　开展心理素质训练的方法

课堂练习

请完成下面的陈述句:

1. 我所具有的良好心理素质有:
(1)_____
(2)_____
(3)_____
(4)_____
(5)_____

2. 别人所具有的良好心理素质有:
(1)_____
(2)_____
(3)_____

(4)_____
(5)_____

3. 我不具有的良好心理素质有：

(1)_____
(2)_____
(3)_____
(4)_____
(5)_____

4. 培养自己良好心理素质的打算是：

(1)_____
(2)_____
(3)_____
(4)_____
(5)_____

做完上面的练习，你有何感想？

一、深刻认识提高心理素质的重要意义

大学生提高自身的心理素质，对促进自身的全面发展具有重要意义。关于提高自身的心理素质与全面发展的关系，可从以下三个方面来理解。

1. 提高自身的心理素质，有利于智力功能的发挥与提高

心理学研究表明，心理素质影响智力功能的发挥与提高。心理处于不健康的状态，使得智力操作的基本功能受到影响，智力潜能的充分开发与利用就会成为一句空话，这个道理是显而易见的。例如情绪、意志和性格，对智力的发展有重大影响。健康的情绪、坚强的意志、良好的性格，对人的智力发展和成就的取得具有巨大的推动作用；相反，情绪不稳定、意志力薄弱、性格存有明显缺陷的人，在事业上也往往到处碰壁，其智能的发展亦同样会受到阻碍。

2. 提高自身的心理素质，有助于品德的形成与发展

优良品德与心理素质之间有着密切的关联。以性格为例，良好的性格结构是心理素质的重要特征之一，同时也是一个人品德面貌的具体体现。比如，坚毅勇敢，谦虚谨慎，乐观向上，豁达助人等，这些健康的性格特征有的是构成优良品德的基础，有的则直接转化成为优良品德的组成部分。可见，提高自身的心理素质，对促进优良品德的形成与发展具有重要意义。

3. 提高自身的心理素质，对促进身体健康也有积极意义

人的身心健康是交互影响、相互作用的两个方面，生理缺陷或躯体疾病会使人产生自卑、烦恼、忧虑等消极情绪体验，进而可影响人的整个心理状态，甚至能造成严重的心理障碍；另外，心理上的长期焦虑、忧愁、悲伤、恼怒和压抑，有可能引起高血压、心脏病、溃疡、胃病和癌症等多种疾病。过去，人们对身心之间的关系缺乏辩证了解，往往重身轻心，这是片面的。随着现代医学模式的转变和心理卫生学的研究进展，人们对身心关系的相互作用规律认识越来越深刻，对心理健康的关心也越来越强烈。因此，大学生要想保持自己的身体健康，就必须同时关心个人的心理健康；而个人心理素质的增进则必然有助于身体健康，这就是大学生自我心理保健与身体健康的辩证关系。

总之，提高自身的心理素质，对自身的全面发展具有重要作用。引导大学生对这个问题形成深刻认识，帮助大学生不断提高自身完善心理素质的自觉性，是促使心理素质教育深入发展的可靠保证。

二、提高自身心理素质的主要方法

1. 发展健康的自我意识

大学生的自我意识及价值观正处在不甚稳定、具有一定可塑性的阶段。当代大学生自我意识积极方面的突出表现为：有明确的自我观念，独立意向性及观察、分析、解决问题的能力已有了较高程度的发展，他们喜欢用自己的眼光去看社会并作出解释，不愿受他人干涉；自我评价趋于成熟，并意识到自己应该承担一定的社会义务和责任，应将所学的知识贡献给社会。于是他们便通过各种手段观察和分析自己，评价自己的才能、自己的品格以及自己在社会中的价值，并将评价结果付诸行动，从而产生出一种拼搏的力量。这些特点在一定程度上反映了大学生们的进取心、自信心以及责任感、荣誉感等积极的心理品质。与此同时，大学生的自我意识中也存在一些消极面：超前的思维方式往往带有片面性和盲目性，具体表现为一些人自视高明、盲目自信，自我评价与别人（或社会）对自己的评价反差太大，由此产生了个体的我与社会的我、理想的我与现实的我之间的矛盾。扭曲性人格因素，主要表现为一旦出现理想与现实的矛盾，就感到烦恼、懊丧、徘徊、抑郁，甚而形成扭曲的人格特征，尤其以偏执型和反社会型人格障碍为多见；认识上的高标准与行为上的自我放纵的矛盾。当前改革开放的大潮中，一些大学生肤浅地吸收了各种价值取向，产生了多方面的心理冲突，往往以自欺欺人的自我保护为中心，获得虚幻的自我价值感。

因此，大学生要提高自身的心理素质，必须对个人有正确的估价，既不能自轻自贱、自惭自卑，也不能自骄自傲、自我中心，这就是所谓"健康自我意识"的发展问题。有人把"自尊、自信、自立、自制、自强、自爱"作为大学生自我意识发展的具体指标，也有人把"真诚、理解、信任、体贴、热情、友善、幽默、开朗"作为大学生个性完善的具体指标，这些对大学生的自我心理保健都具有积极的意义。大学生如果能把自我意识的发展和整个个性的完善有机结合起来，不断地进行自我监督、自我教育、自我激励，就会取得更加明显的成效。

2. 确立科学的人生观

良好的心理素质应包括科学的人生观、价值观，或者说培养良好的心理素质应从确立科学的人生观入手。首先，应当明确的是，人生的价值在于奉献。马克思主义人生观认为，人生的价值重在对社会的贡献。第一，人作为社会的人本身就具有自我价值和社会价值。人生的自我价值即人对自身需要的一定满足，它包括自我的生存保护、调节整合、操作控制、索取满足、发展完善等;人生的社会价值即人对社会的贡献,由物质贡献和精神贡献两部分构成。从这个意义上说,人生的价值应是自我价值与社会价值的统一。第二,社会是个人生存和发展的外在保障,个人的发展必须依赖于社会的维系和前进,必须适应社会的发展。从这个意义上说,个人对社会的贡献既不应等于索取,也不可小于索取,而只能大于索取。否则,社会将停滞不前乃至倒退,人生的自我价值也就无从谈起。第三,社会对人生价值的评判多以个人对社会的贡献为客观尺度,即立足于人生的社会价值。所以贡献是个人索取的现实保证,而索取是个人赖以生存和发展的必须条件。注重贡献大于索取,在贡献与索取发生矛盾时,放弃索取,选择贡献。这不仅是社会主义时代应恪守的基本人生观准则,也是抵制错误人生价值观的理论武器。

其次,正确处理个人、集体和国家三者之间的关系。社会主义集体主义价值观的特征,是以个人利益与集体利益相结合,自我价值与社会价值相统一为出发点的。因此,它与传统的价值观的区别在于:传统价值观重整体,轻个体,重义轻利;重精神,轻物质,重和谐,轻竞争;重安稳,轻开拓。而社会主义集体主义价值观的原则则是重整体,也重个人,维护个人的合法权益,充分发挥个体的作用。

最后,要正确对待社会主义市场经济的双重效应。实践证明,社会主义市场经济具有一般商品经济的双重效应,即一方面它能促进人们树立竞争、效益、创新、平等、民主法制等观念;另一方面又有诱发和刺激唯利是图、损人利己等消极影响。于是,一方面处在社会主义初级阶段的市场经济还存在多种经济成分,各种思想意识不可能不反映出来;另一方面适应市场经济需要的健康意识的养成,又会促进社会主义市场经济体制的日臻完善。正确认识这一点,可促使双重效应中的消极影响转化为积极的动力,激发大学生的社会责任感和价值观念。

3. 增加积极的情绪体验

高等学校是社会文明的示范场所和传播基地。在这里,大学生理应得到较高层次的精神享受和文明熏陶。因此，大学生应当踊跃参加学校的各种文化娱乐活动，参加各类有益于社会发展和人类进步的活动；坚决抵制那些低级庸俗、迷信落后的东西进入校园。通过积极参加健康向上的校园文化活动，会使自己经常保持在一种充实、愉悦的心境之中，这对于抵消那些不愉快的情绪体验，保持心理平衡，具有不可低估的作用。

4. 养成良好的学习习惯和生活习惯

学习习惯与生活习惯有无规律、是否科学，体现了一个人的心理素质和精神风貌，也是大学生提高自身心理素质的基础。有些大学生对这个问题缺乏应有的认识。他们觉得，早不起、晚不睡的"夜来神"，学习、娱乐、锻炼、休息比例失调的问题，都是些鸡毛蒜皮的生活小事，不值得大惊小怪，这种认识应当扭转。一个有理想、有抱负的新世纪大学生，培养心理素质就应当从小事做起，应该养成良好的学习习惯和生活习惯。对于学校制定的作息制度，应该严格执行，认真遵守。同时，对于大学生学习的客观规律，应该深刻领会，积极遵循。只有这样，才能建立起和谐、适度的学习节奏，培养起健康科学的生活习惯，从而有助于自身心理素质的提高。

三、提高自身心理素质的主要途径

实践证明，心理素质的高低、好坏不仅仅在于先天的生理因素，决定的因素是后天的学习、实践和锻炼。大学生提高自身的心理素质的途径，主要是利用大学生活的环境，充分利用学校及社会的资源，主动学习有关心理素质教育的科学知识，积极参加有助于提高心理素质的课外实践活动，加强同学之间的交流与合作，促进心理素质的自我发展、自我培养。

1. 积极参加心理素质训练

开设心理素质教育课或举办经常性的讲座、报告，普及心理素质知识，是高等学校面向广大学生进行心理素质教育的重要方式。每一名大学生都应当积极选修心理素质教育的相关课程，或听取心理素质教育的学术报告,学习心理素质的常识,积极参加心理素质训练,促进心理素质的自我发展、自我培养。

2. 积极参加课外社团活动

目前,越来越多的高等学校成立了心理素质或心理健康的学生社团和兴趣小组,如"认知评价小组"、"智力开发小组"、"人际交往小组"、"挫折训练小组"等,开展了形式多样的活动,这是开展同辈交流和互动的有效方式。大学生参加这些课外社团活动,有助于学习人际交往的技巧,有助于进行积极的认知评价和智力开发,有助于提高挫折承受力,是提高心理素质的最佳途径。

3. 主动消除心理困惑,预防心理疾病

目前,很多高等学校建立了大学生的心理咨询机构,建立健全了学生心理健康档案,经常对学生的心理发展状况进行分析、预测,积极开展心理咨询和辅导工作,根据学生的不同情况有针对性地开展个别咨询和团体心理训练,同时对患有心理疾病的学生要及时进行矫治,帮助学生尽快排除障碍。有的还利用咨询热线电话、咨询信箱、咨询网站等形式,为学生提供倾诉场所,及时发现有心理障碍的学生并给予指导。大学生要学会利用这些资源,遇到心理问题主动寻求帮助,主动消除心理困惑,预防心理疾病。

4. 积极参加社会实践

社会实践也是提高心理素质的重要途径之一。大学生通过积极参加社会实践,包括社会考察、生产实习、毕业实践、勤工俭学、参观学习等,可以与社会保持良好的接触,更加深刻地认识社会,体验人生,促进心理素质的提高。

作业与思考

1. 什么是心理素质?良好心理素质有哪些特征?
2. 影响心理素质的主要因素是什么?
3. 大学生心理素质培养的方法和途径有哪些?

第二章　自我认知

[小故事] 你怎么看自己

她站在台上，时不时规律地挥舞着她的双手；仰着头，脖子伸得好长好长，与她尖尖的下巴扯成一条直线；她的嘴张着，眼睛眯成一条线，诡异地看着台下的学生；偶然她口中也会咿咿唔唔的，不知在说些什么。基本上她是一个不会说话的人。但是，她的听力很好，只要对方猜中，或说出她的意见，她就会乐得大叫一声，伸出右手，用两个指头指着你，或者拍着手，歪歪斜斜地向你走来，送给你一张用她的画制作的明信片。她就是黄美廉，一位自小就染患脑性麻痹的病人。脑性麻痹夺去了她肢体的平衡感，也夺走了她发声讲话的能力。从小她就活在诸多肢体不便及众多异样的眼光中，她的成长充满了血泪。然而她没有让这些外在的痛苦，击败她内在的奋斗精神，她昂然面对，迎向一切的不可能，终于获得了加州大学艺术博士学位。她用她的手当画笔，以色彩告诉人"寰宇之力与美"，并且灿烂地"活出生命的色彩"。全场的学生都被她不能不控制自如的肢体动作震慑住了。这是一场倾倒生命、与生命相遇的演讲会。

"请问黄博士，"一个学生小声地问："你从小就长成这个样子，请问你怎么看你自己？你都没有怨恨吗？"我的心头一紧，真是太不成熟了，怎么可以当着面，在大庭广众之前问这个问题，太刺人了，很担心黄美廉会受不了。

"我怎么看自己？"黄美廉用粉笔在黑板上重重地写下这几个字。她写字时用力极猛，有力透纸背的气势，写完这个问题，她停下笔来，歪着头，看看发问的同学，然后嫣然一笑，回过头来，在黑板上龙飞凤舞地写了起来：

一、我好可爱!
二、我的腿很长很美!
三、爸爸妈妈这么爱我!
四、上帝这么爱我!
五、我会画画!我会写稿!
六、我有只可爱的猫!
七、还有……
八、……

忽然,教室内一片鸦雀无声,没有人敢讲话。她回过头来定定地看着大家,再回过头去,在黑板上写下了她的结论:"我只看我所有的,不看我所没有的。"掌声由学生群中响起,看看黄美廉倾斜着身子站在台上,满足的笑容,从她的嘴角荡漾开来,眼睛眯得更小了,有一种永远也不被击败的傲然,写在她脸上。我坐在位子上看着她,不觉两眼湿润起来。走出教室,黄美廉写在黑板上的结论,一直在我眼前跳跃:"我只看我所有的,不看我所没有的。"十几天过去了,我想这句话将永远鲜活地印在我心上。

「大智慧」给你自己列一张生命的清单,看看你到底拥有什么。这时很多人都会发现,其实你并不像你自己想象得那般孤单和落魄。通过本章的学习和训练,使大学生了解自我意识的基本含义和结构,并通过自省和小组交流互动等形式,掌握了解自我、发现自我、接纳自我、塑造自我、超越自我的方法,以达到全面了解自我,进一步发展自我的目的。帮助学生树立自尊、自信、自强的意识。

第一节 自我认知小常识

一、什么是自我？——自我的概念、结构及其发展规律

试想一下在你向别人描述自己时，你首先提到的特征是什么？是你的性格特征（如内向、外向）、外表特征（如高矮胖瘦），还是社会类别（如男女）？除这些具体的特征之外，你可能还会向别人大致介绍一下你对自己的总体评价，如"我这个人还不错"。这种个体对自己的认识与评价就是自我知觉或认知要研究的内容，它们在现代心理学中备受重视。

马克斯韦尔·马尔兹（Maxwell Maltz）曾指出，"不管我们是否意识到，我们每个人都有一幅自我的'蓝图'或一幅自画像。我们的意识里对此可能不够具体清晰，也可能不了解，但它却是存在的，而且完整详细地摆在那里。自我意识是一个前提、一个根据、一个基础，由此而产生出个人的整个个性、行为甚至环境"。

古希腊爱比泰德说："人的烦恼不起于事件，而起于他对事件的看法。"人生存在纷繁复杂的社会环境中，必然受到各种环境的影响，承受着各种压力和刺激。然而，人们生存的状态却有很大的不同。有的人总是信心十足，乐观向上；有的人经常抱怨千重，悲观畏缩。即使是在经历同样的事件时，不同的人也会有不同的体验。同样是得到装有一半水的杯子，乐观自信的人看到的是杯子里有水，悲观的人得到的结论是自己倒霉，没有得到一满杯水。是什么决定了人们对生活的态度？是自我的意识，它是环境信息与个体行为反应之间的过滤器。人们也常说，人生最大的挑战就是战胜自己。而形成健康的自我意识，正确认识和把握自我，是战胜自己的前提。自我意识水平不仅是个体发展水平的重要标志，而且将影响和制约其人生选择和行为取向。

自我意识是区别于社会意识的人类意识形态的一种特殊形式，它不是与生俱来的，而是人在社会实践、社会交往中，特别是由语言和思维的发展，认识自身和环境而逐步地形成和发展起来的，是隐藏在个体内心深处的心理结构，是个体对自己作为客体存在的意识，包括个体对自身的意识和自身对周围世界关系的意识两个方面。它是人的意识发展的最高阶段，是人格的自我调控系统。

自我意识是一个具有多维度、多层次的复杂心理系统，可以从内容和形式上对它进行分析。

从形式上看，自我意识表现为认知的、情感的、意志的三种形式，分别称为自我认识、自我体验和自我调控。自我认识是自我意识的认知成分，指个体对生理自我、心理自我和社会自我的认识。它包括自我感觉、自我观察、自我观念、自我分析和自我评价等层次。其中，自我观念和自我评价是自我认识中最主要的方面，集中反映了个体自我认识乃至自我意识的发展水平，也是自我体验和自我调控的前提。自我体验是自我意识的情感成分，在自我意识的基础上产生，反映个体对自己所持的态度。它包括自我感受、自爱、自尊、自信、自卑、内疚、自豪感、成就感、自我效能感等层次。其中，自尊是自我体验中最主要的方面。自我调控是自我意识的意志成分，指个体对自己行为与心理活动的自我作用过程。它包括自立、自主、自律、自我监督、自我控制和自我教育等层次。其中，自我控制和自我教育是自我调控中最主要的方面。

从内容上看，自我意识可分为生理自我、社会自我和心理自我。生理自我，是指个人对自己的生理属性的意识，包括个体对自己的身体、外貌、体能等方面的意识。所谓社会自我，是指个人对自己的社会属性的意识，包括对自己在各种社会关系中角色、地位、权利、人际距离等方面的意识。心理自我，就是个人对自己心理属性的意识，包括个人对自己的人格特征、心理状态、心理过程及其行为表现等方面的意识。

从自我观念来看，又可分为现实自我、投射自我和理想自我三个维度。现实自我是个体从自己的立场出发对现实的我的看法，也即对现实的我的认识。它是个体对自己现实的观感。投射自我是个体想象中他人对自己的看法，如想象自己在他人心目中的形象，想象他人对自己的评价，以及由此而产生的自我感。但投射自我和现实自我之间往往有距离。当距离加大时，个体便会感到自己不为别人所了解。理想自我是个体从自己的立场出发对将来的我的希望，也即想象中的我的认识，理想自我是个体想要达到的完善的形象，是个人追求的目标。理想自我与现实自我也不一定是一致的。理想自我虽非现实自我，但它对个人的认识、情绪和行为的影响很大，是个人行为的动力和参考系。

二、你是谁？——大学生自我概念的形成

研究表明，自我概念是后天获得的，是个体在社会环境中、在与他人的互动中逐步形成的。

一般说来，一个人对自己的认识可以通过下面四个主要渠道而逐渐形成。

1. 他人的反馈

有时，别人会对我们的品质、能力、性格等给予清晰的反馈，从而使我们增加对自己的了解。

特别是当许多人对自己看法都一致时，我们就会相信这种看法是真的，从而确信自己就是这样的人。

2. 反射性的评价

有时，他人，特别是与我们无关系的人，并不会给予我们清晰的反馈，但我们可以从他们对我们的态度（如冷淡、瞧不起）及反应（如拒绝）来了解自己。

符号互动论学者库利提出了"镜中我"（looking-glass self）这一概念，认为我们感知自己就像别人感知我们一样，镜子中的我或别人眼中的我就是我们感知的对象。

所以，我们常根据别人如何对待我们来了解自己，这一过程就叫反射性的评价（reflected appraisal）。如当我们去商店买衣服

时，店员围着一位时髦的小姐忙个不停，而把我们冷落一旁，叫几声都不理。那我们就可能从店员的态度推测，在她的眼中，我们一定是穷酸模样，买不起贵衣服的主儿。

3. 根据自己的行为来推断

贝姆（D. Bem）提出的自我知觉理论（self-perception theory）认为，在内部线索（如想法、情绪）微弱或模糊的情况下，人们常根据自己的外在行为来推断自己的特征（如性格、态度、品质、爱好，等等）。

但在大多数时候，人们常根据自己的内部线索，如想法、情绪来了解自己，而且比根据外在行为更准确，因行为更易受外在压力的影响，更易伪装。

4. 社会比较

费斯廷格于1954年提出社会比较（social comparison）理论。

人们非常想准确地认识、评估自己。为此，在缺乏明确的标准时，人们常和自己相似的人比较。

目前，费斯廷格有关准确性是社会比较的唯一性的观点已受到挑战，而且其理论已被扩展。

伍德（J. V. Wood）把社会比较的动机概括为准确的自我评价、自我美化（self-enhancement）、自我保护（self-protection）与自我提高（self-improvement）。

把社会比较的方式分为向上比较（upward comparison）、相似比较（similar comparison）与向下比较（downward comparison）。

很多研究已表明，当个体的目的与动机不同时，所采用的社会比较策略、方式也不同。

自我美化的动机使个体倾向于与不如自己幸运、成功、幸福的人比较，即向下比较，以证明自己还不错。

自我提高的动机常驱使人们与更成功的人比较，即向上比较，以激励自己更上一层楼。

我们从以上各个渠道获得的对自我的认识还是零零碎碎的片断，还需要我们对它们进行加工，如去除不一致的、互相矛盾的信息，挑选出对我们重要的、核心的特质（如好心肠的、能干的），然后把这些片断整合成统一的、稳定的有机体——自我概念。

自我概念一旦形成就不会轻易改变，而且还影响着个人的想法、情绪和行为。人们就不再根据自己的行为来推断自己是什么样的人。同时，别人如何对待我们、对我们有什么评价，都很少能使我们改变已形成的自我概念。

三、你是怎样的人？——大学生自我意识的特点及存在的问题

自我意识是后天的产物，是在社会化过程中逐渐产生与发展起来的。从个体的发展来看，新生儿对自己的身体和外界分不清。新生儿吮吸自己的手就像吮吸奶嘴一样，只有简单的感觉，没有意识。婴儿开始发现自身与外界不是一回事，可以用"我"称呼自己，用别的词表示其他事物，从而为个体的自我意识的产生创造了条件。儿童自我意识虽已建立，但比较简单，属于初级阶段，他们越来越明显地把自己看成主体，通过其行为作用于外界，而与外界互相作用，并使自我意识不断得以发展。少年期自我意识仍然是区别自己与外界、"眼光"朝向外界以及外界事物与自己的关系。青年大学生处于自我意识的飞跃阶段，开始以自己本身作为自己认识的对象，即"眼光"朝内，越来越细致地观察自身的内在世界，比如"我是谁？"给自身提出了问题，通过内省、反思、与他人比较等来真正开始认识自己，所以说，青年期是自我意识初步确立的时代。由上可见，自我观的形成是一个较长的过程。

大学生的自我意识是在儿童青少年时期自我意识基础上的进一步发展，它有继承性，又有自身新的特点。

一般而言，大学生自我意识的发展要经历一个明显的分化、矛盾、统一、转化和稳定的过程。由于意识转向以自己本身的心理活动为对象，原来在儿童、少年时期统一不可分割的自我意识一分为二：一个是理想中的"我"（我希望成为怎样的人），也就

是"主体我"(I);一个是现实中的"我"(我现在是怎样一个人),也就是"客体我"(Me)。自我意识的明显分化,使大学生主动、迅速地对自己的内心世界和行为具有了新的意识,开始意识到自己那些从来没有被注意到的"我"的细节;另外,大学生的社会地位、社会责任与少年期不同了,他们面临着人生一系列最重要的事件:升学、就业、恋爱等。因此,为了成为一个社会独立成员,大学生必须把眼睛转向自己,了解自己的心理活动与个性品质,必须不断地调整和改善自我意识,不断校正自己的思想和行为使之符合客观的要求(社会行为准则、价值观等),因而大学生既是自我观察者同时又是被观察对象。

总之,自我意识的分化促进了大学生思维和行为的主体性的形成,从而为客观地评价自己和他人,合理地调节自身的言行奠定了基础。这是自我意识开始走向成熟的标志,同时也带来自我意识的矛盾。

由于自我意识的分化,"主体我"和"客体我"、理想自我和现实自我的矛盾冲突也开始加剧。因为理想自我,不管是正确还是不正确的,都还不是现实的(它往往大大超前于现实,有时又落后于现实)。因此,它或多或少地会与现实的自我不一致。一些西方心理学家将青年期称之为"急风暴雨"式的"大动荡"时期。同时,现实世界本身还存在着新、旧社会意识之间的矛盾,如开放与改革带来的许多新的思想观念和生活方式就与传统的思想观念和生活方式有很大的区别,再加上国外各种社会思潮的冲击与渗透,所有这些都会反映到大学生的自我意识中来,影响着自我意识的倾向,而导致产生各种各样的自我意识矛盾。

综观大学生自我意识的发展过程,自我意识出现了许多特点,下面着重分析大学生自我认识、自我体验、自我调节等方面一些突出的特点。

1. 大学生自我认识的意识增强

大学生不仅主动地通过把自己和周围的人进行比较来认识自己,而且力图将社会的期望内化为自我的品质,并对自己做出较客观的评价。例如对物质自我的认识:"我身体的发育正常吗?"

"我的容貌、身材优美吗?""我的打扮是俗气还是时髦呢?"等等。对精神自我的认识:"我聪明能干吗?""我有理想和追求吗?""我有风度和气质吗?""我有自己的信仰吗?"等等;对社会自我的认识:"我能获得别人的尊重吗? 在群体中有自己的地位和作用吗?"等等。由此自问,使大学生逐步形成"我"是一个什么样的人的大致完整的认识。

2. 大学生自我评价的功能增强

自我评价是对自己满意与否的一种心理体验,其功能有二。一是认识功能。为了有效地进行活动,个人必须客观地认识自己和自己的品质。二是自我防卫功能。大学生在自我认识方面,自我评价和他人评价之间是基本一致的。但大学生又由于个体有一个积极的"我"的形象的愿望,往往使其夸大自己的优点,缩小自己的缺点,表现出较强的自我防卫功能。

3. 大学生的自我形象已趋完善

大学生自我形象的完善主要可通过自我形象的丰富性、完整性、概括性、稳定性表现出来。大学生自我形象丰富性主要表现在所描述的自我形象的内容方面。大学生倾向于分析性描述,例如"我是一个内心坚强的人"、"我是个默默无闻的人"、"我是个固执的人"、"我天真但我不认为这是缺点"、"我幼稚但我不想学得世故"等,更多地指向内心的深处,涉及情绪情感的内心体验、需要动机、意志特征、理想等。这种从多角度、多层次对自我进行观察、想象、评价确定自我的形象是中学生较难做到的。大学生自我形象的完整性主要表现在重视自己身体外表的同时也很重视"我"的内在的一些特征,如知识、智力、才能、意志、性格、交往能力等。大学生自我形象的概括性是与思维的发展同步的。思维概括能力的发展为大学生自我形象的概括奠定了基础。例如对自己身份的描述,大学生喜欢用"炎黄子孙"、"龙的传人"、"新世纪的开拓者"等,而中学生惯用"我是中学生"、"我是中国人"等,大学生自我形象的概括水平有了明显的提高。大学生自我形象的稳定性基本上跟价值观一样,是随着年龄的增长而增强的。但仍没有像成年人那样完全稳定下来。

4. 大学生有强烈的自尊心和好胜心

大学生有强烈的自尊心，好胜、好强、上进心强，自信心足，血气方刚，满怀激情，不甘落后的心理十分突出。但少数大学生自尊心过强，唯我独尊，有的自尊心太弱导致自暴自弃。另外，好胜心本来是个体争取成功的一种积极的自我意识倾向，但有的大学生在学业上的好胜心超出了能力所及的范围，表现出逞强。

5. 完善的自我规划和强烈的独立倾向

自我规划是自我意识中重要的因素，它将制约个体奋斗的目标和途径，对其自我实现具有很大的影响。大学生的自我规划有几个特点：在动机上，由动荡性向稳定性发展。在自我意识未确定之前，少年既没有正确认识社会，也没有真正了解自己，常有不切实际的需要和动机，一旦遇到主客观矛盾，就改变认知方式，显得朝三暮四，极不稳定。随着认识观、世界观的逐步确定，大学生的行为开始受其主导动机支配，服从一个远大的生活目标，动机结构逐渐趋于稳定，由以前的"常立志"变为"立长志"。在目标上，由短暂型向长远型发展。少年一般只看重眼前利益，很少顾及行为后的长远结果，而大学生则常常把较长远的目标作为规划的重点。在行为上，由自发性向自觉性发展。少年的行为具有较大的盲目性，不会做深思熟虑的安排，而大学生在从事某项活动前，通常预计行为的后果，还将规划出行为的方式，表现出明显的自觉性。在内容上，由幻想到实际。大学生逐步能结合自己的实际（生理、能力、经济条件、社会地位等因素），对自我规划的内容进行选择和判断。另外，自我独立倾向的确立，是大学生自我意识走向成熟的重要标志之一。随着大学生生理、心理、社会成熟水平的提高，他们意识到自己是一个独立的人，心目中逐步确定了一个新的自我——成人式的自我。在他们看来，自己的形象已经改变，不再是"学生娃娃"，成人感特别强烈，因而在其自我意识的发展中，总是强烈地想要摆脱依赖性和幼稚性，充分发展和满足自己的独立性。例如：激烈地阐明自己的主张，喜欢独立思考，不喜欢别人的管教和指点，希望自立自治；乐于自己组织活动，聚在一起探讨问题，交流思想，更新认识，探索人生的奥秘；自己动手解决问题，对自己搞的活动十分热心，而不喜欢有人过多地干预、指责、干扰和控制他们的言行。

6. 大学生自我控制能力提高

自我控制的确立，是大学生自我意识走向成熟的又一重要标志。中学生的心理和行为常缺乏理智的指导，由感情所左右，常常不能控制自己，具有极大的冲动性。而大学生的理性认识增强，经验增多，行为过程中逐步能以社会规范和内心信念要求自己，自控意识明显提高。总体而言，大学生自我意识这三要素都有了良好的发展，很多方面逐步走向成熟，但还存在着一些不成熟性。

7. 大学生自我意识的缺陷

大学生正处于心理迅速成熟又尚未完全成熟的时期，自我意识还在不断发展中，传统观念作用下的大学生，在当前多元化的人生观和价值观的冲击下，在复杂多变的社会环境的影响下，如果缺乏正确的引导和自省，容易出现各种发展的偏差，导致以下几个方面的缺陷：

（1）扭曲的自尊——虚荣。虚荣心，是一种追求虚表荣誉，以期获得尊重的心理行为。社会生活中，人人都有尊重的需要，都希望得到社会的承认。但好虚荣者不是通过实实在在的努力，而是利用吹牛、撒谎、作假、投机等非正常手段去沽名钓誉。"空袋不能直立"，追求虚假的荣誉，只是自欺欺人，不仅会使个体失去他人的尊重和友谊，失去诚实，而且会使之失去实在的追求，留下空虚苍白的人生。

（2）消极的自觉——自卑。自卑是个体由于自我认知偏差等原因所形成的自我轻视和自我否定的情绪体验。不少大学生身上不同程度地存在着自卑心理，或认为自己其貌不扬，担心被人歧视；或认为自己天资愚钝，将来不能成器，对未来缺乏自信；或认为自己出身贫寒，担心被人看不起；等等。对那些稍加努力就可以完成的任务，也往往因自叹无能而轻易放弃。

(3) 极端的自信——自负。自负是个体自以为是、自命不凡的一种情感体验和情绪表现。随着改革开放的深入，人们的思想观念发生了巨变。在谦虚淡出的同时，自信成为这一代大学生较为普遍的优秀品质，他们有独立思考的精神，不唯书、不唯上、不唯师，更不唯一些陈规陋习，对自己的才学信心十足，对自己的未来踌躇满志。但有些同学自信过了度，自我感觉太好就变成了自负。他们听不进师长的教诲，听不进同龄人的意见，一意孤行。

(4) 放纵的自主——自我中心。自我中心是个体凡事从自我出发，以自我的角度、标准去认识、评价周围的人与事，并据此做出行为反应，而不设身处地进行客观思考。当这种倾向与某些不健康的思想意识和心理特征结合后，就会表现出自私自利、盛气凌人、冷漠等。

四、你喜欢自己吗？——对自我的接纳

苏格拉底说："我是一个无知的人，而我胜人一筹的是我知道我的无知。"通过对自我的反省以及他人对自我的描述和评价，你就会对自己有更多更全面的了解。可以给自己一个较为生动、形象而丰富的自画像了。那么，你喜欢自己吗？

也许你会说，你喜欢自己或很爱自己。但是，我们必须诚实地检视自己对待自己的态度。例如：你怎么对自己说话？你对自己有信心吗？你会不会温柔地对待自己？大多数时候，你是否觉得内心安稳平静？你喜欢自己的样子和处事的态度吗？扪心自问后你会发现，对你最挑剔的人恰恰是你自己，最爱嫌弃你的人也是你自己。想想看，你难道会跟你的好朋友说"你减肥成功，我才要跟你做朋友"吗？难道你会说"因为你不完美，老把事情搞砸，所以我不喜欢你"吗？当然不会。不过，我们对自己就是这样。你会不喜欢自己的身材，觉得不够苗条，觉得自己的皮肤不够白皙；你会不满意自己的个性，觉得自己不够聪明，办事能力不强，等等。但是如果是别人像你对待自己这样来对待你，你一

定不会原谅他；如果有人敢对你说一些像你对自己所说的话，那你一定会怒不可遏的。

现在我意识到自己该做些改变，所以要渐渐能善待自己。改变任何事情的第一步，就是要先有所反省、有所意识。不过不用担心，只要我们开始反省思考，好好想想自己如何对待自己，就跨出了改变的第一步。接着，最值得设定的目标就是要爱自己、接受自己。只要我们努力接受自己，了解接受自我的重要性和必要性，人生的改变就会出现在我们眼前。

要知道，我们每一个来到这世界上的人都是一个奇迹，都是一个天生的优胜者。从遗传学角度看，人的23个雄性染色体和23个雌性染色体"混合"时会产生8388608种不同的组合。当染色体中的基因进一步"混合"时，可能的组合则高达64万亿种。遗传学家阿蒙兰辛费特曾说："在世界的全部历史上，从来没有别人和你完全一样，在那无限遥远的将来也绝不会再有另一个的你。"你是独一无二的。在这个世界上，每个人都以自己这个独立的个体存在。你只能以自己的方式歌唱，以自己的方式绘画。你是由你的经验、环境，你的遗传基因，尤其是你对自己的期望所造就的。

你知道吗？只要你试着接受自己，就等于为自己打开了一扇门，它通往一个全新的世界。只要你越爱自己，你就会越可爱。只有你真正爱自己，你才能发挥最大的潜能和天分。

你一定曾经试过去安慰心情不好的人，结果呢？你的安慰和赞美马上让那个人变得有趣而迷人，在他脸上看到焕发的容光，眼睛闪耀出光芒。如果你也这样赞美自己，这些奇妙的转变也会发生在你身上。何不试一试？

五、你将成为怎样的人？——自我塑造与自我超越

每个人对自我都有一份希望，它表明了人心理发展的可能性，这种可能性可以通过开发而转化为现实性，也可能会得不到开发而在个体身上泯灭。人区别于其他动物的最大特点之一是他

的未完成性，这种未完成性，使人不会停留于实存状态，它会不断驱使人追求新的规定性，不断创造新的自我。这种"追求"、"超越"之所以成为可能，是因为人有自我发展、自我求成的潜能。从现实生活来看，人的潜能带来了人的创新、人的发展的可能，也赋予了人在顺境中求成、在逆境中抗争的信心、勇气和毅力。

积极进取、奋发向上的人生态度是一个人生存发展的立身之本，人们总是趋向美好，追求卓越，人本主义心理学家认为这是人与生俱来的潜能决定的，这就是"自我实现"。马斯洛认为："自我实现是机体内已经存在的一种内在的增长，或者更确切地说，就是机体本身的增长，正如树向外界环境索取养料、阳光和水，人也向社会环境索取安全、爱和地位。"

我们要确立正确的自我目标，关键是要按照社会的需要和个人的特点来进行设计，做一个"自如的我，独特的我，最好的我，社会欢迎的我"。所谓"做一个自如的我"，是指不要给自己提出力所不能及的过高要求，使自己总是陷入自责、自怨、自恨的境地，而是给自己设计只要付出相当的努力就能达到的目标，从而能够在坦然面对自己的客观存在中，不失积极地生活；所谓"做一个独特的我"，指不要一味地追求时尚，在刻意模仿中失去自我，而是在接受自我的过程中，扬长避短，得以自在地生活；所谓"做一个最好的我"，指立足于现实，选择适合自己的人生道路，尽最大努力，达到最佳水平，充分实现自己的人生价值，能够满意地生活；所谓"做一个社会欢迎的我"，是指要有正确的价值取向，把自我实现的蓝图与祖国的富强、人类的文明结合起来，努力为社会作出自己最大的贡献，真正充实地生活。

自我塑造和自我超越并不会一帆风顺，更不是能够一蹴而就的。一个"新我"的形成需要我们付出艰辛的努力和沉重的代价。审视一下那个"新我"，把那些可以改变和完善的方面记录下来，把自己平时怕的事情一一罗列出来，分出等级从较简单容易的开始做起。比如怕在大庭广众面前讲话，就先对着镜子反复练习，把要讲的话说得很流利，然后闭上眼睛想象自己在宿舍、在小组讨论中、在全班同学面前把要讲的话说出来；最后再到现实的环境中逐步、反复地实践。在每一次实践之后再进行反省和自我激励，然后再投入实践。如此反复进行，自我便一步一步得到扩展和深化，自我的境界也就得到开拓和提升。这个过程可以用"四A"描述：

Acceptance：接纳，接纳自我与自我所处的现实环境；

Action：行动，对自己决定的事，付诸行动并全力以赴；

Affection：情感，工作学习时情感投入，获得乐趣，乐在其中；

Achievement：成就，以上三者完成后的自然结果，是努力奋斗的代价。

如果一个大学生经历了"四A"，可以说就领到了一张自我意识健全的合格证。

[小故事] 相信自己是一只雄鹰

一个人在高山之巅的鹰巢里，抓到了一只幼鹰，他把幼鹰带回家，养在鸡笼里。这只幼鹰和鸡一起啄食、嬉闹和休息，它以为自己是一只鸡。

这只鹰渐渐长大，羽翼丰满了，主人想把它训练成猎鹰。可是由于终日和鸡混在一起，它已经变得和鸡完全一样，根本没有飞的愿望了。

主人试了各种办法，都毫无效果。最后把它带到山顶上，一把将它扔了出去。这只鹰像块石头似的，直掉下去，慌乱之中它拼命地扑打翅膀，就这样，它终于飞了起来！

「大智慧」如果你认为自己是一只雄鹰，那么你就能成为一只雄鹰；如果你认为自己是一只丑小鸭，那么你永远都只能是一只丑小鸭。

[小故事] 当自己的伯乐

不久前，有一位曾赢得世界冠军的中国羽毛球选手熊国宝到台湾访问。记者照惯例问他:"你能赢得世界冠军,最感谢哪个教练的栽培?"

木讷的他想了想,坦诚地说:"如果真要感谢的话,我最该感谢的是自己的栽培。就是因为没有人看好我,我才有今天。"

原来他入选国家代表队时,只是个绿叶的角色,虽然球已打得不错,但从来没有被视为是能为国争光的人选。他沉默寡言,年纪又比最出色的选手大了些,没有一点运动明星的样子,教练选了他,并不是栽培他,只是要他陪着明星选手练球。

有许多年的时间,他每天打球的时间都比别人长很多,因为他是好些队友的最佳练球对象。拍子线断了,他就换上一条线,鞋子破了补一块橡胶,球衣破了就补块布,零下十几度的冬天,依然早上五点去晨跑练体力。

有一年他垫档入选参加世界大赛时,第一场就遇到最强劲的对手,大家都当他是去当"牺牲打"的,没有人在意他会不会打赢。没想到他竟然势如破竹地一路赢了下去,甚至赢了教练心中最有希望夺冠的队友(他实在太清楚大家的球路了),得到了世界冠军,一战成名。

「大智慧」没有遇到伯乐的时候,自己也能成为自己的伯乐,关键是要相信自己是一匹千里马。

第二节 自我认知小测试

一、处世能力测试

处世能力是一个人情商指数具体化的综合体现,在社交日益重要的时代,情商的重要性被越来越多的人所重视。你的处世能力如何?你的处世倾向你自己不一定清楚。下面每一个问题设计了一种具体的社会生活情景,并且列出了4个备选方案。请你设身处地地考虑一下,如果你面临这情景,你的表现将与哪一个方面更符合,请把它前面的字母代号圈出来。

1. 在聚餐会上,如果你与多数同桌的人素不相识,你怎么办?
   A. 显得心神不定,左顾右盼。
   B. 静听别人的谈话。
   C. 只与相识的人高谈阔论。
   D. 神态自如地参与大家的谈论。

2. 觉得自己与协同工作的人在性格和想法方面合不来时,你怎么办?
   A. 委曲求全,尽量凑合下去。
   B. 故意找理由,与他吵架,迫使领导解决。
   C. 向领导汇报他的短处,要求领导调离他。
   D. 尽量谅解,实在不行,则向领导如实说明,等候机会解决。

3. 在公共汽车上,你无意踩了别人一脚,别人对你骂个不停,你怎么办?
   A. 只当没听见,任他去骂。
   B. 与他对骂,不惜大吵一架。
   C. 推说别人挤了自己才踩到他的,不应该怪罪自己。
   D. 请他原谅,同时提醒他骂人是不文明的。

4. 在影剧院看电影时,你的邻座旁若无人地讲话,使你感到讨厌,你怎么办?
   A. 希望别人能出面向他们提意见或他们自己停止。
   B. 严厉地指责他们。
   C. 叫服务员来制止他们。
   D. 有礼貌地请他们别讲话。

5. 你辛苦地干完了工作,自以为干得很不错,不料领导很不满意,你怎么办?
   A. 不做声地听领导埋怨,但心中十分委屈。
   B. 拂袖而去,认为自己不应受埋怨。
   C. 解释因客观条件限制,自己无法做得更好。
   D. 注意自己做得不够的地方,以便今后改正。

6. 你买了一架崭新的照相机,自己还未用过,但有朋友向你借,你怎么办?

    A. 借给他,但是满腹牢骚。

    B. 脸色很难看,使得朋友不得不改口。

    C. 骗他说已经借给别人了。

    D. 告诉他自己要试拍一下,检查了照相机的性能后,再借给他。

7. 当你正在埋头干一件事,一位朋友上门来找你倾诉苦恼,你怎么办?

    A. 放下手中的工作,耐心倾听。

    B. 很不耐烦,流露出不想听的神态。

    C. 似听非听,脑子里还在想自己的事情。

    D. 向他解释,同他另约时间。

8. 在你知道了别人的一些隐私之后,你怎么办?

    A. 觉得好奇,但尽量不去传给其他人听。

    B. 忍不住,会很快告诉其他人。

    C. 当其他人谈起的时候,也会附和着一起谈。

    D. 根本没有想要让其他人知道。

9. 星期天,你忙了一整天,把房间全部打扫干净,你的爱人下班回家后,却指责你没及时烧晚饭,你怎么办?

    A. 心里很气,但仍勉强地去烧饭。

    B. 发脾气,骂爱人自私,要爱人自己去烧饭。

    C. 气得当晚不吃饭。

    D. 向爱人解释,然后邀请爱人一起出去吃饭。

10. 当你搬到一个新的住处,周围邻居都不认识,显得较冷清,你怎么办?

    A. 尽量避免与邻居交往。

    B. 故意显出自己是很强硬的,让人家有种敬畏感。

    C. 视邻居以后对自己的态度再行事。

    D. 主动与邻居打招呼,表现出友好的姿态。

11. 如果有人经常要麻烦你做一些事,你却很忙,你怎么办?

A. 尽量避开他。

B. 告诉他你很忙，不要再来麻烦了。

C. 敷衍他。

D. 尽自己能力帮助，有困难时再向他说明情况。

12. 一位朋友向你借了几元钱，但后来没还，好像不记得这件事了，你怎么办？

A. 今后再也不借给他。

B. 提醒他曾借过钱。

C. 向他借同等数额的钱，作为抵消。

D. 就当没这回事。

13. 在餐馆里你买了一份饭菜，但发现味道太咸，你怎么办？

A. 向同桌人发牢骚。

B. 粗鲁地责骂厨师无能。

C. 默默地吃下去。

D. 平静地问服务员，能否变淡些，如不能，则吃下去。

14. 一位热情的售货员为了使你买到满意的东西，向你介绍了所有东西，但你都不满意，你怎么办？

A. 买一件你并不想买的东西。

B. 说这些商品质量不好，是卖不掉的商品。

C. 向他道歉，说是朋友托买的东西，一定要朋友满意才能买。

D. 说一声"谢谢"，然后离去。

计分与评价：

统计你所圈各个字母的次数，找出自己选择次数最多的字母代号。

如果你选择答案 A 的次数最多，说明你处世态度过于消极，凡事与世无争，实际上心中并不一定服气，对任何有争论性的事，你都不愿意表态，希望他人作决定或承担责任。当人们了解你的时候，也许会同情你，但以后又会产生反感。

如果你选择答案 B 的次数最多，说明你处世能力较差，不善于待人接物，往往属于好斗型，遇不顺心的事容易暴跳如雷，甚至粗鲁地骂人。表面看来，你颇有权威地占到上风，其实得不到他人对你的尊重，结果是使人们憎恶你或害怕和疏远你。

如果你选择答案 C 的次数最多，说明你具有一定的处世所需要的克制能力，能把怨气或不满情绪隐藏起来，比前面两种人更善于处理人与人之间的关系，只是有时为人不够真诚坦率，结果是使人们感到你有时表现得比较虚伪或不能完全理解你。

如果你选择答案 D 的次数最多，说明你有积极的处世态度，遇事表现出较强的克制能力，尊重他人，对人诚恳坦率，不喜欢虚假和装模作样，结果是人们尊重你，愿意和你交往，建立友谊关系。

二、个性成熟度测试

下面有 25 道题，每道题都有 5 个备选答案。请根据自己的实际情况，在题目下面圈出相应的字母，每题只能选择一个答案。请注意这是测验你的实际想法和做法，而不是问你哪个答案最正确。因此请不要猜测"正确的"答案，以免测验结果失真。

1. 我所在单位的领导（或学校的老师）对待我的态度是：
   A. 老是吹毛求疵地批评我。
   B. 我一做错什么事，马上就批评我，从不表扬我。
   C. 只要我不犯错误，他们就不会指责我。
   D. 他们说我工作和学习还是勤恳的。
   E. 我有错误他们就批评我，我有成绩他们就会表扬我。
2. 如果在比赛中我或我的一方输了，我通常的做法是：
   A. 研究输的原因，提高技术，争取以后赢。
   B. 对获得胜利的一方表示赞赏。
   C. 认为对方没啥了不起，在别的方面自己（或自己一方）比对方强。
   D. 认为对方这次赢的原因微不足道，很快就忘记了。
   E. 认为对方这次赢的原因是运气好，下次自己的运气好的话也会赢对方。

3. 当生活中遇到重大挫折（如高考落榜、失恋）时，我便会感到：

　　A. 自己这辈子肯定不会幸福。

　　B. 我可以在其他方面获得成功，加以补偿。

　　C. 我决心不惜付出任何代价，一定要实现自己的愿望。

　　D. 没关系，我可以更改自己的计划或目标。

　　E. 我认为自己本来就不应当抱有这样的期望或抱负。

4. 别人喜欢我的程度是：

　　A. 有些人很喜欢我，其他人一点也不喜欢我。

　　B. 一般都有点喜欢我，但都不引我为知己。

　　C. 没有人喜欢我。

　　D. 许多人都在一定程度上喜欢我。

　　E. 我不知道。

5. 对谈论自己受挫折经历的态度是：

　　A. 只要有人对我受挫折的经历感兴趣，我就告诉他。

　　B. 如果在谈话中涉及，我就无所顾忌地说出来。

　　C. 我不想让别人怜悯自己，因此很少谈自己受挫折的经历。

　　D. 为了维护自尊，我从不谈自己受挫折的经历。

　　E. 我感到自己似乎没有遇到过什么挫折。

6. 通常情况下，与我意见不相同的人都是：

　　A. 想法古怪、难以理解的人。

　　B. 缺乏文化知识修养的人。

　　C. 有正当理由坚持自己看法的人。

　　D. 生活背景和我不同的人。

　　E. 知识比我丰富的人。

7. 我喜欢在游戏或竞赛中遇到的对手是：

　　A. 技术很高超的人，使我有机会向他学习。

　　B. 比我技术略高些的人，这样玩起来兴趣更高。

　　C. 显然技术比我差的人，这样我就可以轻松地赢他，显示自己的实力。

　　D. 和我的技术不相上下的人，这样在平等的基础上展开竞争。

　　E. 一个有比赛道德的人，不管他的技术水平如何。

8. 我喜欢的社会环境是：

　　A. 比现在更简单、平静的社会环境。

　　B. 就像现在这样的社会环境。

　　C. 稳步向好的方面发展的社会环境。

　　D. 变化很大的社会环境，使我能利用这机会发展自己。

　　E. 比现在更富裕的社会环境。

9. 我对待争论的态度是：

　　A. 随时准备进行激烈争论。

　　B. 只对自己有兴趣的问题，才喜欢争论。

　　C. 我很少与人争论，喜欢自己独立思考各种观点的正确与否。

　　D. 我不喜欢争论，尽量避免之。

　　E. 我不讨厌争论。

10. 受到别人批评时，我通常的反应是：

　　A. 分析别人为什么批评我，自己在哪些地方有错。

　　B. 保持沉默，对他记恨在心。

　　C. 也对他进行批评。

　　D. 保持沉默，毫不在意，过后置之脑后。

　　E. 如果我认为自己是对的，就为自己辩护。

11. 我认为亲属的帮助对一个人事业成功的影响是：

　　A. 总是有害的，这会使他在无人帮助的时候面对困难一筹莫展。

　　B. 通常是弊大于利，常常帮倒忙。

　　C. 有时会有帮助，但这不是必需的。

　　D. 为了获得事业成功，这是必需的。

　　E. 对一个人刚从事某一职业时有帮助。

12. 我认为对待社会生活环境的正确态度是：

　　A. 使自己适应周围的社会生活环境。

　　B. 尽量利用生活环境中的积极因素发展自己。

C. 改造生活环境中的不良因素，使生活环境变好。

D. 遇到不良的社会生活环境，就下决心脱离这个环境，争取调到别的地方去。

E. 自顾生活，不管周围生活环境是好是坏。

13. 我对死亡的态度是：
    A. 从来不考虑死的问题。
    B. 经常想到死，但对死不十分害怕。
    C. 把死看做必然要发生的事情，平时很少想到。
    D. 我每次想到死就十分害怕。
    E. 一点不怕，认为自己死了就轻松了。

14. 为了让别人对自己有好的印象，我的做法是：
    A. 在未见面时就预先想好自己应当怎样做。
    B. 虽很少预先准备，但在见面时经常注意应给人一种好的印象。
    C. 很少考虑应给人一个好的印象。
    D. 我从来不做预先准备，也讨厌别人这么掩盖自己的本来面目。
    E. 有时为了工作和生活上的特殊需要，认真考虑如何给人以良好的印象。

15. 我认为要使自己生活得愉快而有意义，就必须生活在：
    A. 关系融洽的亲属们中间。
    B. 有知识的人们中间。
    C. 志同道合的朋友们中间。
    D. 人数众多的亲戚、同学和同事们中间。
    E. 不管生活在什么人中间都一样。

16. 在工作或学习中遇到困难时，我通常是：
    A. 向比我懂得多的人请教。
    B. 只向我的好朋友请教。
    C. 我总是尽自己最大努力去解决，实在不行，才去请求别人的帮助。
    D. 我几乎从不请求别人来帮助。

E. 我找不到可以请教的人。

17. 当自己的亲人错误地责怪我时，我通常是：
    A. 很反感，但不吱声。
    B. 为了家庭和睦，违心地承认自己做错了事。
    C. 当即发怒，并进行争论，以维护自己的自尊。
    D. 不发怒，耐心地解释和说明。
    E. 一笑了之，从不放在心上。

18. 在与别人的交往中，我通常是：
    A. 喜欢故意引起别人对自己的注意。
    B. 希望别人注意我，但不想明显地表示出来。
    C. 喜欢别人注意我，但并不主动去追求这一点。
    D. 不喜欢别人注意我。
    E. 对于是否会引人注意，我从不在乎。

19. 外表对我来说：
    A. 非常重要，常花很多时间修饰自己的外表。
    B. 比较重要，常花不多的时间作修饰。
    C. 不重要，只要让人看得过去就行了。
    D. 完全没有重要性，我从不修饰自己的外表。
    E. 重要是重要，但我花在修饰上的时间不多。

20. 我喜欢与之经常交往的人通常是：
    A. 异性，因为他们（或她们）与我更合得来。
    B. 同性，因为我和他们（或她们）更容易相处。
    C. 和我合得来的人，不管他们与我的性别是否相同。
    D. 我不喜欢与家庭以外的人多交往。
    E. 我只喜欢与少数合得来的同性朋友交往。

21. 当我必须在大庭广众中讲话时，我总是：
    A. 会因发窘而讲不清话。
    B. 尽管不习惯，但还是做出泰然自若的样子。
    C. 我把这看成是一次考验，毫不畏惧地去讲。
    D. 我喜欢对大家讲话。
    E. 坚决推辞，不敢去讲话。

22. 我对用相面、测字来算命的看法是:
    A. 我发现算命能了解过去和未来,而且很准。
    B. 算命人多数是骗子。
    C. 我不知道算命到底是胡说,还是确实有道理。
    D. 我不相信算命能知道人的过去和未来。
    E. 尽管我知道算命是迷信,但还是半信半疑。

23. 在参加小组讨论会时,我通常是:
    A. 第一个发表意见。
    B. 我对自己了解的问题才发表看法。
    C. 除非我说的话比别人有价值,我才发言。
    D. 我从来不在小组会上发言。
    E. 我虽然不带头发言,但总是发言的。

24. 我对社会的看法是:
    A. 社会上到处都有丑恶的东西,我希望能逃避现实。
    B. 在社会上生活,要想永远保持正直、清白是很难的。
    C. 社会是人生的大舞台,我很喜欢研究社会现象。
    D. 我不想去了解社会,只希望自己能生活得愉快。
    E. 不管生活环境如何,我都要努力奋斗,无愧于自己的一生。

25. 当我在生活道路上遇到考验(如参加高考、承担冒风险的工作)时,我总是:
    A. 很兴奋,因为这能体现我的力量。
    B. 视做平常小事,因为我已经习惯了。
    C. 感到有些害怕,但仍硬着头皮去顶。
    D. 很害怕失败,常放弃尝试。
    E. 听从命运的安排。

计分与评价:

根据你的答案,对照计分表,累计自己总得分。计分过程中,负分数与绝对值相等的正分数可以相互抵消。这个总分就是你的个性成熟度指数。

计分表上每道题目的 5 个答案中,得分为正值的答案代表处理该问题时的做法合理。得分越高,说明该做法越妥当,是个性成熟者的通常做法。相反,得分为负值的答案均代表了不妥当的或幼稚的做法,反映了个性的不成熟。因此,你可以观察一下你在每道题目上的得分,看看自己在哪些题目上的得分较高,自己在处理哪些问题上较为成熟和老练;自己在哪些题目上得了负分数,自己在处理哪些问题时还不成熟,较为妥当的做法是哪一种。经过这样仔细的分析,你可以看出自己处理社会生活问题的长处和短处,使自己尽快地成熟起来。

计分表

题号	选项				
	A	B	C	D	E
1	−3	−2	+4	0	+6
2	+4	0	−3	+8	−4
3	−4	+10	0	+5	−3
4	0	+3	−3	+8	−2
5	−3	+8	+4	−2	0
6	−3	−2	+8	+4	0
7	−2	+6	−3	0	+8
8	−5	0	+6	+4	−3
9	−4	+8	0	−2	+3
10	+8	−4	−4	0	+4
11	−2	0	+8	−4	+6
12	−2	+4	+8	−4	+6
13	0	+2	+10	−4	−3
14	−1	+8	0	−3	+4
15	0	+6	+4	−2	−4
16	+8	0	+4	−2	−4
17	−1	0	−4	+8	+4
18	−2	0	+8	−3	+4
19	−2	+6	0	−3	+4
20	−2	0	+8	−3	+4
21	−1	+4	+8	+2	−4
22	−5	+3	−2	+10	0
23	0	+8	−1	−4	+4
24	−3	−2	+6	0	+10
25	+4	+8	0	−4	−1

评价表

总分	个性成熟程度
0 分以下	很不成熟
0~49 分	不大成熟
50~99 分	一般
100~149 分	比较成熟
150 分以上	很成熟

说明：

总分可以用来判断人整体的个性成熟程度。总分越高，说明你的个性越成熟；总分越低，说明个性越不成熟。具体的个性成熟程度的划分，可看这张评价表。

如果你的测验总分在 150 分以上，说明你是个很成熟、老练的人。凡个性成熟的人，都掌握着一套行之有效的适应社会的方法。他们知道怎样妥善地处理个人所遇到的各种社会问题。他们能准确地判断：处理一个问题，哪些方式是有效的，哪些方式会造成不良的后果，从而选择一种最佳的处理方法。他们常常成为别人讨教和仿效的对象。

个性成熟的人大多有丰富的经历，有大量过去失败的或成功的经验可供借鉴。但是，个性成熟的程度并不一定与人的年龄成正比。

如果测验总分在 100~149 分之间，这说明你是较为成熟的人。在大部分事情的处理上你是很得体的。你能够很好地适应社会，建立起较良好的人际关系。

如果测验总分在 50~99 分之间，这说明你的个性成熟程度属于中等水平。你的个性具有两重性：一半老练，另一半是幼稚的，还需要在社会生活实践中成熟起来。

如果测验总分在 0~49 分之间，这说明你的个性还欠成熟。你还不善于处理社会生活中的各种问题和矛盾，不善于观察影响问题的各种复杂因素，不能准确地预见自己行为的结果，还不能很好地适应复杂的社会生活。

如果你的测验总得分是负数，说明你还十分幼稚，处理社会生活问题仍不成熟。你喜欢单凭个人粗浅的直觉印象和一时的感情行事，好冲动、莽撞、不识大体。或者相反，遇事退缩不前，生怕出头露面，孤独而自卑。你容易得罪人，也容易被人欺骗，在社会生活中到处碰壁，无法实现自己的理想和目标。这种状况与现代社会生活的要求很不适应，你必须设法使自己尽快地成熟起来。

三、SES（自尊量表）测验

请你根据题目中的描述，按照自己符合情况的程度在每一题目的后面进行评分。1表示非常符合；2表示符合；3表示不符合；4表示很不符合。

（1）我感到我是一个有价值的人，至少与其他人在同一水平上。

（2）我感到我有很多好的品质。

*（3）归根结底，我倾向于觉得自己是一个失败者。

（4）我能像大多数人一样把事情做好。

*（5）我感到自己值得自豪的地方不多。

（6）我对自己持肯定态度。

（7）我总的来说对自己是满意的。

*（8）我希望我能为自己赢得更多的尊重。

*（9）我确实时常感到毫无用处。

*（10）我时常认为自己一无是处。

注：*表示反向计分。把所有的分数加起来，分值越高自尊程度越高。

第三节 自我认知训练

一、自我认知建构训练

请填写下面的表格：

我对自己的认识

认知内容 \ 认知形式	理想的自我	现实的自我	
		我眼中的自我	我认为别人眼中的自我
生理自我 身高 体重 容貌 身材 风度 性别			
社会自我 亲友关系 同学关系 荣誉 地位			
心理自我 智力 情绪 兴趣 爱好 气质 性格 能力 信仰			

二、自我认知观察练习

（1）在团体中自由结成一对一的小组，要求依照上面练习表格中的认知内容，相互尽量详细地表述出你对对方的认识，并一一记录下来，然后相互交换。

(2) 以团体为单位,进行口头交流,相互分享对彼此的认知。把你进一步了解到的自我填写在以下的表格中:

		自己的观察	
		发觉	未发觉
别人的观察	发觉	公开的自我	盲目的自我
	未发觉	秘密的自我	未知的自我

表格中"公开的自我"栏目中描述的是自己所发觉的,以及由自己的表现别人也发觉的部分,也就是自己和别人的看法一致的部分。这一部分内容越多,越表示该人的性格是健康的、自由的、开放的,也是积极向上的。"盲目的自我"栏目中描述的是别人发觉而自己未发觉的部分。"秘密的自我"栏目中描述的是自己虽已经发觉,但不为别人所发觉的部分。

三、自我欣赏训练

1. 红色轰炸

以 5~8 人为一组,围成一个圆圈,每个人轮流坐在中央作为靶子,其他人一一说出对坐在中央的人的称赞或表示欣赏的话语。要求尽量发掘他人的优点,表述要客观、恰当,越多越好。例如:

我最欣赏你的外表是:
我最欣赏你的一个品质是:
我最欣赏你对朋友的态度是:
我最欣赏你的一次成功是:
我最欣赏你学习的态度是:
我最欣赏你做事的态度是:
我最欣赏你的性格是:

……

倾听的同学要把大家的赞扬一一记下来,思考哪些与自己所看到的不同,为什么?

2. 运用镜子技巧进行积极的自我暗示

镜子技巧在许多方面的运用,已经取得令人十分满意的效果。如果你走路的姿势很糟,或者无精打采,在大镜子前练习,将有神奇的功效,镜子向你显示别人看到的你的模样。你可以对着镜子改进姿势,塑造成任何符合审美标准的姿态。镜子技巧是由美国心理学家布里斯托总结而成的,这一方法简单、有效,可以使你增加信心,强化激情。具体做法如下。

事先准备好,把同伴们对你的称赞和欣赏进行归纳整理,浓缩成一篇简短的小文章,体例不限。在镜子前,看到身体的上半部分。笔直站立,后脚跟靠拢,收腹、挺胸、昂首,再做三四次深呼吸,直到对自己的能力和决心有了一种感受。然后凝视眼睛深处,对着镜子中的自己用第二人称,反复大声朗诵小短文,直到背诵下来,以此进行积极的自我暗示。

在学习自我暗示时要牢记五大原则:

(1) 简洁:朗诵的句子要简短有力。

(2) 积极:要尽量使用肯定句式和肯定词语,避免否定和消极信息。

(3) 信念:句子要客观可行,以避免与心理产生矛盾和冲突。

(4) 想象:朗诵时要在脑海里形成清晰的意象。

(5) 感情:要有感情投入,不能像"小和尚念经"。

四、自我认知综合练习——重塑自我的自测练习

这个练习是基于马斯洛总结出的自我实现的人的十五个特征,它不仅仅是一个测验,而且是一个认识自我的工具。你只需按照以下标准为自己评分即可:

-2 表示几乎从不;-1 表示偶尔;0 表示经常;+1 表示大部分时间;+2 表示几乎总是。

对得零分或大于零分的特征给予肯定和赞扬。在笔记记下得负分的特征，作为需要重塑的领域。要记住，在这个测验练习中，不存在对错之分或最后得分。

在这个心理练习中，我们要对照十五个特征给自己打分，对描述的每个特征至少要得出两个实际结论，不论是正面的和负面的。例如，"足够的现实感"这一特征就可以引出以下两个结论：

（1）"我对从广播中听到的大部分新闻都持怀疑态度"；

（2）"我对其他民族的文化和生活方式感兴趣，但对许多种族抱有偏见"。

在评价了自己的自我实现特征后，你要利用想象力，在视觉化的情境中使已发现存在缺陷的自我实现特征得到改进。

个性：

独立于无意义的文化限制和偏见，避免国家和种族偏见的限制。用全新的眼光看待每一不同的人和事。

轻松自如，不做作：

在大多数情况下都按自我选择行事。不漠视情感，能够与自己重要的人分享情感。重视个人成长。享受生活的乐趣。

伦理观：

是非分明。有意识地做正确的事。为道德上正义的事业作出贡献。

好奇心：

能在旧的和熟悉的事物中发现新鲜感。能发现大部分事物中美好的一面。对大自然有敬畏感。不感到枯燥，享受内心的自我，并将注意力集中在积极因素上。

创造力：

从尝试和学习新事物中得到乐趣，寻找新机会。在日常生活中保持开放的头脑和童心，不太看重他人的反应。

幽默：

能够自嘲。不会以牺牲他人为乐。将娱乐放在生活中的重要地位。

独处：

比大多数人更喜欢独处。相信自己的判断力。有工作激情。喜欢思考。与人交往时充分尊重对方的人格。

自主性：

不需要他人来肯定自己的选择和决定。不是商品和享受的奴隶。即使在艰难的环境中也能保持内心的平静。

合作感：

有"人类大家庭"意识。以宽容的态度接受人的差异。努力理解他人。必要时，甚至宽恕他人。将自己视为人类大家庭的一员。

接受自我和他人：

尊重自己和他人的身体及其机能，主动关心自己的健康。重视人的优点。对自己和他人的不完美之处持宽容态度。不随便评头品足。对自己的行动和决定负责。

亲密：

至少能完全相信生活中的某一个人。感受到与他人的亲近并至少相信某一个人给予自己的关心和爱。

民主性格结构：

坚信他人的尊严。不在乎人的差异。看人注重本质而非外表。实际相信他人作为人的权利。

足够的现实感：

明辨真伪。能将事实和观点区别开来。渴望了解新奇、陌生和未知的事物。做事方式灵活，避免死板和固执己见。

目标定向：

能够集中精力解决自身之外的问题。任务和目标定向明确。能够照顾到他人的需要。做必须做的事，不过分担心他人的反应。对哲学的基本问题感兴趣。不过分关心自我。

巅峰体验：

对强烈的内心体验保持开放心态。能够超越自我或时空，获得内心的充实和发展。

完成自我评核后，逐个检查你诚实的打上负分的项目，并想象自己在过去想到过的一个环境中进行自我实现。要使这个心理画面栩栩如生，以便你开始对自我实现行为感到顺畅。不要急于做完这个心理练习。个人成长的一个重要条件就是耐性。要花时间创造性地运用你的思想将自己置身于新的情境中，直到在想象中经历了"在那里"的正面感觉。

作业与思考

1. 自我评价和他人评价如果符合实际，请用100~200字写出对自己的描述。

2. 每天记录自己的进步和成功体验。

3. 反复大声朗诵自己对未来10年或20年后自我的描述，直到背诵下来。

4. 写出对下面这一小故事的感想。

美国著名的心理学家基恩博士是个黑人。在他小的时候，他很自卑。有一次，他在街上看到一位卖气球的小贩正在推销气球，为了吸引人们的注意，他不时放飞几个五颜六色的气球，引得不少白人孩子围观。小基恩却站在远远的地方不愿走近。这时，小贩放飞了一个黑气球，并对他说："气球能不能飞上天不在于它外表的颜色，而在于它心中有没有想飞的勇气，如果这勇气够大、够足，那它就很可能飞上天。"

第三章 情绪管理

[小故事] 删除你的烦恼

有一个心理学家做了一个很有意思的实验。他要求一群实验者在周日晚上把未来7天会烦恼的事情都写出来，然后投入一个大型的"烦恼箱"。第三周的星期日，他在实验者面前打开这个箱子，与成员逐一核对每项"烦恼"，结果发现其中90%的担忧并没有真正发生。

接着，他又要求大家把那真正发生的10%的"烦恼"重新丢入纸箱中，等过了三周，再来寻找解决之道。结果到了那一天，他开箱后，发现那些剩下的10%的烦恼已经不再是那些实验者的烦恼了，因为他们都有能力对付了。

烦恼是自己找来的，这就是所谓的"自找麻烦"。据统计，一般人的忧虑有40%属于过去，有50%属于未来，只有10%属于现在；而40%的烦恼事根本不会发生，30%的事是怎么烦恼也没有用的既定事实，10%是日常生活中微不足道的小事，12%是不存在的幻想出来的麻烦，只有8%的烦恼勉强算是有正面意义，而这些常常又是能够轻易应付的事，看了这些数据，大家是否应该考虑删除自己92%的烦恼呢？

「大智慧」医生都知道一项秘密，那就是：大多数疾病都可以不药而愈。同样，大多数烦恼都会在第二天早晨减小或者消失。克服忧虑的一大秘诀就是养成一种超然的态度，把心中泛滥的烦恼看做终将流逝的江水，不要任凭自己沉溺于其中。另外，常常把心神集中在现实和身边的事物上，并且养成凡事都感恩的习惯。不要总是想着将会出现什么烦恼，而应该多去想想快乐的事情，这样你就能远离那烦恼的迷宫。

　　情绪是心理素质教育中的重要内容。人每时每刻都处在一定的情绪状态之中，每个人的个性、自我认知、人际关系无不反映到人的情绪状态上。本章主要是通过学习情绪心理的知识和情绪测试，使学生对自我情绪有科学的认识，并能对自己的情绪状态有所反思和了解；同时，运用心理学有关情绪理论，掌握自我情绪管理的技巧，并能主动调整自我情绪，学习如何保持良好的情绪状态。

第一节　有关情绪小常识

一、情绪概述

　　在日常学习生活中，我们可能在谈论情绪或阅读相关的文章时，会遇到类似的词语，如情感、情操、感情、心情、心绪，有时可能会将一些词语等同起来，如心情、心绪、情绪，也可能将情感、情操以及感情区别开来。但在心理学中，它们是有严格的定义的，相互间既有区别，又有不可分割的联系。对于心情、心绪、情绪三者来说，心理科学中更多地采用"情绪或情感"。心情、心绪只是更口语化；而情绪、情感、情操则是不同的概念，过去我们多用"情感"一词统称这三种概念，目前更多地倾向于用"感情"一词作为情绪、情感、情操的总称。可以说，包括情绪、情感、情操在内的感情，是对客观事物与人主观需要的关系的反映，是人对客观与现实的态度的体验。下面，将分别论述各自的含义。

　　1. 情绪

　　情绪是最基本的感情现象，着重体现感情的过程方面，常具有外部明显、持续时间较短的特点，如喜、怒、哀、乐。它与生物性和社会性需要均有联系，且具有相当的复杂性。

2. 情感

情感是较高级的感情现象，着重体现感情的内容方面，具有较稳定持久、内隐含蓄的特点，与人的基本社会性需要相联系。比如个体在后天环境中形成和发展起来的，较少受教育影响的依恋、交往等需要，与之相关的爱、恨、依恋感，友谊、孤独感。

3. 情操

情操是最高级的感情现象，着重体现在感情的内容方面，具有更稳定、更含蓄的特点，不仅与人的高级社会性需要相联系，而且还与一定的价值观念相结合。高级社会性需要是指在基本社会性需要的基础上，受教育影响，后天形成和发展的，如求德、求知、求美需要等，与之相连的情操有道德感、理智感和审美感，这是我们人类最重要的三种高级情绪。

二、情绪的分类

情绪可根据社会性、复杂性、过程与状态等多种不同的指标、尺度加以分类：

1. 按社会性划分

按社会性划分，情绪可分为生物性情绪和社会性情绪。我们知道，与生物性需要相关的是生物性情绪，为物种进化过程中最早出现且为人类和动物均有的。如饥饿引起的不适体验，黑暗引起的恐惧体验等。社会性情绪是人类个体与养育者交往过程中获得初步发展的。个体在形成情感和情操后，社会性情绪是其在具体情境中的情绪性表现。如运动员在比赛获胜后的激动心情和流下的喜悦之泪，见义勇为者路见不平、愤而相助，是自尊情感的愉悦情绪、道德情操的愤怒情绪的表现。

2. 按复杂性划分

按复杂性划分，情绪可分为基本情绪和复杂情绪。

基本情绪。基本情绪为人类中最基本、最普遍存在的情绪。

我国古代思想家荀子将情绪分为好、恶、喜、怒、哀、乐六大类,倡导"六情说"。法国哲学家笛卡尔认为,人有惊奇、爱悦、憎恶、欲望、欢乐和悲哀六种原始基本情绪,与荀子的说法有不少相近之处。

复杂情绪。复杂情绪是个体在社会生活实践中,在基本情绪的基础上发生、发展的,如羡慕、妒忌、害羞、悲喜交加、爱恨交织等。我国心理学家林传鼎曾将人的情绪表现归纳为安静、喜悦、愤怒、哀怜、悲痛、忧愁、愤急、烦闷、恐惧、惊骇、恭敬、抚爱、憎恶、贪欲、忌妒、傲慢、惭愧、耻辱共18类,包含了一些常见的基本情形和复杂情绪。

3. 按过程与状态划分

按过程与状态划分,情绪可分为心境、激情与应激三种情绪状态。

一是心境。这是一种比较微弱而持久的情绪状态,可喻为"和风细雨"式的情绪现象,人逢喜事精神爽、遇到烦心事忧心忡忡等,均为心境的不同表现。大学生活中人际关系的远近、气温的高低、学习中遇到的困难均可能导致产生某种心境。心境具有渲染性,当个体处于某种心境之中时,他的言行举止、心理活动都会蒙上一层相应的情绪色彩;同时也具有弥散性,此时心境不具有特定的对象,而是作为人的情绪的总背景起作用。正如古语所说"忧者见之则忧,喜者见之则喜",由于各自的心境不同,对其他的事会带着自己的渲染性、弥散性的心境去看,体验是不同的。具体说来,假如某大学生学习好,又获奖学金,表现好,又得到老师夸奖,心里当然乐滋滋的。在这一心境下,上课会很有精神,思维敏捷,反应快,课后做事也轻松麻利,与同学交谈兴致勃勃,进出宿舍、课堂、食堂都哼着小调,脸上带着笑容,生活中的一切对他来说是多么的美好。

心境持续的时间可长可短,短则几小时甚至更短,长则几个月甚至更长,其取决于产生该心境的客观环境和个体的个性特点。重大的生活事件导致的心境持久;性格内向、沉闷的人心境持续时间可能更长。心境对人的生活、工作、学习和身体健康有很大影响。积极的心境使我们的生活、学习、工作等活动效率提高，有助于身心健康；而消极的心境，使人悲观消沉，活动效率降低，无益于身心健康。因此，无论是在大学学习，还是在今后的生活中，我们都应建立积极的、良好的心境。

二是激情。这是一种短暂而猛烈的情绪状态。常被描绘成"狂风暴雨"式的情绪表现。比如欣喜若狂、悲痛欲绝、气急败坏、惊恐万分等均为激情的不同表现。由于激情多是由重大事件（巨大成功、严重的挫折等）的强烈刺激所致，人们总伴以强烈的生理反应和表情行为，因而激情具有爆发性和冲动性特点。爆发性是指整个激情的发生过程十分迅猛，大量心理能量在极短时间内释放出来，强度极大。冲动性则是指个体处于激情状态时，往往暂时失去意志力对行为的控制。回顾我国北京申办2008年奥运会获得成功的2001年7月13日晚10：00那一刻，在全国各地、城市乡村，当听到国际奥委会主席萨马兰奇宣布主办城市为"北京"时，无论男女老少，无不齐声欢呼，挥臂呐喊，流下激动的泪水，这便是激情展现的最好实例。

激情也有积极和消极之分，积极性的激情使人的感情完全投入到当前活动中，激发个人的潜力，完成眼前的活动。如生活中的见义勇为，解放战争时保家卫国的激情。消极性的激情也会产生很大的破坏性和危害性。如有的大学生一时冲动，激情中失去理智，而导致"一失足成千古恨"的后果。需要指出的是，激情的爆发性、冲动性程度，应视当时的情景和个体、群体的行为特征不同而有差异，所产生的积极或消极作用也不同。

三是应激。应激作为一种高度紧张的情绪状态，往往伴发于出乎意料的危险情境或紧要关头，如火灾、地震、高考等。应激具有超压性和超限性。超压性，是指在应激状态下，个体往往会在心理应激状态下有积极的反应与消极的反应。积极反应表现为急中生智，力量倍增，使体力和智力充分调动起来，获得"超常发挥"；而消极反应表现为惊慌失措，四肢无力，意识狭窄，思维阻塞，动作刻板或反复出错，正常处理事件的能力大为削弱。因而在大学学习生活中，应发挥积极反应作用，避免出现消极反应,并适度控制应激反应,促进身心健康。

三、大学生的情绪特点

情绪是人类特有的一种心理现象,是人对客观事物是否符合或满足自己的需要而产生的一种体验。在每个人身上都有这样一种神奇的力量;它可以使你精神振奋,精力充沛,也可以使你委靡不振,无精打采;它可以使你思维效率提高,也可以使你思想迟钝,效率下降;它可以使你变得豁达、开朗、坚强,也可以使你的生活变得忧愁。情绪对日常生活有很大的影响,这一点人人皆知。良好的情绪氛围、良好的心境能使人的能力、技能得到最大程度的发挥。

在情绪的心理方面,大学生处于青春后期和青年期,其情绪活动具有"疾风怒涛"的特点,因而,大学生的特点是情绪特别丰富,但情感的稳定性不足。主要表现为以下几方面的特点。

1. 大学生的情绪丰富多彩

随着他们自我意识的不断发展,各种新需要的强度不断增加,其情绪日益具有丰富性。这主要表现在大学生所具有的多样性的自我情感,即对自我认识的态度体验上,如自尊、自卑、自负;还表现在两性情感上,即对爱情的情绪体验。

2. 情绪具有冲动性和爆发性

冲动性和爆发性是大学生情绪活动的另一特点,主要表现在对某一种情绪的体验特别强烈,富于激情。由于大学生自我意识的发展,他们对各种事物都比较敏感,再加上精力旺盛,因此,情绪一旦爆发就难以控制。虽然,同中学生相比,大学生对自我情绪具有一定的理智性和控制性,但在激情状态下,也常因情绪失控而造成冲动性的行为。例如,一些大学生的自杀行为就是这种情绪冲动性和爆发性的表现。

3. 大学生的情绪活动易于心境化

由于大学生的情绪不像幼儿那样受制于外部刺激,因此情绪一旦被激发,即使刺激消失,还会转化为心境,即拉长了的情绪状态。尽管情绪状态会有所缓和,其余波还会持续相当长的时间。大学生的许多不良情绪,如焦虑、自卑等都具有这种心境化的特点。某些大学生的心理问题也与这种情绪状态有关。

4. 情绪还具有想象性的特点

从情绪体验的性质来看,大学生的情绪还具有想象性的特点,即新发现的情绪会延长一段时间,而出现陶醉于某种愉快的、肯定性的情绪状态之中,或者沉溺于某种负性的情绪状态中。也就是说大学生的情绪常常会有一种不现实的表现。由于对环境的不适应,学习上的落后或恋爱上的挫折等各种因素的影响,他们常会陷入某种想象性的忧虑中,而难以被另一种愉快的情绪所取代。这与其情绪心境化的特点也是有联系的。

情绪、情感总是与需要紧密相连的。青年,特别是青年大学生,一方面,新的需要多,而且比较强烈,容易激起强烈情绪;另一方面,其自我意识有新发展,因此比青春初期较能有所控制。强烈情绪,这对他们应该从事的活动是一种内在动力,这是有其积极意义的。由于需要多,与之相联系的情感也就丰富;由于他们精力旺盛,所以一旦产生情感,就容易使其情绪高涨。大学生往往在经过考虑后觉得的确是需要的,就会从自己的体验出发,对自己认为不公平的事情产生强烈反感。同样,在此类情况下,也总是以自己的情感体验去衡量别人,因此对自己认为是受到了不合理待遇的人深表同情。进入大学后,由于有机会受到高尚的文化教育与丰富多彩的文化熏陶,使大学生们在中学时代初步形成的情操得到迅速发展;理智感随着对客观事物认识的深入而加强;道德感随社会伦理关系的复杂化而更加完善;美感也由单纯自发的感受,发展为把自然属性与社会属性融为一体,从而引起和谐、完善、合理、感人的美的自觉欣赏。

四、情绪的调节与管理

面对烦恼和压力,我该怎么办?下面是一些简明、有益的对策和技巧,使你在掌握之后并加以运用时,能够成为你对付压力、化解烦恼、保持良好心态的有效武器。

1. 不对自己过分苛求

有的学生对自己抱负过高,把目标和要求定在能力和范围之上,因无能力达到而不断责备自己,不原谅自己,于是,终日垂头丧气,焦虑不安。有的学生做什么事都要求十全十美,往往因小的失误而自责、懊丧。我们每个人对自己要有一个正确的估计,要知道没有人是完美的,必须承认自己的弱点,并乐意接受别人的建议、帮助和忠告,能屈能伸,不要总是有"怀才不遇"的感叹。把目标和要求定在自己的能力和范围之内,认识到许多事情的完成不是以个人的意志为转移的,心情自然就会舒畅了。

2. 敞开你的心扉

一旦自己有精神、情绪困惑,不要保守秘密,应该找一个在这方面能够给予你帮助的人交谈。在双方坦率、真挚的交谈后,你会发现,你不像以前那样沉寂了,压力也减少了许多。沉默往往是严重影响心理健康的不利因素。

3. 对他人期望不要太高

有的学生对他人期望很高,把希望寄托在别人身上。当别人不能达到要求时,便会大失所望,心情烦躁,责怪他人,搞得自己和他人的情绪不佳。其实,每个人都有自己的优点和缺点,都有自己的习惯和爱好,不必强求别人迎合自己的要求,强求别人和自己一致。也不要过分企求别人的赞扬和尊重,评价一个人的性格是幼稚还是成熟,通常有一个标准,就是看他的行为表现是决定于外在因素还是内在因素。别人的赞许就是外在因素之一。若是一个人的行为完全靠别人的赞许而决定,就显得他不够成熟。幼儿的行为就是如此。幼儿的人格在形成阶段,事事需要学习,所以在成人面前的行为表现,总是想讨人喜欢。到了青年期,性格逐渐独立,企求别人赞许的倾向逐渐减少,改为按自己的主张办事,这是成熟与独立的表现。更要自尊自爱,不管别人怎样看我,评价我,我还是走自己的路。在与别人交往时,只要不是原则问题,小事无须过分坚持。

4. 不要自寻烦恼，而要自得其乐

有的学生认为，乐观情绪属于那些学习成绩好，事事如意的人，自己常常被生活和学习中的烦恼和忧愁困扰，如何乐得起来呢？其实不然，每个人在自己的生活道路上都有顺境和逆境，有欢乐也有悲伤，关键在于你是如何对待。一个能以风趣和幽默的态度面对生活的人比他人更容易捕捉到生活中的欢乐。

5. 乐意帮助别人

假如你对某些人和事物很关心的话，你对生命的看法一定会大大改观。如果你只为自己而活，相信你的生命就会变得很狭隘，处处受到局限。以自我为中心的人也许会不断进步，可是却永远不易感到满足。心理学家艾力逊曾经说过："只顾自己的人结果会变成自己的奴隶。"帮助别人不仅可以使自己忘却烦恼，而且还可以确定自己存在的价值，更可以获得珍贵的友谊而使自己心境变得愉快。如果每个人都乐意帮助别人，那就能形成一个健康的社会心理氛围，这是培养乐观情绪的良好基础。同时，应该有一些亲密的朋友，能够与他们分享幸福和快乐，分担忧愁和痛苦。

6. 学会情绪的自我调节

在人的一生中，经常会遇到使自己情绪不佳的事情，加上测验考试使人紧张，学习成绩不佳使人烦恼，工作不顺利使人沮丧等。排除不愉快的情绪的方法是要学会自我调节。不要因为今天遇到一件称心如意的事就得意忘形，而明天稍有挫折就悲观失望，自怨自叹，更不要因遭受到重大挫折而轻生自杀。

[小故事] 拜访智者

一位16岁的少年去拜访年长的智者。少年问："我怎样才能变成一个自己愉快，也能给别人快乐的人呢？"

智者笑着说："孩子，在你这个年龄有这样的愿望，已经是很难得了。我送给你四句话吧。第一句话，把自己当成别人。"

少年说："是不是说，在我感到痛苦忧伤的时候，就把自己当成别人，这样痛苦自然就减轻了；当我欣喜若狂之时，把自

当成别人,那样狂喜也会变得平和一些?"智者微微点头。

智者接着说:"第二句话,把别人当成自己。"少年沉思了一会儿,说:"这样就可以真正同情别人的不幸,理解别人的需要,并给予适当的帮助。"智者两眼发光。

智者继续说:"第三句话,把别人当成别人。"少年默默地思索着,回答说:"这句话是不是说,要充分尊重每个人的独立性,在任何情形下都不能侵犯他人的核心领地?"智者哈哈大笑:"很好,很好,孺子可教!"

智者说:"第四句话,把自己当成自己。这句话理解起来太难,你留着以后慢慢回味吧!"

少年说:"也好。不过这四句话我怎样才能把它们统一起来呢?"

智者答:"很简单,用一生的时间和经历。"

「大智慧」自己的确应该是自己,但这还不够,因为有时候自己还应该是别人,这才是完整的自己。

五、不良情绪的宣泄和调节

生活中,谁都会产生这样或那样的问题,每个人都会遇到各种不良情绪的刺激和伤害。此时,积极的方法是及时消释它、克服它,从而最大限度地减轻不良情绪的消极影响。对情绪缺乏控制时易成为情绪的奴隶。青年的情绪、情感强烈,这在一定条件下是有积极作用的,但大学生对自己的控制力毕竟不够强,不能恰如其分,对于由情绪、情感所引起的冲动,不善于正确处理,以致酿成不良结果。在与异性和亲密友伴的交往中,容易受激情支配,不自觉地成为情感的奴隶,产生超越正常与健康的关系,导致犯种种错误,造成难以补偿的损失。有的学生认为,当自己产生不良情绪时,最好的方法是克制自己的感情,不让它流露出来,做到"喜怒不形于色"。其实,这种说法是不全面的,喜怒不形于色未必好。

情绪的丰富性是人们生活的重要内容。我们的生活如缺少了丰富而生动的情绪,将会变得呆板而无生气。强行压抑情绪的外露，会给人们的生理健康带来很大的危害。正确的方法是，通过适当的途径排除和宣泄已产生的不良情绪，千万不要闷在心里。但并不是说，不良情绪一经产生，就可以不分场合，不顾影响，不计后果，无所顾忌地加以发泄。那种一有怒气就大动肝火，一有痛苦就大声哭号，一有冲动就胡乱发泄一通的方法，不但不能真正地把不良情绪发泄出去，反而会给自己带来新的、更大的烦恼，引起更严重的不良情绪。

  一个心情愉快、情绪良好的人，可以有多种表现形式，最常见的形式就是笑。无论遇到困难、挫折还是兴奋、激动的事，都要微笑面对。微笑是自信的表现，微笑给人以力量，它可以使你的心情充满愉快，使你的生命充满朝气。它能驱散一切烦恼、不快和疲劳。大学生们，愿你们笑口常开，使自己的生活充满笑声。

  1. 宣泄

  宣泄是人们表露情绪的一种方式。合理的宣泄是指对不良情绪宣泄有理，发泄有度，既不伤害别人，也不损害自己。正确合理的控制和宣泄方法有：

  一是大哭一场。这是一种自我心理保护的措施。哭可以为你解除情绪的紧张、内心的抑郁与烦恼，还可以促进生理上的新陈代谢。美国生物学博士费雷认为，人在悲伤时不哭是有害人体健康的。人在流泪时可把体内因紧张而产生的化学物质排出体外，可以缓解人的忧愁和悲伤。如你一时哭不出来，可以去电影院看场特别感人的电影，借此痛哭一场，以排遣不良情绪达到心理平衡。

  二是进行较剧烈的活动。当你盛怒时，可以干些体力活，也可以到操场上跑几圈，把因盛怒发出的能量释放出来。当你累得满头大汗，气喘吁吁时，你会感到筋疲力尽。这时你的不愉快心情会基本平静，淤积的怒气也会消失一大半。这种宣泄方法，既不致使怒火淤积而危害身体，也不致因解气爆发而干出无法挽回的蠢事。

  三是找人倾诉。俗话说："快乐有人分享，是更大的快乐；痛苦有人分担，可以减轻痛苦。"不愉快的情绪隐藏在内心深处，会增加心理负担。如找人倾吐烦恼，把内心的苦恼告诉你的朋友、师长，心情就会顿感舒畅。

2. 自我调节

不良情绪是作为一种消极的心理状态而出现的，除了可通过适当的途径宣泄排除以外，还要学会情绪的自我调节。自我调节常用的方法有：

一是语言暗示法。语言暗示对人的心理和行为有奇妙的作用，当你被不良情绪所压抑的时候，可通过语言的暗示作用，来调节和放松心理上的紧张状态。如陷入忧愁时，提醒自己忧愁没有用，于事无补，还是面对现实想办法吧。当有较大的烦恼时，可用"不要急，安下心来就会好"的语言来鼓励和安慰自己。这样的语言暗示，往往对情绪的好转有明显的作用。

二是目标转换法。当你一旦陷入忧郁、焦虑等不良情绪而不能自拔时，就要改变一下自己的注意目标，使引起消极情绪的兴奋点被压抑，从而及时激发积极愉快的情绪。具体的做法是可把使你不顺心的事放下，去干喜欢的事，如打球、游泳、看电影、听音乐等，以度过情绪低落期。这虽是消极的调节方法，但能暂时控制势态，并有利于向好的方向发展。

三是环境调节法。客观环境对人的情绪起着重要的影响和制约作用。当你勃然大怒时，可暂时离开现场，失去发怒的环境，可渐渐平息怒气。当你受到不良情绪压抑时，可以到风景秀丽的公园、绿树成荫的大道上散散心，大自然的美景、绿色的世界、蓬勃的生机能旷达胸怀，欢娱身心，忘却烦恼，消除精神上的紧张和压抑之感。

3. 音乐调节

音乐可以调节情绪，既通过音乐的音量等物理因素直接作用于躯体内脏器官，也通过音乐旋律、节奏的变化间接影响人的生理、心理活动。这两种方式是共同发挥作用的。不同的乐调、音阶会产生不同的情绪表现，其中乐调产生的情绪影响如下：

C调：纯洁、果敢、沉毅、虔诚，如歌曲《十五的月亮》、钢琴曲《爱情故事》。

D调：热烈，如歌曲《北京有个金太阳》。

E调：安定，如钢琴曲《少女的祈祷》。

F调：柔和、丰富、热情、和悦、悲凉、神秘，如歌曲《我的祖国》表达热情，歌曲《三套车》表达神秘。

G调：真诚、平静、谐趣、忧愁和喜悦，如钢琴曲《童年的回忆》表达真诚，乐曲《天鹅》表达忧愁，歌曲《我的太阳》表达喜悦。

A调：自信、希望、柔情、和悦、真挚、伤感，如钢琴曲《献给爱丽斯》表达自信和希望，歌曲《摇篮曲》表达柔情，《我想有个家》表达伤感。

B调：勇敢、豪爽、骄傲、悲哀、恬静，如歌曲《赞歌》，钢琴曲《乡愁》、《梦中的婚礼》。

需要指出的是，同一乐调的不同音乐乐曲，其效果是有差异的。个体因个性、心情、所处的时间及场景的不同，对乐曲的理解和感受也会不同。在具体选择乐曲时，应注意根据同质与异质原理，从乐曲所产生的情绪效应与接受音乐治疗者当时的情绪是否相同（同质性）和不同（异质性）的角度，加以综合考虑，有助于提高效果。

4. 色彩调节

所谓色彩调节，就是通过视觉的作用来引起生理变化和情绪反应。具体的方法，既可以让当事人直接观看涂有颜色的卡片或进入相应颜色的房间，也可以让当事人想象有治疗作用的颜色。或者，干脆先让当事人自己选择喜欢的颜色涂抹，并解释辨析选择该颜色的缘由，以达到初步宣泄自己情绪的目的，再让当事人拿取指定的有治疗需要的颜色涂抹，直到情绪调节出现预期效果。

有关色彩对情绪的一般影响如下：

红色：红色像火和血一样给人以刺激、热情、积极、弹性、奔放和力量。

橙色：使人想到火光和水果，使人感到温暖和快乐，产生力量，振奋精神。

黄色：给人以光明和希望的感觉，还象征功名、野心、理解、聪明。

绿色：自然界中草原和森林的颜色。象征生命永久、理想、年轻、安逸、安全、新鲜、和平和安静，给人以清凉之感。

青色：表示沉静、冷淡、理智、冥想、未成熟，象征高深、博爱、法律尊严。

蓝色：它是天空和大海的颜色，使人感到悠远、空虚、宁静、深奥、阴冷，象征智慧和怪异。

紫色：给人以庄严、高贵、孤独、优美的感觉。

白色：雪的颜色，给人以寒冷、洁净、光明、纯粹之感，纯白使人压抑、恐怖、引人注目，与红色配合显得华丽。

灰色：使人产生暗淡、沉寂、阴郁、忧伤、无聊、平凡、中庸、模棱两可之感，也表现温和、朴素、稳定。

黑色：使人想到黑夜和死亡，感到恐怖、严肃、庄重、沉寂、抑郁、悲伤，表示黑暗、悲哀、罪恶、毁灭。

关于情绪的自我调节，我们将在后面的训练中加以实践。

[小故事与大智慧] 有人捆住你了吗

一个人被烦恼缠身，于是四处寻找解脱烦恼的秘诀。

有一天，他来到一个山脚下，看见在绿草丛中，有一位牧童骑在牛背上，吹着悠扬的横笛，逍遥自在。他走上前去问道："你看起来很快活，能教给我解脱烦恼的方法吗？"牧童说："骑在牛背上，笛子一吹，什么烦恼也没有了。"

他试了试，却无济于事。于是，又开始继续寻找。

不久，他来到一个山洞里，看见有一个老人独坐在洞中，面带满足的微笑。

他深深鞠了一个躬，向老人说明来意。老人问道："这么说你是来寻求解脱的？"

他说："是的！恳请不吝赐教。"

老人笑着问："有谁捆住你了吗？"

"……没有。"

"既然没有人捆住你，何谈解脱呢？"

他蓦然醒悟。

「大智慧」人总喜欢给自己套上无形的枷锁，套上去以后又想依靠别人来给你去除，这可能吗?

第二节 情绪状态小测试

如何了解自己的情绪状态？这是大学生非常关心的问题。生活中，人们总是会遇到烦恼和挫折，总会有情绪低落和烦躁不安的时候。对此，不必过于注意。将你的精力集中于学习和生活中，大多数情况下，问题和困难会自然而然地得以解决。如果你的确感到自己经常处于不安、烦恼、焦躁和低落的情绪中，但又下不了决心去向心理医生或精神病大夫进行咨询，你可以通过下面一个心理自我测验来粗略地分析一下自己的情绪状态。下面是从当代最著名的心理学家之一、英国伦敦大学艾森克教授编制的《情绪稳定性测验》中选择出的150道题，你可以对每个问题在"是"、"不清楚"、"否"三个方面进行选择，画上圈，不要过多考虑每个题目的细微意义，最好根据自己的第一感受来回答。

情绪稳定性测验

1. 你认为你能像大多数人那样做事吗？　　是　不清楚　否
2. 你是否经常遇到倒霉事？　　　　　　　是　不清楚　否
3. 你比大多数人更容易脸红吗？　　　　　是　不清楚　否
4. 有时一个观念总是在你脑中反复出现，你想打消它，但办不到。　　　　　　　　　　　　　　　　是　不清楚　否
5. 你有想戒除而戒除不掉的嗜好吗？如吸烟等。
　　　　　　　　　　　　　　　　　　　是　不清楚　否
6. 你是否觉得你有些骄傲？　　　　　　　是　不清楚　否
7. 早晨醒来时是否经常感到心情抑郁？　　是　不清楚　否
8. 即使在犯愁的时候，你也很少失眠？　　是　不清楚　否
9. 你时常感到闹钟的滴答声十分刺耳，难以忍受。
　　　　　　　　　　　　　　　　　　　是　不清楚　否

10. 对于那种你看上去很在行的游戏，你想学会它并享受其乐趣吗？　　　　　　　　　　　　　　是　　不清楚　　否
11. 你时常觉得自己是失败者吗？　　　　　是　　不清楚　　否
12. 总的来说，你是否满足于你的生活？　是　　不清楚　　否
13. 你通常是平静、不容易被烦扰的吗？　是　　不清楚　　否
14. 阅读中的标点错误是否会使你很难弄清句子的意思？
　　　　　　　　　　　　　　　　　　　是　　不清楚　　否
15. 你是否通过锻炼或控制饮食而有计划地保持体形？
　　　　　　　　　　　　　　　　　　　是　　不清楚　　否
16. 你为你的自卑感到苦恼吗？
　　　　　　　　　　　　　　　　　　　是　　不清楚　　否
17. 在生活中，你是否能发现许多愉快的事？
　　　　　　　　　　　　　　　　　　　是　　不清楚　　否
18. 你是否觉得你有许多无法克服的困难？
　　　　　　　　　　　　　　　　　　　是　　不清楚　　否
19. 你是否有时强迫自己洗手，尽管你明明知道你的手很干净？　　　　　　　　　　　　　　　是　　不清楚　　否
20. 你是否相信你的性格已由童年的经历所决定，所以你无法改变它？　　　　　　　　　　　　　是　　不清楚　　否
21. 总的来说，你是否很自信？　　　　　是　　不清楚　　否
22. 有时你不在乎将来会怎样？　　　　　是　　不清楚　　否
23. 你是否总是感到生活很紧张？　　　　是　　不清楚　　否
24. 你有否为一些细微小事总缠绕着自己而烦恼？
　　　　　　　　　　　　　　　　　　　是　　不清楚　　否
25. 不管别人怎么说，你总是按自己的决定做事。
　　　　　　　　　　　　　　　　　　　是　　不清楚　　否
26. 你是否常常希望自己是另外一个人？　是　　不清楚　　否
27. 平时你感到精力充沛吗？　　　　　　是　　不清楚　　否
28. 你小时候害怕黑暗吗？　　　　　　　是　　不清楚　　否
29. 你是否热衷于某些迷信仪式，以避免不吉利的事？
　　　　　　　　　　　　　　　　　　　是　　不清楚　　否

30. 你觉得控制体重困难吗？　　　　　　是　　不清楚　　否
31. 你是否当众讲话觉得很不自在？　　　是　　不清楚　　否
32. 你是否曾经无缘无故觉得自己很悲惨？
　　　　　　　　　　　　　　　　　　　是　　不清楚　　否
33. 你是否常常忙忙碌碌似乎有所求，实际上不知所求？
　　　　　　　　　　　　　　　　　　　是　　不清楚　　否
34. 你经常担心抽屉、门、窗子、箱子等东西是否锁好？
　　　　　　　　　　　　　　　　　　　是　　不清楚　　否
35. 你是否相信上帝、命运等超自然的力量控制你的生老病死？　　　　　　　　　　　　　　　是　　不清楚　　否
36. 如果可能的话，你将在许多方面改变自己吗？
　　　　　　　　　　　　　　　　　　　是　　不清楚　　否
37. 你觉得自己的前途乐观吗？　　　　　是　　不清楚　　否
38. 面对艰难的任务，你是否会紧张、出汗？
　　　　　　　　　　　　　　　　　　　是　　不清楚　　否
39. 睡觉前，你是否通常按程序检查所有的电灯、电器和水管关好没有？　　　　　　　　　　　是　　不清楚　　否
40. 如果事情出了差错，你是否常把它们归结为运气不佳，而不是方法不对？　　　　　　　　　是　　不清楚　　否
41. 在一般情况下，你是否觉得自己颇受大家的欢迎？
　　　　　　　　　　　　　　　　　　　是　　不清楚　　否
42. 你是否有过自己不如死了好的想法？
　　　　　　　　　　　　　　　　　　　是　　不清楚　　否
43. 即使知道对你不会有伤害，你也对一些人或事担惊受怕吗？　　　　　　　　　　　　　　　是　　不清楚　　否
44. 你是否小心翼翼在家里储存一些粮食，以防粮食短缺？
　　　　　　　　　　　　　　　　　　　是　　不清楚　　否
45. 你是否曾经感到有一种坏念头支配着你？
　　　　　　　　　　　　　　　　　　　是　　不清楚　　否
46. 对于你的决定，你是否总是充满信心？
　　　　　　　　　　　　　　　　　　　是　　不清楚　　否

47. 你经常感到沮丧吗? 　　　　　　　　是　　不清楚　　否
48. 你比其他人更不容易焦虑吗? 　　　　是　　不清楚　　否
49. 你特别害怕和厌恶脏东西吗? 　　　　是　　不清楚　　否
50. 你是否常感到自己是某种无法控制的外力的受害者?
　　　　　　　　　　　　　　　　　　是　　不清楚　　否
51. 你是否觉得自己很有见地? 　　　　　是　　不清楚　　否
52. 对你来说,事情总是没有希望吗? 　　是　　不清楚　　否
53. 你常常无缘无故地为一些不现实的东西担心吗?
　　　　　　　　　　　　　　　　　　是　　不清楚　　否
54. 如果遇到火灾或地震,你是否先计划逃跑?
　　　　　　　　　　　　　　　　　　是　　不清楚　　否
55. 做事前,你是否总是设计一个明确的计划而不是碰运气?
　　　　　　　　　　　　　　　　　　是　　不清楚　　否
56. 你是否常为一些你做过的事感到惭愧?
　　　　　　　　　　　　　　　　　　是　　不清楚　　否
57. 你和大多数人一样爱笑吗? 　　　　　是　　不清楚　　否
58. 多数时候你都为某些人或事感到担心吗?
　　　　　　　　　　　　　　　　　　是　　不清楚　　否
59. 你是否会因为东西放错了地方而烦躁难受?
　　　　　　　　　　　　　　　　　　是　　不清楚　　否
60. 你曾经用投硬币或类似方法来做决策吗?
　　　　　　　　　　　　　　　　　　是　　不清楚　　否
61. 当你注视自己的照片时,你是否感到窘迫,抱怨人们总不能公平地对待你? 　　　　　　　　　是　　不清楚　　否
62. 你常常毫无原因地感到无精打采和疲倦吗?
　　　　　　　　　　　　　　　　　　是　　不清楚　　否
63. 如果你在社交场合出了丑,你能很容易忘了它吗?
　　　　　　　　　　　　　　　　　　是　　不清楚　　否
64. 对于你所有的花销,你都详细记账吗?
　　　　　　　　　　　　　　　　　　是　　不清楚　　否
65. 你的所作所为是否常与习俗和父母的希望相符?

	是	不清楚	否
66. 你家里是否有些成员使你感到自己不够好？			
67. 你常受到噪声的打搅吗？			
68. 坐着或躺下时，你很容易放松吗？			
69. 你是否很担心在公共场合传染上细菌？			
70. 当你感到孤独时，你是否努力去友善待人？			
71. 如果有人批评你，你是否感到非常不快？			
72. 你是否觉得自己受到生活的不公平待遇？			
73. 你很容易为一些意想不到的人的出现而吃惊吗？			
74. 你总是很细心地归还借物吗，哪怕钱少得微不足道？			
75. 你是否感到你不能左右你周围发生的事情？			
76. 人们是否把你作为他们利用的对象？			
77. 你是否认为人们实际上并不关心你？			
78. 安静地坐着待一会儿，对你来说困难吗？			
79. 你是否常常事必躬亲，而不相信别人也能把它干好？			
80. 你很容易被别人说服吗？			
81. 你是否提过一些关于你自己作为一个人的价值的问题？			
82. 你常常感到孤独吗？			
83. 你过分担心钱的问题吗？			
84. 你宁可从马路旁的栏杆下过去，也不愿意绕道而行吗？			

　　　　　　　　　　　　　　　　　　　　　　　　是　　不清楚　　否
85. 你常感到生活难以应付吗？　　　　　　　　　是　　不清楚　　否
86. 当别人说起你的优点时，你是否觉得他们在恭维你？
　　　　　　　　　　　　　　　　　　　　　　　是　　不清楚　　否
87. 你是否认为自己对世界有所贡献过着有意义的生活？
　　　　　　　　　　　　　　　　　　　　　　　是　　不清楚　　否
88. 你是否很容易入睡？　　　　　　　　　　　　是　　不清楚　　否
89. 你不拘小节吗？　　　　　　　　　　　　　　是　　不清楚　　否
90. 你做的多数事情都能使他人愉快吗？　　　　　是　　不清楚　　否
91. 你是否有时因怕别人嘲笑或批评而隐瞒自己的意见？
　　　　　　　　　　　　　　　　　　　　　　　是　　不清楚　　否
92. 你觉得世界上没有一个人爱你吗？　　　　　　是　　不清楚　　否
93. 在社交场合，你很容易感到窘迫吗？　　　　　是　　不清楚　　否
94. 你是否把废旧的物品留着，以便将来派上用场？
　　　　　　　　　　　　　　　　　　　　　　　是　　不清楚　　否
95. 你相信你的未来掌握在你的手中吗？　　　　　是　　不清楚　　否
96. 在社交场合你是否感到害羞，并且自己已经意识到？
　　　　　　　　　　　　　　　　　　　　　　　是　　不清楚　　否
97. 你认为把一个孩子带到世界上来是一件很艰难的事情吗？
　　　　　　　　　　　　　　　　　　　　　　　是　　不清楚　　否
98. 如果事情没有按照预定计划进行，你是否容易感到手足无措？
　　　　　　　　　　　　　　　　　　　　　　　是　　不清楚　　否
99. 房间很乱时，你是否感到很不舒服？　　　　　是　　不清楚　　否
100. 你是否和别人一样有意志？　　　　　　　　　是　　不清楚　　否
101. 对于你遇到的人，你是否感到自卑，尽管客观上你并不比他差？
　　　　　　　　　　　　　　　　　　　　　　　是　　不清楚　　否
102. 一般来说，你是否成功地实现了你的生活目标？
　　　　　　　　　　　　　　　　　　　　　　　是　　不清楚　　否
103. 你常为噩梦所惊醒，而吓出一身大汗吗？
　　　　　　　　　　　　　　　　　　　　　　　是　　不清楚　　否
104. 如果某人的狗舔了你的脸，你感到恶心吗？

105. 由于总有一些事情的干扰，使你不得不改变你的计划。因此，你觉得制订计划是浪费时间吗？　　是　　不清楚　　否

106. 通常你觉得你能实现你想要达到的目标吗？

　　　　　　　　　　　　　　　　　是　　不清楚　　否

107. 你常容易感伤吗？　　　　　　是　　不清楚　　否

108. 当你和别人谈话，并特别想给人留下深刻印象时，你的声音是否会变得颤抖？　　　　　　是　　不清楚　　否

109. 你是不是那种万事不求人的人？　是　　不清楚　　否

110. 你更喜欢那种由他人决策，并告诉你应该怎么做的工作吗？　　　　　　　　　　　　　是　　不清楚　　否

111. 你对你的相貌感到满意吗？　　是　　不清楚　　否

112. 你是否觉得别人老是碰到好运气？是　　不清楚　　否

113. 在紧急情况下你能保持冷静吗？　是　　不清楚　　否

114. 你是否把所有的约会和同一天所必须做的事后记在纸上？

　　　　　　　　　　　　　　　　　是　　不清楚　　否

115. 你是否感到生活中变换环境也是徒劳？

　　　　　　　　　　　　　　　　　是　　不清楚　　否

116. 对于你不喜欢的人，你是否保持冷漠？

　　　　　　　　　　　　　　　　　是　　不清楚　　否

117. 你感到有很长时间你无法驾驭周围的环境了吗？

　　　　　　　　　　　　　　　　　是　　不清楚　　否

118. 当你想到自己所面临的困难时，你是否有时觉得紧张和不知所措？　　　　　　　　　　是　　不清楚　　否

119. 在你拜访别人，进门之前，是否总是要整理一下头发和衣服？　　　　　　　　　　　　是　　不清楚　　否

120. 你是否常常觉得难以控制你的生活方向？

　　　　　　　　　　　　　　　　　是　　不清楚　　否

121. 你是否觉得为了赢得别人的关注和称赞而做事非常困难？

　　　　　　　　　　　　　　　　　是　　不清楚　　否

122. 回首往事，你是否觉得受了欺骗？　是　　不清楚　　否

123. 受到羞辱使你难受很长时间吗？　　　是　　不清楚　　否

124. 和别人说话时，你是否总是试图纠正别人的错误，尽管礼貌上可能不允许这样？　　　　　　是　　不清楚　　否

125. 你是否觉得现在的事情如此变幻莫测，以至简直找不出规律？　　　　　　　　　　　　　　是　　不清楚　　否

126. 你是否常常把自己设想得比实际上要好？

　　　　　　　　　　　　　　　　　是　　不清楚　　否

127. 你和别人一样生活得快乐吗？　　　是　　不清楚　　否

128. 你能够通过描述自己来认识自己吗？

　　　　　　　　　　　　　　　　　是　　不清楚　　否

129. 你是否把自己描述成一个完美的人？

　　　　　　　　　　　　　　　　　是　　不清楚　　否

130. 你总是有明确的生活目标吗？　　　是　　不清楚　　否

131. 你是否有时觉得你从来没有做过任何好事？

　　　　　　　　　　　　　　　　　是　　不清楚　　否

132. 你是否有时觉得你是生活中多余的人？

　　　　　　　　　　　　　　　　　是　　不清楚　　否

133. 你是否为可能发生的事情而操不必要的心？

　　　　　　　　　　　　　　　　　是　　不清楚　　否

134. 当烦恼的事情使你无法入睡时，你是否按照习惯离开睡床？　　　　　　　　　　　　　　是　　不清楚　　否

135. 你是否常常感到别人在利用你？　是　　不清楚　　否

136. 你是否常常怀疑你的能力？　　　是　　不清楚　　否

137. 你的睡眠通常是不规则的吗？　　是　　不清楚　　否

138. 你是否常常无缘无故地变得很激动？

　　　　　　　　　　　　　　　　　是　　不清楚　　否

139. 保持整洁对你来说是非常重要的吗？

　　　　　　　　　　　　　　　　　是　　不清楚　　否

140. 你是否有时受场合的影响而买一些你实际上并不需要的东西？　　　　　　　　　　　　　　是　　不清楚　　否

141. 你有起码的自尊心吗？　　　　　是　　不清楚　　否

142. 即使当你和他人在一起时，你也常感到孤独吗？
　　　　　　　　　　　　　　　是　不清楚　否

143. 你曾经觉得你需要吃一些药以使自己安静吗？
　　　　　　　　　　　　　　　是　不清楚　否

144. 如果你的生活日程被一些预料之外的事情所打乱，你感到非常不快吗？　　　　　　　　是　不清楚　否

145. 你是否通过占卜算卦来预测自己的未来？
　　　　　　　　　　　　　　　是　不清楚　否

146. 你认为你的个性对异性有吸引力吗？是　不清楚　否

147. 在多数时间里，你的内心感到宁静和满足吗？
　　　　　　　　　　　　　　　是　不清楚　否

148. 你是一个神经质的人吗？　　　是　不清楚　否

149. 你是否常花大量的时间整理书籍以使你可以在需要时知道它们在哪？　　　　　　　　　是　不清楚　否

150. 你是否总是由别人来决定你看什么电影或节目？
　　　　　　　　　　　　　　　是　不清楚　否

上面150道题中包含了5个分量表，每30道题一个分量表，分别从自卑感、抑郁性、焦虑性、强迫性和依赖性5个方面评价一个人的心理健康状况。

根据下面给出的计分表计分。计分表中的数字是问卷中的题目号，题目后面有"+"号，表示该题回答"是"时得2分，该题回答"否"则得0分；题目后面无"+"号，表示该题回答"否"时得2分，该题回答"是"则得0分，凡是回答"不清楚"的一概计1分。将各题得分加起来就是你在该项目上的得分。

1. 自卑感

1+	6	11	16	21+	26
31	36	41+	46	51+	56
61	66	71	76+	81	86
91	96	101	106+	111+	16
121	126	131	136	141+	146+

2. 抑郁性

2	7	12+	17+	22+	27+
32	37+	42	47	52	57+
62	67	72	77	82	87+
92+	97	102+	107	112	117
122	127+	132	137	142	147+

3. 焦虑性

3+	8	13	18+	23+	28+
33+	38+	43+	48	53+	58+
63	68	73+	78+	83+	88
93+	98+	103+	108+	113	118+
123+	128+	133+	138+	143+	148+

4. 强迫性

4+	9+	14+	19+	24+	29+
34+	39+	44+	49+	54+	59+
64+	69+	74+	79+	84	89
94+	99+	104+	109+	114+	119+
124+	129+	134+	139+	144+	149+

5. 依赖性

5	10+	15+	20	25+	30
35	40	45	50	55+	60
65+	70+	75	80	85	90
95+	100+	105	110	115	120
125	130+	135	140	145	150

对得分的解释：

将你在 5 个量表上的得分计在下面的剖析图中。剖析图中间的竖线代表人们的平均水平。如果你的得分落在中线附近或基本上落在竖线右侧，那么，你的情绪是比较稳定的，心理健康状态也是好的；如果你的得分多数落在竖线左侧，那么，你的情绪就存在着某种程度的不稳定性，你的心理健康状态就可能存在一些问题。此时，你最好去拜访一位心理医生，进行一次心理咨询。

关于5个量表得分的解释是：

1. 自卑感

高分者：对自己及自己的能力充满自信，认为自己是有价值的、有用的人，并相信自己是受人欢迎的人。这种人非常自爱，不自高自大。

情绪稳定性测验的剖析图

情绪不稳定性	平均线	情绪适应性
自卑感		自尊感
6 7 8 9 10 11 12 13 14 15 16 17 18 19 20 21		22 23 24 25 26 27 28 29 30
抑郁		愉快
7 8 9 10 11 12 13 14 15 16 17 18 19 20 21 22		23 24 25 26 27 28 29 30
焦虑		安详
30 29 28 27 26 25 24 23 22 20 19 18 17 16		15 14 13 12 11 10 9 8 7 6 5 4 3 2 1
强迫性		随意性
25 24 23 22 21 20 19 18 17 16 15 14 13 12 11 10		9 8 7 6 5 4 3 2 1
依赖性		独立性
5 6 7 9 10 11 12 13 14 15 16 17 18 19 20		21 22 23 24 25 26 27 28 29

低分者：自我评价低，自认为自己不被人喜爱。

2. 抑郁性

高分者：欢快乐观，情绪状态良好，对自己感到满意，对生活感到满足，与世无争。

低分者：悲观厌世，心情抑郁，对自己的生活感到失望，与环境格格不入，感到自己在这个世界上是多余的。

3. 焦虑

高分者：容易为一些区区小事而烦恼焦虑，对一些可能发生的不幸事件存在着毫无必要的担忧，杞人忧天。

低分者：平静、安详，并对不合情理的恐惧、焦虑有抵抗能力。

4. 强迫性

高分者：谨小慎微，认真仔细，追求细节的完美，规章严明，沉着稳重，容易因杂乱无序而烦恼不安。

低分者：不拘礼仪，随遇而安，不讲究规则、常规、形式、程序。

5. 依赖性

高分者：自主性强，尽情享受自由自在的乐趣，很少有依赖性，凡事自己做主，把自己视为自己命运的主人，以现实主义的态度去解决自己的问题。

低分者：常缺乏自信心，自认为是命运的牺牲品，受周围其他人或事件所摆布，趋附权威。

[小故事] 助人助己

有个歌星在没有出名前，非常不得志，没有一家唱片公司愿意帮他出唱片。他的生活非常艰难，三餐不济，甚至还要靠父母与朋友的救济。

有一天，当他正要经过十字路口时，一位老人挡住了他的去路，他的背驼得十分厉害，连站都站不稳。

"年轻人，你愿意帮助我走过这条马路吗？"

当时，他实在心烦意乱，对什么事情都提不起精神。他真想转头离去，不理睬这位老人。不过，他看这位老人实在很可怜，最后，还是扶着老人的臂膀，穿过了那条车水马龙的大街。

"你觉得好些了吗？年轻人！"老人微笑着问他。

"噢！是的……我想是的！"他不得不承认在帮助别人之后，心里舒坦多了。

这时，老人突然挺直了腰杆，身子骨也变得硬朗了。年轻人结结巴巴地问："老先生，您……"

"其实我健康得很，但刚才看到你一副愁眉不展的样子，我就决定要帮帮你。一个失意的人如果帮助那些比他处境更糟的人，这样他就会好过些，所以我就装扮成刚才这个样子了。"

"不要有太多的忧虑！一切都会过去的，上帝会对你很公平的！"说完，老人就消失在茫茫人海中了。

「大智慧」如果你正处逆境之中，不妨把自己的困难先放一放，而去帮助那些更需要帮助的人，哪怕是付出自己极其微小的一点力量。相信在这样的一番举动之后，你的心境会有很大的改观。

第三节　情绪管理训练

一、角色扮演和个案分析

1. 训练程序

首先阅读下列个案，然后进行角色扮演和个案分析。

个案一：女生A，大二，有一姐一弟，来自父母管教严格的家庭。她说，从小到大很少开心过，父母总是对自己提出很高的学习要求，还总把自己与学习、表现都好的姐姐比，要求自己也为弟弟带个好头；在上大学前，自己除了用心学习，很少有其他的兴趣爱好，高中三年更是如此，心情沉闷、压抑，担心考不上大学。而上大学报考志愿，也是父母一手操办，选择的专业很热门，可并非她自己所喜欢的。上了大学，由于过去只注重学习，没什么业余爱好，没什么好朋友，也不善于交往，心中的烦恼、苦闷没处诉说，对学习提不起兴趣，有时候觉得活着真是被动。

个案二：男生B，大一，总是处于紧张忙碌之中，操心的事太多，这也担心，那也担心，有时还会莫名其妙地心慌、出汗，常常觉得很累。第一学期末，考试前常出现失眠、心烦意乱，担心考试不及格。考试中心慌、手抖、出汗、头晕，见到已复习过且会做的题目，也想不起答案，头绪混乱，越这样越着急，越着急越答不上来，原本满怀希望考个好成绩，结果成绩都是70分上下，有两门考试还挂了"红灯"，弄得大学的第一个寒假、春节都没过好。以后每到期末考试和一些重大考试，都会出现类似心慌、担心、手抖、失眠的症状，很是心烦。

个案三：女生 C，大一，平时个性有些古怪，自尊心强，不大与人交往，与同宿舍的小王常为生活中的一些小事发生摩擦，互不买账。一天，她洗干净的衣服，无意中被小王弄脏了一点，小王赶紧道歉，表示愿意将衣服重新洗净，可她心里很不高兴，也不愿意让别人洗她的衣服，便自己拿着衣服去洗了。可就在晾晒衣服时，一失手掉到了地上，只好又动手洗了一遍，心里窝了一肚子火，埋怨"都是小王干的好事"，使得自己一件衣服洗了三遍。上晚自习时，又发现自己的英语词典没了，东找西找也没找到，而自己急等着用，只好到自修教室向其他同学借。等上完自习回宿舍时，得知词典是小王临时急用拿走了，也没来得及打招呼，顿时非常恼火，向小王发起脾气来，宿舍同学劝慰也无济于事。小王道歉，她也不原谅，说小王"真不像话，太没有道德"、"真讨厌"，弄得小王无地自容，伤心地哭起来。

个案四：男生 D，大二，个头不高，来自少数民族地区，戴一副棕红色边框的眼镜，给人一种老练沉稳的感觉。虽然家庭经济状况不大好，每天也只有几块钱的生活费，所需的参考书多是向图书馆和同学借阅的，不少教科书也是向高年级的老乡、同学借的，但他很注重学习方法，课堂笔记。读书心得写得很好，常成为同学观摩的样本。他为人谦和，总是面带笑容，歌唱得不错，不时哼着抒情小曲，同学们有时爱拿他的生活小事开玩笑，他也从不计较，反而乐呵呵的，班内外认识他的男女同学都觉得他和蔼可亲，乐于与之交往。

2. 角色扮演

个案一：_____

_____

个案二：_____

_____

个案三：_____

个案四：_____

3. 心灵对话

以上四则个案中的主人公分别对应何种情绪状态？是情绪平和、抑郁、焦虑、愤怒，还是其他情绪？

个案一：_____

个案二：_____

个案三：_____

个案四：_____

二、情绪认知训练

目的和要求：

目的是通过认知评价辅导、情绪应对处理和行为放松训练等方法，学会恰当地认识、理解情绪，表达情绪，调控、把握情绪，使自己保持良好的情绪状态。要求是选取一个相对封闭、安静的环境（如果是在课堂上进行，要尽量小声），分组进行活动。活动前要进行简单的热身，使大家相对放松、气氛融洽；希望参与者能专注投入，开放自我，并用心体会。

活动步骤：

1. 热身活动：《我的情绪》

首先是情绪评分：以分定的小组为单位，每个人在小组中将自己此时或今天的情绪给予评分，评分标准是0~10分，0分表示情绪很差，10分表示情绪很好（见下图）。

```
 0   1   2   3   4   5   6   7   8   9   10
很差              情绪评分标尺              很好
```

其次是分享评分理由：评分者在小组内讲述自己的评分理由，有兴趣者可到整个大组来分享自己的感受与评分理由。

2. 情绪的理解与表达

非言语表达：

a. 任选两位自愿者，双方共同商定要表达的情绪，如愤怒、惊奇、喜悦、哀伤等，但仅通过无声语言——体语、面部表情来表达，其中一位同学展示面部表情，一位同学配合做体语。

b. 整个过程分两步：第一步，仅由做面部表情的同学表演。第二步，两位同学协同表演面部表情和情绪。在整个过程中，每个同学均不要说话，也不要交谈，只需在下面的空格上，将自己观察体会到的非言语表情，按表演顺序写下来。

实际的情绪：＿＿＿＿＿＿＿＿＿＿＿＿＿＿＿＿＿＿＿

自己的判断：＿＿＿＿＿＿＿＿＿＿＿＿＿＿＿＿＿＿＿

小组的判断：＿＿＿＿＿＿＿＿＿＿＿＿＿＿＿＿＿＿＿

一致性：＿＿＿＿＿＿＿＿＿＿＿＿＿＿＿＿＿＿＿＿＿

c. 表演结束，按小组分享。小组分享结束，有志愿者可到大组分享自己观察的结果和体会。

3. 完成句子练习

a. 回想过去、现实生活和现在课堂学习的情景，选择其中的一个片段，简要描述其中的情节。

b. 通过完成以下的句子，练习情绪的言语表达，可以要求同伴扮演其中的角色回应你的表达。供参考的句子有"当你……我很生气"，"当你……我很高兴"，"当你……我……"；"当我……我很伤心"，"当我……我很激动"，"当我……我……"，等等。完成练习后，主要完成者谈谈自己的感受和体会，其他参与者也谈谈自己的感受、体会。

三、不良情绪的处理训练：《情绪交通灯》

1. 重新分组

根据活动需要，将整个大组随机分为人数相等的三个小组，或将原先的合并为三个小组，分别命名为红灯、黄灯、绿灯小组。三个小组轮流扮演不同的组，各小组的活动内容不同，共有三次活动。

2. 小组表演

红灯组表演：红灯组的同学应从大学的学习、人际生活中，选择包含有焦虑、压抑、愤怒、敌对等不良情绪和情绪冲突的一项生活事件，进行5分钟左右的讨论，并确定小组需要参与扮演主角、配角的人数，经过小组内初步的研习模拟后，在整个大组中表演（可以有声音表达）。此时黄灯组、绿灯组同学应专注地观看、体会。

黄灯组讨论：红灯组表演完毕，黄灯组全体成员应共同针对所表现出来的情绪问题，商讨具体的解决冲突、调控情绪的办法（8分钟左右），并简要地用语言表达出来。此时，绿灯组同时也可商讨一些具体的办法，但不必表达出来。

绿灯组表演：绿灯组根据黄灯组提出的建议和本组讨论的情况，用5分钟左右的时间加以综合考虑，拿出自己认为适当的方法，同样选择主、配角予以表演出来。

确定不同情绪冲突主题，每小组依次为红灯、黄灯、绿灯组轮流表演，并注意体会其中感受。

3. 评比与讨论分享

评比：在活动前，各小组选取两名代表（最好男、女同学各一名），加上老师共7位评分者，制定一个公认的评分标准：应包括表演的真实性、形象性、参与的人数、协调配合程度等；还包括讨论小组的创新、实用、有效性等方面。每次评分后，写在指示牌上公布展示，由另两位志愿计分员大声宣读评分结果。同时，各小组可自评和互评表演及讨论的效果。对每组的评分应结合自评（占25%）、互评（占25%）、评分者评定（占50%）三方面进行综合评定，选出最佳表演小组和讨论小组。

讨论分享：活动完毕，在小组讨论后，表演者、小组成员、大组成员均可以分享自己的感受。教师予以简要总结。

四、行为放松、想象训练

此种训练可以单独使用，也可以综合运用，对于焦虑、紧张、恐惧乃至抑郁、愤怒情绪的调控都有一些益处。下面仅就焦虑、紧张情绪的放松想象训练做一个练习，相关的其他练习可在专业人员的指导下进行。

1. 张弛放松训练

此疗法可使自己充分体会肌肉紧张与放松的感觉。取舒适体位坐好，双腿自然下垂，两手放在腿上。

开始训练：

第一节：深呼吸。请平静、缓慢地用鼻子呼吸，要以最松畅的感觉吸气，然后均匀、缓慢地呼出。

第二节：提眉和皱眉。尽量提眉，并使额部皮肤出现皱纹和眼裂增宽，然后放松。

第三节：紧闭双眼，放松。

第四节：咬紧牙关，放松。

第五节：低头和仰头。将下颌抵住胸口，然后放松；头尽量向后仰，然后放松。

第六节：缩肩和耸肩。双肩向前向胸部靠拢，然后放松；再将双肩向后用力挺胸，然后放松；再将双肩耸起，然后放松。

第七节：握拳，放松。

第八节：提肋。感觉肋骨上提，隔肌下降，胸腔扩大，呼放松。

第九节：收腹，放松。

第十节：绷腿，放松。

第十一节：动足。请患者脚尖尽量上翘，然后放松。

第十二节：深呼吸。

通过 12 节张弛训练，体验肌肉放松的感觉。

2. 放松想象训练

这种疗法是在张弛放松疗法的基础上进行的。下面是有关放松想象疗法的指导程序，请注意在放松每一组肌肉群后，都要尽可能地让松弛的感觉扩展到全身。请务必按照指导方法去做：

取舒适体位，轻轻地闭上眼睛，以免受外界干扰，做三次深呼吸，然后缓慢而平静地呼吸，放松颈部肌肉，放松胸部肌肉，放松背部肌肉，放松手臂肌肉，再做三次深呼吸。然后缓慢而平静地呼吸，放松腹部肌肉，放松大腿肌肉，放松小腿肌肉和足肌，并继续放松全身肌肉，享受放松后的深沉感觉。现在已经开始感到全身松弛，请慢慢地呼吸并集中注意力，好！请继续跟我（或自己）默念以下的句子，并体验其中的感觉：

我感到很舒适；

我的双脚感到温暖和放松；

我的双腿感到沉重和放松；

我的颈部感到放松；

我的臀部和腹部感到放松；

我的面颊温热，眉间舒展，额部清凉；

我的心脏缓慢而有规律地跳动；

我的血压平稳下降；

我感到身临美境，怡然自得；

我沉醉在大自然的怀抱里，这里风和日丽，碧空如洗，流水温湿，鸟语花香；

我仿佛躺在绿油油的草地上，感受着大自然的恩赐，憧憬着美好的未来，一切都是心想事成，心遂人愿；

我从内心深处体验到了舒适、轻松和愉快；

我感到情绪安宁，头脑清晰；

我感到我在均匀缓慢地吸气和呼气的时候，全身肌肉逐渐松弛，紧张焦虑也随之消失了；

现在，我的身体和心理都进入了最佳放松状态，我感觉到了身心松弛,享受到了松弛后的舒适。

好!请再做三次深呼吸,平静缓慢地呼吸,慢慢地睁开眼睛。结束。

作业与思考

1. 什么是情绪?如何分析自己的情绪?
2. 情绪调节和管理的方法有哪些?你准备如何运用?
3. 谈谈你参加情绪训练的感受。

第四章 意志品质

[小故事] 一只蜘蛛和三个人

一只蜘蛛在断墙处结了网,把家安了下来,但是,它的生活并没有安宁,因为它常常会遭受风雨的袭击。

又是这么一天,大雨来临,它的网又一次遭受劫难。大雨刚过,这只蜘蛛向墙上支离破碎的网艰难地爬去。由于墙壁潮湿,它爬到一定的高度就会掉下来,它一次次地向上爬,一次次地又掉下来……

一直在里面避雨的三个人看到蜘蛛爬上去又掉下来的情景,开始讨论起来,他们的观点大不一样。

第一个人看到后,叹了一口气,自言自语地说:"唉,我的一生不正如这只蜘蛛吗?我们的境况就是这样,虽然一直都在忙忙碌碌可结果却是一无所得。看来我的命运和这只蜘蛛一样也是无法改变的。"于是,他继续沉迷于颓废之中,日渐消沉。

第二个人在一旁静静地看了一会儿,不屑一顾地说道:"这只蜘蛛真愚蠢,为什么不从旁边干燥的地方绕一下爬上去呢?以后我可不能像它那样愚蠢。再遇到棘手的问题我一定要用头脑认真思考,不能一味地埋头苦干,尽量寻找解决问题的捷径。"从此,他变得聪明起来了。

第三个人专注地看着屡败屡战的蜘蛛,他的心灵为之深深地震撼了,他在想:"一只小小的蜘蛛竟然具有如此执著而顽强的精神,有这样的精神就一定可以取得成功。我真应该向这只蜘蛛学习!"受到这只蜘蛛的启发,他从此坚强无比。

「大智慧」 心态,心态,心长在你自己身上,态度也就由你自己来决定了。你心里若总想着悲观失望的事情,你的生活态度也肯定是悲观失望的；反之，若你的心里想到的总是坚强和力量，相信你自己也会变得无比坚强。

本章讲授关于意志及意志力的基本概念，讲授意志的基本特征；分析个体的意志过程；介绍意志力培养的方法和途径，开展有关意志的测试和意志品质训练；引导大学生树立远大理想和抱负，培养大学生的坚韧不拔的意志品质。

第一节　有关意志小常识

一、意志和意志力

古人云："人生逆境十有八九"，也就是说人的一生不可能一帆风顺，我们在生活中总会遇到种种困难、挫折。面对困难、挫折，有的人垂头丧气，怨天尤人，而有的人则把困难、挫折当做锻炼自己的好机会，以坚强的意志战胜困难，即"有志者事竟成"。成功者非常重要的一项心理素质就是拥有坚强的意志，有决心，有信心，有恒心。

1. 什么是意志

有人说，意志是决定达到某种目的而产生的心理状态，常以语言或行动表现出来；也有人说，意志是指人自觉地确定目的，并根据目的调节支配自身的行动，克服困难，去实现预定目标的心理过程。意志过程包括两个阶段：一是制订行动计划的阶段，这一阶段表现为动机的取舍和调整，克服动机冲突，确定行动目标，选择有效的方法和策略制定切实可行的行动计划；二是执行决策计划阶段，这一阶段表现为克服内外困难，冲破种种阻力，执行决定，并根据失败、挫折不断总结经验教训，调整计划，坚持行动，最终实现计划，达到目标。还有人说，意志是一种强大的精神力量，它可以来源于一个人深刻的认识和坚定的信念以及崇高的理想，也可以来源于一个人所历经的各种磨难。意志是人类特有的心理现象。人和动物最后的而且是最本质的区别不仅在于人类能够认识自然的规律性，而且更在于人类能够依据这种对自然规律的认识，按照自己的目的去利用自然、支配自然，并改造自然。

2. 什么是意志力

意志力是指人们为达到既定目的而自觉努力的程度或坚强的意志品质。意志品质是一个人在生活中形成的比较稳定的意志特征，是个性的重要组成部分。人的意志力不是与生俱来的，而是在社会实践活动中逐渐培养锻炼出来的。意志力是指人们为达到既定目的而自觉努力的程度或坚强的意志品质。意志品质是一个人在生活中形成的比较稳定的意志特征，是个性的重要组成部分。动物虽然也能作用于自然环境，但从根本上说，动物的行为还没有达到自觉意识的水平，动物"仅仅是利用外部自然界，单纯地从自己的存在来使自然界改变"，只是"无意发生的，而且对动物本身来说是偶然的事情"。而只有人类的活动才是有目的、有意识、有计划的，才能在行动中表现出主观能动性的作用。"人离开动物愈远，他们对自然界的作用就愈带有经过思考的、有计划的、向着一定的事先知道的目标前进的特征。"

动物是没有意识的，它只能消极地适应环境，成为自然的奴隶。意志的本质在于意识的积极调节作用，其对行动的调节表现为发动和制止两个方面。发动是指推动人们去从事达到预定目的所必需的行动。制止表现为抑制与预定目的不符合的愿望和行动。不仅如此，意志对于人类植物性神经所支配的内脏活动，也能起到一定的调节作用。通过各种生物反馈训练，人可以在一定程度上调节心律的快慢，血压的升降，肠胃的蠕动，体温的变化，等等。

二、意志的特征

一般来讲，意志具有以下两个特征。

1. 目的性

有计划有目的的行动是意志行动,意志行动具有明确的目的性,能够自觉地确立目的是意志行动最重要的特征。人的意志行动既不是被动的,也不是盲目冲动的,是经过周密考虑后有明确目的的自觉行动。人的目的是主观的、观念上的东西。主观要见之于客观,观念要变为现实,就必须付之于行动。在这个过程当中,就表现为意志对人们行动的支配或调节作用。没有目的,就谈不上意志,意志只有在有目的的行动中才能表现出来,而且一般来说目的越崇高,所能激起的意志水平就越高。正如法国思想家狄德罗指出的,没有目的也就没有意志,目的渺小就做不成任何大事。当然,还要看目的的方向性如何,如果行动的目的是与人类社会的发展相背离的,那么意志越坚定其所带来的危害也就越大。

伟大的目标产生伟大的力量。古人曾说过:"君子所取者远,则必有所待;所就者大,则必有所忍。"远大的理想和坚定的信念是培养意志的前提条件,只有具备了远大的理想和坚定的信念,才能产生巨大的动力,才能使自己的行动具有高度的自觉性,才能实现目标。当然也不能好高骛远,追求不切实际的目标,那只能是空想、幻想。更不能人为夸大主观能动性的作用,强调意志自由,认为可以随心所欲。超越甚至创造或消灭客观规律,那样到头来只能在现实面前处处碰壁。20世纪60年代的中国在建设的道路上就曾经出现过这种不切实际的情况,喊出"人有多大胆,地有多大产"的荒谬口号,结果给国家的发展和建设带来巨大的损失。所以不能一味强调意志的作用,还要符合客观事物发展的规律,考虑到需要与实际的可能性。

2. 与克服困难相联系

意志行动总是与人们克服困难、排除前进道路上的障碍分不开的,钢铁般的意志只有在与困难作斗争的过程中才能体现出来。困难的性质和难易程度是衡量一个人意志是否坚强的标准。一般说来,困难来自两个方面。一是主观的,来自行动者自己的内部。人在行动的过程中产生了与原有目的相背离的愿望要求,阻碍或延缓了原有目的的实现进程；或者出现消极的情绪，诸如懒惰、畏难心理，等等。二是客观的，来源于外界环境条件，原来制订计划的依据已经不存在了，或者新出现的问题使困难增大等。如果目的能够轻而易举地实现，那么也就没有意志可言了。当然并不是人在主观愿望上希望遭遇困难，而是在现实中，人的任何有目的的行动都几乎难以一帆风顺。但意志坚强的人在困难面前总是能够认真地分析研究，找出适当的方法与途径，毫不畏惧，朝着既定的目标，调控自己的行为，最终实现自己的目的。

有谁不渴望成功？尤其是大学生，更希望自己能够做出一番事业，但芸芸众生，能够成功的又有多少呢？成功除了需要人的才能与机遇外，还需要什么条件呢？中国古代越王勾践忍辱负重，用各种困难砥砺自己，终于灭吴复国；西楚霸王项羽从小志向远大，最终率领各路诸侯在巨鹿大败秦朝，因此后人写下这样一副对子："有志者事竟成，破釜沉舟，百二秦关终属楚；有心人天不负，卧薪尝胆，三千越甲可吞吴"来说明志向和意志的重要性。美国心理学家曾用50年的时间对1528名智力超常的儿童的成长情况进行了跟踪调查，并对成就最大的160人与成就最小的160人进行了比较，发现他们之间最明显的差异就在于意志品质上的不同，成功者都表现出了勇于开拓进取的精神和坚韧顽强的意志。

爱迪生曾经说过："伟大人物的最明显标志，就是他坚强的意志。不管环境变换到何种地步，他的初衷与希望仍不会有丝毫的改变，而终于克服障碍，以达到期望的目的。"任何人的意志都不是与生俱来的，而是在实践中逐渐培养起来的。青年时期是人的意志逐渐成熟的时期，有较大的可塑性，所以大学生要想成就一番事业，就必须注重意志品质的培养，因为"在科学上没有平坦的大道，只有不畏劳苦沿着陡峭山路攀登的人，才有希望达到光辉的顶点"，科学研究如此，其他亦然。意志是一个人完成任何任务所必须具备的主观条件，有志者，事竟成。

三、意志的阶段

意志总要通过两个阶段即准备阶段和执行阶段的具体行动表现出来。

1. 准备阶段

准备阶段是指动机的取舍，目的的确立，以及采取行动达到目的所需要的方式方法的选择。也就是决定要做什么和怎样做的阶段。人的行动是由动机引起的，动机是指引起个体的活动，维持已经引起的活动，并促使该活动朝向某一目标的内在作用。比如属于生理动机的饥饿感，促使人去寻找食物并一直到满足为止。属于心理动机的如成就欲，为了取得名誉、地位或者金钱而采取相应的行动。一个人可能同时有多个动机，但不能同时都得到满足，所以就会产生冲突。冲突的产生乃是因为个人同时怀有两个或两个以上动机而无法兼顾而导致的。冲突一般包括以下几种类型：一是双趋冲突，即两个动机使个体在行动上指向两个目标，但无法同时获得，二者只能取其一却又不愿割舍的心态，鱼和熊掌不可兼得就是双趋冲突。二是双避冲突，一种左右为难的心理困境。发现两个目标都具有威胁性，都想避开，但两难之中必须接受其中之一，比如生病后要么打针要么吃药，如果都放弃病就不会好，所以只能两害相权取其轻。三是趋避冲突，一种进退两难的心理困境，个体对一个目标同时怀有两个动机，一个是好而趋之，一个是厌而避之，比如吸烟的人，因为吸烟危害健康想戒烟，可烟瘾又很大，所以不知怎么办才好。如果某种动机对人的吸引程度越相近，那么这种冲突就会越强烈，要做出选择也就越困难。但无论怎样，都必须做出一个选择，分清主次与轻重缓急，确立一个目标。之后，还要根据所确立的目标，根据主客观条件，设计好达到目的所需要通过的各种途径，并进行分析比较，选择适当的方式方法。

2. 执行阶段

执行阶段是指实现目的的阶段，执行决定是意志行动最重要的环节。主观总要见之于客观,而且也只有在这一阶段才能表现出一个人的意志来。计划无论怎样周密完备,如果不付之于实践,也只能是一纸空谈,所以必须付之于行动。而在实际行动中又绝没有什么事情会是一帆风顺的,不可避免地要遭受到各种挫折。所谓挫折,一是指对个体动机性行为造成障碍或干扰的外在刺激环境,二是指个体在此情境下产生的烦恼、困惑、焦虑、愤怒等各种消极情绪所交织而成的心理感受。如果挫折过多,就容易使人丧失信心和勇气,而意志就是使人战胜困难和挫折。意志不仅仅表现为积极行动,克服达到目的所遇到的各种困难,而且还表现为当环境条件发生了变化的时候,能够及时调整原定计划,甚至放弃原来的计划。这也同样是意志坚强的表现,如果明知不可为而为之,只能算是鲁莽行为。

四、意志的品质

意志品质是一个人在意志行动中形成的比较稳定的意志特质,它主要表现为以下四个方面:

1. 自觉性

人对自己行动的目的和意义有深刻而清醒的认识,并能够主动支配自己的行动,以使之符合目的并达到既定目标的能力,就是意志的自觉性。具有自觉性的人绝不会人云亦云,盲目服从,也不会鲁莽从事,而是能够独立自主地做出判断和决定,不受他人的影响和摆布,但同时也能够虚心听取他人的意见和建议。不会自以为是,盲目排斥和自己不同的观点。自觉性贯穿于意志行动的始终,是产生坚强意志的源泉。头悬梁锥刺骨的故事就说明了这一点。

自觉性是一种高度发展的意志品质,它与易受暗示性和独断性截然不同。易受暗示性是指一个人容易接受他人的暗示和影响,盲目地接受他人的意见,缺乏独立的判断和思考。独断性则是指一个人在行动中盲目拒绝他人的有益劝告,不管自己的目的和愿望是否符合实际,都一味按自己的想法行事,刚愎自用,一意孤行。

2. 果断性

果断性是指一个人为实现自己的目的，根据实际情况，抓住时机，迅速准确地做出决断并根据环境条件的变化及时调整决策的能力。意志的这一品质是与思维的批判性和敏捷性分不开的，它是以全面而深刻的正确认识为前提的。一个具有果断性的人，在条件允许的情况下，总是要进行周密的考虑，只有在情况紧迫时，才会根据所掌握的情况，迅速做出最合理的决定，并在该停止的时候也能够当机立断。

与果断性相对应的是优柔寡断和草率武断。优柔寡断的人总是动摇不定，在采取决定的时候，表现得狐疑不决，前怕狼，后怕虎，患得患失，往往错失良机。而武断的人则是草率做出决定，这种人貌似果断，实则缺乏对事物的全面把握与思考，只凭感情冲动或兴之所至，不顾主客观条件的可能性，也不考虑后果，贸然出击。

3. 持久性

持久性是指一个人能够坚持不懈，克服一切困难和障碍，百折不挠地达到既定目的的品质。持久性与一个人对行动目的和意义的认识有密切的关系，意义与目的越明确，行动所带来的社会价值越大，持久性越强。意志的持久性是与一个人的精力和毅力密切相连的。所谓精力是指一个人精神活动的紧张度，即充沛饱满的精神状态。所谓毅力是指精神活动的持续度，指长期坚持不懈，坚韧顽强。有些人在困难面前也能表现出一时的勇气，只是不能长久坚持，只能一鼓作气，再衰三竭。具有持久性的人则是能够越挫越勇。持久性与顽固性不同，顽固性是缺乏对行动的正确认识，固执己见，执迷不悟，明知不对，也不肯改正，一意孤行，逞一时之勇，不碰南墙不回头，最终只能以失败告终。与持久性相对的还有动摇性，意志不坚定的人总是犹豫不决，做事虎头蛇尾，朝定夕改。马克思撰写《资本论》阅读了大量的书籍资料，前后花了40年的时间，没有这种持久性能做到吗？

4. 自制力

意志的自制力是指为了达到预定的目的而自觉地控制和调节心理状态和行为活动的能力。古人所谓的"克己"即是指人的自制力而言。它主要表现在两个方面，一是指迫使自己能够坚决地执行自己已经做出的决定，二是能够抵御在实际行动中所产生的消极情绪和冲动行为。自制力就是要克服在行动中自我方面存在的问题。苏联著名教育家马卡连柯曾经说过："坚强的意志——这不单是想什么就干什么的那种本事，也是迫使自己在必要时放弃什么的那种本事。没有制动器就不可能有汽车，而没有克制也就不可能有任何意志。"缺乏自制力的人则表现为任性和懦弱，要么缺乏自控能力，什么事都只是兴之所至，凭一时的冲动，对自己的言行不加以任何约束，放任自流，要么就在困难面前惊慌失措，像热锅上的蚂蚁一样束手无策，畏缩不前。

意志是人们在长期的社会实践中形成的，在主体充分调动自身力量去克服困难与挫折的行动中体现出来。纸上谈兵是不能培养和锻炼人的意志的，只有在艰难困苦中才能磨炼一个人的意志。孟子说过："天将降大任于斯人也，必先苦其心智，劳其筋骨，饿其体肤，空乏其身，行拂乱其所为，所以动心忍性，增益其所不能"，这样才能达到"富贵不能淫，贫贱不能移，威武不能屈"的境界。这里要注意的是应该循序渐进，从小事做起，逐渐磨炼自己的意志，不能超出实际可能，否则欲速不达。

[小故事] **忍受极限**

一位年轻人毕业后被分配到一个海上油田钻井队。在海上工作的第一天，领班要求他在限定的时间内登上几十米高的钻井架，把一个包装好的漂亮盒子送到最顶层的主管手里。他拿着盒子快步登上高高的、狭窄的舷梯，气喘吁吁、满脸是汗地登上顶层，把盒子交给主管。主管只在上面签下自己的名字，就让他送回去。他快速下了舷梯，把盒子交给领班，领班也同样在上面签下自己的名字，让他再送给主管。

他看了看领班，犹豫了一下，又转身登上舷梯。当他第二次登上顶层把盒子交给主管时,浑身是汗、两腿发颤,主管却和上次一样,在盒子上签下名字,让他把盒子再送回去。他擦擦脸上的汗水,转身走向舷梯,把盒子送下来,领班签完字,让他再送上去。

这时他有些愤怒了,他看看领班平静的脸,尽力忍着不发作,又拿起盒子艰难地一个台阶一个台阶地往上爬。当他上到最顶层时,浑身上下都湿透了,他第三次把盒子递给主管,主管看着他,傲慢地说:"把盒子打开。"他撕开外面的包装纸,打开盒子,里面是两个玻璃罐,一罐咖啡,一罐咖啡伴侣。他愤怒地抬起头,双眼喷着怒火,射向主管。

主管又对他说:"把咖啡冲上。"年轻人再也忍不住了,"叭"的一下把盒子扔在地上:"我不干了!"说完他看看倒在地上的盒子,感到心里痛快了许多,刚才的愤怒全释放了出来。

这时,这位傲慢的主管站起身来,直视他说:"刚才让您做的这些,叫做承受极限训练,因为我们在海上作业,随时会遇到危险,就要求员工身上一定要有极强的承受力,承受各种危险的考验,才能完成海上作业任务。可惜,前面三次你都通过了,只差最后一点点,你没有喝到自己冲的甜咖啡。现在,你可以走了。"

「大智慧」忍受是痛苦的,它通常需要以人的快乐为代价。但是成功往往就是需要你去忍受许多常人难以忍受的痛苦,才能实现你最初的梦想。非常可惜,现实中大部分人都是败在了这一点上。

第二节 意志品质小测试

你的意志力如何?让我们通过下面的意志力测量表来看看。

一、测验题

1. 我很喜欢长跑、长途旅行、爬山等体育运动,但并不是因为我的身体条件符合这些项目，而是因为它们能锻炼我的意志力。

（很同意　比较同意　可否之间　不大同意　不同意）

2. 我给自己订的计划常常因为主观原因不能如期完成。

（这种情况很多　较多　不多不少　较少　没有）

3. 如果没有特殊原因，我要每天按时起床，不睡懒觉。

（很同意　较同意　可否之间　不大同意　不同意）

4. 订的计划应有一定的灵活性，如果完成计划有困难，随时可以改变或撤销它。

（很同意　较同意　无所谓　不大同意　不同意）

5. 在学习和娱乐发生冲突时，哪怕这种娱乐很有吸引力，我也会马上决定去学习。

（经常如此　较经常　时有时无　较少如此　不是如此）

6. 学习或工作中遇到困难的时候，最好的办法是立即向师长、同事或同学求援。

（同意　较同意　无所谓　不大同意　反对）

7. 在练长跑中遇到生理反应，觉得跑不动时，我常常咬紧牙关，坚持到底。

（经常如此　较常如此　时有时无　较少如此　不是如此）

8. 我常因读一本引人入胜的小说而不能按时睡眠。

（经常有　较多　时有时无　较少　没有）

9. 我在做一件应该做的事之前，常能想到做与不做的不同结果，而有目的地去做。

（经常如此　较常如此　时有时无　较少如此　并非如此）

10. 如果对一件事不感兴趣，那么不管它是什么事，我的积极性都不高。

（经常如此　较常如此　时有时无　较少如此　并非如此）

11. 当我同时面临一件该做的事和一件不该做却吸引着我的

事时，我常常经过激烈的思想斗争，让前者占上风。

（是　　有时是　　是与非之间　　很少这样　　不是）

12. 有时我躺在床上，下决心第二天要干一件重要事情（例如，突击学一下外语），但到第二天，这种劲头又消失了。

（常有　　较常有　　时有时无　　较少　　没有）

13. 我能长时间做一件重要但枯燥无味的事情。

（是　　有时是　　是与非之间　　很少这样　　不是）

14. 生活中遇到复杂情况时，我常常优柔寡断，举棋不定。

（常有　　有时有　　时有时无　　很少有　　没有）

15. 做一件事之前，我首先想的是它的重要性，其次才想它是否使我感兴趣。

（是　　有时是　　是与非之间　　很少是　　不是）

16. 我遇到困难情况时，常常希望别人帮我拿主意。

（是　　有时是　　是与非之间　　很少　　不是）

17. 我决定做一件事时，常常说干就干，绝不拖延或让它落空。

（是　　有时是　　是与非之间　　很少　　不是）

18. 在和别人争吵时，虽然明知不对，我却忍不住说一些过头话，甚至骂他几句。

（时常有　　有时有　　偶尔有　　很少有　　没有）

19. 我希望做一个坚强的有意志力的人，因为我深信"有志者事竟成"。

（是　　有时是　　是与非之间　　很少是　　不是）

20. 我相信机遇，好多事实证明，机遇的作用有时大大超过人的努力。

（是　　有时是　　是与非之间　　很少　　不是）

二、计分方法与评价

凡单题号后面的 5 种回答，从第一到第五依次计 1、2、3、4、5 分；双题号相反。测试题得分之和与意志品质的关系如下：

81~100分，意志很坚强。

61~80分，意志较坚强。

41~60分，意志品质一般。

21~40分，意志较薄弱。

0~20分，意志很薄弱。

如果你意志坚强，那么祝贺你，你拥有了成功的必要条件之一，但你千万不要沾沾自喜，因为这只是必要条件而不是充分条件。如果你的意志力还不够坚强，那么，请你从现在做起，培养你的意志力。

第三节 意志品质训练

一、克服懒惰的训练

《颜氏家训》说："天下事以难而废者十之一，以情而废者十之九。"所谓惰性是指因主观上的原因而无法按照既定目的行动的一种心理状态。

1. 惰性心理的表现

（1）你打算做一件事情，或最终答应做一件事情。然而，你不是从心里愿意去做这件事。与此同时，有更吸引你的事，使你顾此失彼。

（2）你有明确的目的去做某件事，你完全不应该延误这件事，你也觉察到延误行为的不利或极少有好处可言，可你仍在拖延你已经做出决定要做的事。

（3）你由于拖延了时间而怨恨自己，或为自己的拖延找些借口；或改变初衷放弃原计划，另做一件事来弥补；或者干脆束之"高阁"，不再问津。

（4）你继续一误再误，无休止地拖下去。

（5）你在最后一刻勉强完成了事情或已晚于预定时间完成，

或由于功亏一篑而不得不放弃努力。

（6）以一次拖延的"恶果"引为教训，你已决心下不为例，再不发生类似现象。然而，时隔不久，当你碰上比较复杂的、难以对付的，尤其是短时间内不能做出决定或完成的事情时，你"旧病复发"，进而使自己陷入又一轮的"感情折磨"中。

惰性常常使人虚度时光而碌碌无为，它的主要表现就是做事拖拖拉拉，并为自己找借口，而人的计划、理想、抱负就在这拖拉与借口中变成了泡影。古人说"业精于勤而荒于嬉"，一旦贪图安逸，积习成性，就会给自己的生活、学习、工作带来巨大的负面影响。

2. 惰性心理的克服

如果你已发现自己身上出现了惰性，那么请你下定决心，努力去克服它，否则你将一事无成。

（1）要知晓何为惰性，了解其危害。试想如果一个人不了解一件事物的危害性，怎么可能去自觉地拒绝呢，就像吸烟一样，吸烟的人已经把吸烟作为一种享受，如果不使他充分认识到吸烟的严重危害，他绝不会自动戒烟的。

（2）接下来要看看自己身上所表现出来的惰性是什么，并分析产生的原因，对症下药。

（3）学会根据自己的实际能力，科学合理地制订计划并安排时间，不要好高骛远，或者过分苛求自己。这样往往因不能实现计划而使自己的信心受到打击，消磨意志。

（4）今日事今日毕，言必行，行必果，切莫待到明朝，万事成蹉跎。

（5）优化自身素质，塑造良好个性。一个人如果没有顽强地与困难作斗争的精神，没有坚强的意志，就算不上有良好的个性。通过"吾日三省吾身"来经常督促自己，检讨自我，克服自身的惰性、动摇性，养成不畏艰险，不向困难低头的坚强性格。因为惰性、动摇性是成功道路上的大敌。有人曾说过：做出一个行动，你将获得一种习惯；养成一种习惯，你将获得一种性格；具有一种性格，你将获得一种命运。意志品质的养成即是如此。

二、时间管理自我诊断量表

懒惰者自我时间的管理能力较差。这里有一个时间管理量表,看看你的时间管理能力如何?请你根据自己在日常学习与生活中对待时间的方式与态度,选择最适合于你的一种答案。

(一) 测验题

1. 星期天,你早晨醒来时发现外面正在下雨,而且天气阴沉,你会怎么办?
   A. 接着再睡。
   B. 仍在床上逗留。
   C. 按照一贯的生活规律,穿衣起床。

2. 吃完早饭后,在上课之前,你还有一段自由时间,你怎样利用?
   A. 无所事事,根本没有考虑学习点什么,不知不觉地过去了。
   B. 准备学点什么,但又不知道学什么好。
   C. 按照预先订好的学习计划进行,充分利用这一段自由时间。

3. 除每天上课外,对所学的各门课程,在课余时间里怎样安排?
   A. 没有任何学习计划,高兴学什么就学什么。
   B. 按照自己最大的能力来安排复习、作业、预习,并紧张地学习。
   C. 按照当天所学的课程和明天要学的内容制订计划,严格有序地学习。

4. 你每天晚上怎样安排第二天的学习时间?
   A. 不考虑。
   B. 心中和口头作些安排。
   C. 书面写出第二天的学习安排计划。

5. 我为自己拟订了"每日学习计划表",并严格执行。
    A. 很少如此。
    B. 有时如此。
    C. 经常如此。

6. 我每天的休息时间表有一定的灵活性,以使自己拥有一定时间去应付预想不到的事情。
    A. 很少如此。
    B. 有时如此。
    C. 经常如此。

7. 当你发现自己近来浪费时间比较严重时,你有何感受?
    A. 无所谓。
    B. 感到很痛心。
    C. 感到应该从现在起尽量抓紧时间。

8. 当你学习忙得不可开交,而又感到有点力不从心时,你怎样处理?
    A. 开始有些泄气,认为自己脑袋笨,自暴自弃。
    B. 有干劲,有用不完的精力,但又感到时间太少,仍然拼命学习。
    C. 开始分析检查自己的学习时间分配是否合理,找出合理安排学习时间的方法,在有限的时间里提高学习效率。

9. 在学习时,常常被人干扰打断,你怎么办?
    A. 听之任之。
    B. 抱怨,但又毫无办法。
    C. 采取措施防止外界干扰。

10. 当你学习效率不高时,你怎么办?
    A. 强打精神,坚持学习。
    B. 休息一下,活动活动,轻松轻松,以利再战。
    C. 把学习暂时停下来,转换一下兴奋中心,待效率最佳的时刻到来,再高效率地学习。

11. 阅读课外书籍,怎样进行?
    A. 无明确目的,见什么看什么,并常读出声来。

B. 能一面阅读一面选择。

C. 有明确目的进行阅读，运用快速阅读法，加强自己的阅读能力。

12. 你喜欢什么样的生活？

    A. 按部就班、平静如水的生活。

    B. 急急忙忙、精神紧张的生活。

    C. 轻松愉快、节奏明显的生活。

13. 你的手表或书房的闹钟经常处于什么状态？

    A. 常常慢。

    B. 比较准确。

    C. 经常比标准时间快一些。

14. 你的书桌井然有序吗？

    A. 很少如此。

    B. 偶尔如此。

    C. 常常如此。

15. 你经常反省自己处理时间的方法吗？

    A. 很少如此。

    B. 偶尔如此。

    C. 常常如此。

（二）评分方法

选择 A，得 1 分；选择 B，得 2 分；选择 C，得 3 分。将你自己各题的得分加起来，然后根据下面的评析判断出自己的时间管理能力和水平。

（三）结果分析

35~45 分，有很强的时间管理能力。在时间管理上，你是一个成功者，不仅时间观念强，而且还能有目的、有计划、合理有效地安排学习和生活时间，时间的利用率高，学习效果良好。

25~34 分，较善于对时间进行自我管理，时间管理能力较强，有较强的时间观念，但是在时间的安排和使用方法上还有待进一步提高。

15~24 分，时间自我管理能力一般，在时间的安排和使用上缺乏明确的目的性，计划性也较差，时间观念较淡薄。

14 分以下，不善于时间管理，时间自我管理的能力很差，在时间的自我管理上是一个失败者，不仅时间观念淡薄，而且也不能合理地安排和支配自己的学习、生活时间。你需要好好地训练自己，逐步掌握时间管理的技巧。

（四）改进方法指导

如果你做完这套测验以后，所得的分数较低，说明你对时间的管理、处理方式和能力存在不少问题。这时你不但要提高警惕，而且还要努力寻求改进的方法。

（1）增强自己的时间观念。牢记："最严重的浪费就是时间的浪费。放弃时间的人，时间也会放弃他。"

（2）制定时间使用计划，严格执行。以星期为单位制定一个较长的计划。每天要有"每日学习计划表"和"时间使用表"，严格按照计划学习，并自觉进行检查和总结。

（3）记录和分析自己一天时间的使用情况。为自己设计一套时间使用记录表，将你在一天里所做的事情及其耗用的时间记录下来。然后进行分析，看看自己哪些时间使用得有价值，哪些时间是浪费掉的，长此以往，持之以恒，对于训练你的时间管理能力是大为有效的。

今天，在竞争激烈的社会中更凸显出意志的重要性。社会为每个人发挥自己的聪明才智，实现自己的抱负提供了广阔的舞台，能不能抓住机遇，迎接挑战，克服困难，实现自己的理想和目标，很大程度上就取决于一个人是否具有坚强的意志，这是获得成功所必不可少的条件。

[小故事] **烦恼的根源**

一次，我们几位同学去拜访大学时的老师。老师问我们生活得怎么样。一句话勾出了大家的满腹牢骚，大家纷纷诉说着生活的不如意：工作压力大呀，生活烦恼多呀，做生意的商战不顺呀，当官的仕途受阻呀……一时间，大家仿佛都成了上帝的弃儿。

老师笑而不语，从房间里拿出许许多多的杯子，摆在茶几上。这些杯子各式各样，有瓷器的，有玻璃的，有塑料的，有的杯子看起来高贵典雅，有的杯子看起来简陋低廉……老师说："都是我的学生，我就不把你们当客人看待了。你们要是渴了，自己倒水喝吧。"

我们说得已经口干舌燥了，便纷纷拿了自己中意的杯子倒水喝。等我们手里都端了一杯水时，老师讲话了，他指着茶几上剩下的杯子说："大家有没有发现，你们挑选去的杯子都是最好看最别致的杯子，而像这些塑料杯就没有人选中它。"我们并不觉得奇怪，谁都希望手里拿着的是一只好看的杯子。

老师说："这就是你们烦恼的根源。大家需要的是水，而不是杯子，但我们有意无意地会去选用好的杯子。这就如我们的生活——如果生活是水的话，那么，工作、金钱、地位这些东西就是杯子，它们只是我们用来盛起生活之水的工具。杯子的好坏，并不能影响水的质量，如果将心思花在杯子上，你哪有心情去品尝水的苦甜，这不是自寻烦恼吗？"

「大智慧」金钱、财富、地位，这些东西归根结底还是为了改善人们的生活。如果一味追逐它们而令生活烦恼不堪，岂不是本末倒置、自寻苦吃！

作业与思考

1. 什么是意志？什么是意志力？什么是意志品质？
2. 请计算自己还有多少在校学习的时间，细分为学期、月、日、小时；然后制定自己的学习与成才计划。
3. 找出自己意志中最薄弱的环节，并提出改进的措施。

第五章　学习心理

[小故事] 罗森塔尔实验

1966年，美国心理学家罗森塔尔做了一项实验，研究教师的期望对学生成绩的影响作用。

他来到一所乡村小学，给各年级的学生做语言能力和推理能力的测验。测完之后，他并没有看测验结果，而是随机选出20%的学生，告诉他们的老师说这些孩子很有潜力，将来可能比其他学生更有出息。8个月后，罗森塔尔再次来到这所学校。奇迹出现了，他随机指定的那20%的学生成绩果然有了显著提高。

为什么会出现这种情况呢？是老师的期望起了关键作用。老师们相信专家的结论，相信那些被指定的孩子确有前途，于是对他们寄予了更高的期望，投入了更大的热情，更加信任、鼓励他们。这些孩子感受到教师对自己的信任和期望，自信心得到增强，因而比其他学生更努力，进步得更快。罗森塔尔把这种期望产生的效应称之为"皮格马利翁效应"。皮格马利翁是希腊神话中的一位雕刻师，他耗尽心血雕刻了一位美丽的姑娘，并倾注了全部的爱给她。上帝被雕刻师的真诚打动了，使姑娘的雕像获得了生命。

「大智慧」这项实验告诉我们，教师对学生的期望会在学生心理上产生巨大的影响。教师以积极的态度期望学生，学生就可能会朝着积极的方向改进；相反，教师对学生的偏见也能产生消极的结果而影响学生的学习积极性。教师对学生的关怀、鼓励和期望会使学生感到亲切、愉快和振奋，对他们的学习有重要的激励作用，对于中小学生来说，当他的学习目的还不明确的时候，为关爱自己的教师而学往往会成为他的一种学习动力。事实也证明，师德高尚的教师会以满腔热情对待自己的学生，这将成为一种心理上的力量，支持着学生的进步。

学习是人类生活中的永恒主题，理想的人生就是不断学习，掌握各种复杂的运动技能，学习贯穿于人类生活的始终。由于学习对人类生活的重要性，古今中外的许多思想家、教育家和心理学家都特别重视对学习的研究。学习又是大学生求学期间的主要任务。学习分广义和狭义。广义的学习是指各方面的学习，包括思想、文化、专业知识等。狭义的学习是专指专业课程与知识的学习。本章所涉及的学习是指狭义的学习。通过教学帮助大学生了解大学学习活动的特点、学习的一般心理规律，从而培养学习兴趣，增强学习动机，积极主动地学习。

第一节 有关学习小常识

究竟什么是学习？心理学家是怎样研究学习的？这是本章所要探讨的问题。心理学研究发现，人和动物的行为有两类：一类是本能行为，一类是习得行为。本能行为是通过遗传而获得的种族经验。例如，鸭子会游水，母鸡会孵蛋，婴儿会吸奶。这些行为都是个体生来就有、不学而会的。本能行为是人和动物生存所必需的，但它非常刻板。仅靠本能行为是难以与环境保持动态平衡的。习得行为是动物和人类个体在后天适应环境的过程中通过学习而获得的经验。例如，狮子滚绣球，老鼠走迷津，熊猫骑自行车，鸽子打乒乓球等，这些行为都是动物经过学习而获得的。在人类，习得行为更为常见。如语言知识的掌握、心智技能的形成、人际关系的建立、态度和品德的培养等，都是后天学习的结果。学习所研究的正是动物和人类的习得行为。

一、学习的实质与特性

1. 学习的心理实质

学习是一种十分复杂的心理现象,学习的概念有广义和狭义之分。广义的学习指人和动物在生活过程中,凭借经验而产生的行为或行为潜能的相对持久的变化。这也是最被大家认同的学习定义。

第一,学习是一个介乎经验与行为之间的中间变量。学习者必须凭借反复的练习与经验,才有可能产生行为或行为潜能的持久变化。同时,我们可以凭借行为或行为潜能的改变,来推断学习的发生。当人们表现出一种新的技能,如游泳、驾车、打字、编织等,我们即可推知学习已经发生了。有时,人们通过学习获得的是一些一般性的知识经验和行为准则,比如,对现代艺术的鉴赏或对道德规范的领会。这类学习往往不一定在人们的当前行为中立即表现出来,但它们却影响着人们在将来对待某些事物的态度和价值观,即它们改变了人的行为潜能。

第二,学习所引起的行为或行为潜能的变化是相对持久的。药物、疲劳、疾病等因素均能引起行为或行为潜能的变化,如运动员服用兴奋剂而提高了比赛成绩、大学生因疲劳而降低了学习效率,等等。但是这些变化都是非常短暂的,一旦药效消失或疲劳恢复,行为表现又会与过去等同。而学习则不然,一旦我们学会了操作机床、游泳滑冰、骑车打球等,这些技能就几乎终生不忘。习得的知识、观念虽然有时会随着时间的推进而发生遗忘或被以后新的学习内容所干扰,但相对于那些因药物或疲劳等引起的暂时性行为变化来说,它们的保持时间仍是比较持久的。

第三,学习是由反复经验而引起的。我们知道,个体的成熟乃至衰老也会使其行为产生持久的改变,如青春期的少年的嗓音变化,这种变化是由身体的生理发育而引起的,是成熟的结果,与经验无关,因而不能称为学习。由经验而产生的学习主要有两种类型:一种是由有计划的练习或训练而产生的正规学习,如大学生在学校中的学习;另一种则是由偶然的生活经历而产生的随机学习。如路遇交通事故而体会到遵守交通法规的重要性等。不过,学习固然是由于经验而产生的,但它也离不开个体成熟的影响,只有当个体具有一定的成熟准备时,经验才会发生作用。

从上述分析可知,最广义的学习是动物和人类所共有的心理现象。学习不是本能活动,而是后天习得的活动,是由经验或实践引起的。任何水平的学习都将引起适应性的行为变化,不仅有外显行为的变化,也有潜在的个体内部经验的改组和重建,而且这些变化是相对持久的。但是也不能把个体一切持久的行为变化都归为学习,那些由于疲劳、成熟、机体损伤以及其他生理变化所导致的行为变化就不属于学习,只有通过反复练习、训练使个体行为或行为潜能发生相对持久的变化才能称为学习。

2. 人类学习

广义的学习是指人类的学习。由于人类的学习与动物的学习有许多相似之处,因此长期以来,心理学家把从动物学习的实验中找出的一些规律用以解释人类的学习过程。例如,人在解决问题或遇到困难情境时,也要一次次地"尝试错误",最后才能找到解决问题的办法,学会解决问题的技能。但有时也会在百思不解的过程中突然"顿悟",发现问题的关键,使问题迎刃而解。但事实上,人类学习和动物学习有着本质的区别。首先,人的学习除了要获得个体的行为经验外,还要掌握人类世世代代积累起来的社会历史经验和科学文化知识;其次,人的学习是在改造客观世界和生活实践中,在与其他人的交往过程中,通过语言的中介作用而进行的;最后,人的学习是一个有目的的、自觉的、积极主动的过程。因此,我国著名心理学家潘菽把人的学习定义为"在社会生活实践中,以语言为中介,自觉地、积极主动地掌握社会的和个体的经验的过程"。

3. 学生学习

狭义的学习专指学生的学习。它是人类学习中的一种特殊形式,是在教师的指导下,有目的、有计划、有组织、有系统地进行的,是在较短的时间内接受前人所积累的文化科学知识,并以此来充实自己的过程。学生的学习不但要掌握知识经验和技能，还要发展智能，培养行为习惯，以及修养道德品质和促进人格的发展。因此其学习内容大致可分为三个方面：一是知识的掌握和技能的形成，二是智能的开发和非智力因素的发展，三是行为规范的学习和道德品质的培养。本书所要讨论的就是狭义的学习，即学生的学习，尤其是高等学校学生的学习。

二、学习的一般分类

学习是一种极其复杂的现象，不仅涉及的范围相当广泛，而且形式也多种多样，因此对它进行科学的分类是有一定困难的。虽然许多心理学家都试图对学习进行分类，但由于各人的分类标准和出发点不同，因此至今尚未形成统一的学习分类。

1. 加涅的学习层次分类

在西方心理学中，著名教育心理学家和教学设计专家加涅在其著名的《学习的条件》一书中先后提出的学习层次分类和学习结果分类影响较大。其中，加涅早期根据学习情境由简单到复杂、学习水平由低级到高级的顺序，把学习分成七类，构成了一个完整的学习层级结构。这七类学习依次是：①信号学习。主要指学习对某种信号刺激作出一般性和弥散性的反应。这类学习属于巴甫洛夫的经典条件反射，包括不随意反应和情绪学习。②刺激—反应学习。指学习使一定的情境或刺激与一定的反应相联结，并得到强化，学会以某种反应去获得某种结果。这类学习属于桑代克和斯金纳的操作性条件反射。③连锁学习。指学习联合两个或两个以上的刺激—反应动作，以形成一系列刺激—反应动作联结。各种技能的形成离不开这类学习。例如，体育运动中的跳马，从助跑、踏板、腾翻到落地，就是一系列的刺激—反应动作的联结和连锁化。④辨别学习。指学习一系列类似的刺激，并对每种刺激作出适当的反应。⑤概念学习。指学会认识一类事物的共同属性，并对该事物的抽象特征作出反应。例如，将马、狗、猪、羊同花、草、树、山等刺激加以区别，并把它们用"动物"

加以概括,这就是概念学习。⑥规则学习。规则是指两个或两个以上概念之间的关系,规则学习就是形成多个概念的连锁。例如,物理学中的"功=力×距离"这一规则,涉及功与力和距离之间的关系,首先通过概念学习弄清力和距离的概念,然后弄清力与功是什么关系,距离与功又是什么关系,最后"功=力×距离"这一规则也就能理解了。⑦解决问题学习。指学会在不同条件下,运用规则或原理解决问题,以达到最终的目的。

事实上,加涅的这种学习分类系统几乎概括了心理学家所研究的一切学习类型,它不仅包括了低级的动物的学习,也包括了高级的人类的学习。加涅认为,从简到繁、从低级到高级的这七类学习中,每一后继学习类型都是前一学习类型更加复杂的表现;低级的学习是简单的和基本的,高级的学习是复杂的和抽象的;前者向后者发展,后者是前者的继续和提高,高低学习彼此之间互相联系,从而构成一个越来越复杂、越来越抽象的累积学习模式。

2. 加涅的学习结果分类

加涅认为,理想的教学设计应依据所期望的学习目标,即学生在学习后所应获得的各种能力来安排。为了更好地与教学实际相结合,加涅后来在上述七类学习的基础上,进一步提出了五种学习结果,并把它们看做是五种学习类型。它们分别是:①智慧技能,表现为使用符号与环境相互作用的能力,是学校中最基本、最普遍的教育内容,包括基本的语言技能到高级的专业技能。②认知策略,表现为用来调节和控制自己的注意、学习、记忆、思维和问题解决过程的内部组织起来的能力。加涅认为,认知策略的性质与智慧技能不同,智慧技能指向学习者的环境,使学习者能处理外部的信息;而认知策略则是在学习者应付环境事件的过程中对自己的内部行为的控制,即对个体自身的认知活动的监控。③言语信息,表现为学会陈述观念的能力。④动作技能,表现为平稳而流畅、准确而适时的动作操作能力。⑤态度,表现为影响着个体对人、对物或对某些事件的选择倾向。

加涅认为,上述五类学习不存在等级关系,其顺序是随意排列的,它们是范畴各不相同的学习。这种分类是对学习层次分类的一种简缩,它集中于学习的更高水平上,充分体现了人类学习的特点,尤其符合学校学习的性质。加涅认为,把学习结果作为教育目标,有利于确定到达目标所需要的条件,而从学习条件中可以派生出教学事件,告诉教师和学生应该做什么。因此,通过对学习结果的分析,可以为教学设计提供可靠的依据,从而为达到教学目标铺平道路。

3. 我国心理学家的学习分类

我国教育心理学家冯忠良教授认为,学生的学习是对教育系统中所传授的经验的接受,学生的学习可依据所传授经验的不同而分类。他认为教育系统是通过知识、技能的传递来形成和发展学生的能力和体力,通过行为规范的学习来形成和发展学生的态度和品德。因此,为促进学生德、智、体的全面发展,他主张把学生的学习分为知识的学习、技能的学习和行为规范的学习三种类型。

知识是客观事物的特征和联系在人脑中的主观映象,它来自反映的对象本身的认知经验。这种经验既可以是关于事物是什么、为什么和怎么样的描述性经验,也可以是关于做什么和怎么做的操作性经验。学生有了这种认知经验,就可以解决知与不知和知之深浅的问题。从而可以在实际的生活中较好地确立个体活动的方向。

技能是通过学习而形成的符合法则要求的活动方式,它是来自于活动主体所作出的行动及其反馈的动作经验。这种经验既包括在人脑内部,借助于内部言语,以简缩的方式对事物的主观表征进行加工改造的心智技能;也包括借助于人的肢体或一定的器械,以展开的方式作用于客观对象的操作技能(相当于加涅的动作技能)。学生有了这种动作经验,就可以解决会不会做和做得熟练不熟练的问题,从而可以在实际的生活中更好地控制个体动作的执行。

行为规范是用以调节人际交往、实现社会控制、维持社会秩序的思想工具,它来自于主体和客体相互作用的交往经验。这种经验的习得以一定的价值观为中介,并通过态度的形成与改变而最终培养学生的品德。学生有了这种交往经验。就可以协调个体与他人和集体之间的关系,从而在实际生活中更好地为个体的社会行为进行定向和调控。

总之,通过知识、技能的学习而发展学生的能力,就可以使学生学会做事;通过行为规范的学习而培养学生的品德,就可以使学生学会做人。一切教育的最终目的无非是教育学生学会做事和学会做人,高等教育的目的自然也不例外。只不过,它所发展的能力除一般智力和学习能力外,更强调对大学生创造能力的培养;它所培养的品德除一般的政治思想品德和道德品质外,更强调对大学生良好自我概念的建立和良好人际关系的养成。

三、大学生学习的基本特点

大学生学习是人类学习的一种特殊形式,它具有一系列的与人类的一般学习不同的特点,也区别于中小学生的学习活动。大学生在学习的过程中,应充分考虑到这些特点。

1. 大学生学习内容的特点

第一,专业化程度较高,职业定向性较强。大学教育的任务是为社会培养各类高级专门人才。大学生毕业后绝大多数人都要在社会各个实践领域从事与自己专业相关的活动,为社会服务。因此,大学生进入大学不久就要开始分系、分专业,在某一专门领域从事深入的学习和提高。他们学习的专业化程度较高,职业定向性较强。大学生的学习活动实质上是一种学习——职业活动。它既不同于中学生的学习活动,因为中学生的主要任务是普遍掌握各科基础知识,大学生则是要学习各专业的基本知识、基础理论,掌握从事各类专业活动的基本技能;但又不同于一般劳动者的职业活动,因为大学生学习活动虽具有明确的职业定向性质,但它只是为毕业后参加职业活动做准备。在大学学习期间,大学生应培养自己对本专业的热爱,形成对本学科知识的浓厚兴趣,树立献身专业的志向,既要在本专业所涉及的学科领域内博览群书，又要对本专业的某一方面有深入的了解和钻研。只有这样，才能将自己培养成国家所需的高级专门人才，以适应生产、科研、教育、管理、服务以及社会生活各个领域的要求。

第二，实践知识丰富，动手能力较强。由于大学生学习的职业定向性较强，因此在大学生的学习中，实践知识的掌握和动手能力的培养具有特别重要的意义。各级各类高等院校教学计划中都安排了实验、实习、社会调查、野外考察等环节，就是为了达到这一目的。为了掌握本专业所需的实践知识和动手能力，单靠几个星期或几个月的教育实习、临床实习、生产实习是不够的，还应在平时学习中，经常同社会、同实际工作部门联系。例如，师范院校学生在校期间，应利用课余时间当家庭教师，既可以用自己所学的知识为社会服务，又可以培养自己的实际工作能力。

第三，学科内容的高层次性和争议性。大学生在专业学习中，不但要掌握本专业各学科的基础知识和基本理论，还要了解这些学科的最新研究成果及其发展趋势。高年级大学生许多专业课学习的内容起点较高，视野较宽，有些内容实质上已处于本学科发展的前沿。与此有关的是大学生学习内容中已包含一些有争议性的、没有定论的学术问题。教师在阐述某一学科内容时，经常向学生介绍一系列互不相同的理论和观点，但其中没有一种观点或理论目前已被证明是完全正确的。把这样一些有争论的问题引入大学生学习内容之中，可以开拓学生的专业视野，激发学生智力活动的积极性，培养学生的科研动机，帮助学生认识发现真理的过程，培养他们攀登科学高峰的信心和勇气。

2. 大学生学习方法的特点

第一，学习方式日益占有重要地位。在高中阶段，学生学习是在教师直接组织和指导下进行的。进入大学后，自学在学生学习中占有重要地位；在大学高年级，自学甚至成了学生学习的主要方式，这表现在以下几个方面：一是大学生的课程不是安排得满满的，而是留有较多的自学时间，使学生有可能把精力投入到自己认为必要的或感兴趣的方面。二是即使是在课堂教学中，教师也不可能讲授教材有关内容的一切方面，而是要布置各种参考书供学生课后自学。三是大学生撰写学年论文、毕业论文、参加科研工作，都是在教师指导下依靠自己的能力独立完成的。所有这些，都要求大学生注意培养自学能力，学会自己确定学习目标，自己安排时间、学会迅速查找和阅读各种专业资料，学会做笔记、写摘要、作综述，学会独立自主地获取知识。

第二，学习的独立性、批判性和自觉性不断增强。大学生学习独立性、批判性较强，总是以批判的态度对待学习。大学生喜欢讨论问题，争辩问题，各抒己见，互不相让，爱向教师提问、和教师辩论，喜欢表达自己独到的想法、见解和观点。这种独立性是可贵的。教师应注意积极扶持，同时又要正确引导，以避免大学生的盲目自信和认识上的片面性。

大学生学习的自觉性也较强。他们能清醒地意识到自己肩负的责任和学习的意义、价值，学习目的明确，学习态度端正。许多学生能把当前的学习行为和祖国现代化建设的远大目标紧密联系在一起。多数大学生不需教师的监督，就能自觉地、孜孜不倦地学习和思考。不论炎热的夏天还是寒冷的冬季，许多大学生都是早起晚睡，在图书馆、阅览室、教室里专心地学习。近十几年来，大学校园里出现的考研究生热、搞科研写论文热、学习外语热就是大学生学习自觉性的生动例证。

第三，课堂学习与课外和校外学习相结合。课堂教学虽然还是大学生学习的主要形式，但已不像中学生那样几乎是唯一的途径。除了课堂学习以外，他们还要按照教学大纲的要求完成作业和生产任务，在图书馆或资料室查阅文献，参加或协助教师的科研活动，听各种学术报告和讲座，参加学生会和社团协会的工作。除了校内的多种学习途径外，大学生能不断地和校外社会现实相联系，进行社会调查或开展咨询服务，从社会实践中学习。这些活动不仅极大地增强了大学生学习的积极性，而且有效地提高了大学生独立学习和独立工作的能力，从而为他们走向社会获得职业的成功打下坚实的基础。

3. 大学生学习动机的特点

学习动机是指激发学生的学习活动朝着某一方向的学习目标

前进的心理驱动力和心理倾向。它主要有两个方面：一是内部需要，又称为内驱力，它是受学习者心理需要所产生的动力，如求知欲。二是外部诱因，指直接导致学习行为产生的外部动力，如学校的奖罚制度。这两方面共同作用，产生了学习的动机。大学生的学习动机总的来说，大致有这样几类：

第一，对某一学科有着浓厚的兴趣，希望通过大学阶段的学习对这一领域有深入的了解，并希望将来在这一领域有所建树。因此，强烈的求知欲一直推动着自己不断地学习，并将之形成一种习惯一直延续下来。有些同学对新的事物总是充满着"打破沙锅问到底"的热情即体现了这种动机。

第二，有的大学生希望通过读大学提高自己的地位并得到人们的尊重。将读大学看做是获取将来较好工作的必要手段，这在今天的大学生中是不占少数的一个动因。将大学阶段的学习视为进一步深造的基础，其目标是更远的将来。有的大学生从小就树立了出国深造的志向，在大学里努力学习外语便是一例。

第三，有的大学生是为了"母亲的微笑"。遵从父母之命而学习者即是这种心态；有的是为读书而读书，有的同学喜欢大学这个环境，喜欢当学生这种生涯；对于许多农村的学生来说，读大学是使自己改变父辈一生"脸朝黄土背朝天"的命运的唯一途径；有的人在大学里还能坚持学习纯粹是因为担心留级、拿不到毕业文凭和被开除这类因素驱使。

大学阶段是一个人成为专业人才的关键阶段，这一阶段学习的一个明显特点就是专业性强，中学所学的是科学文化的基本知识和基本常识；在此基础上，大学阶段的学习不仅分出了文、理科，而且要进一步分出各种具体的学科或专业，这就使得中学的那种主要以记忆为主的学习不再适用，更重要的是运用、分析、评价自己所掌握的知识和所见所闻。正是上面我们所谈论的这些特点，使我们在面临大学生学习的问题时，应有适合的方法，以解决大学生们在学习上的困惑，并帮助大学生更好地促进自己的学习。

第二节 学习心理小测试

一、考试焦虑测试

考试对大学生是一种紧张刺激,易引起焦虑,产生一定的心理压力,这属正常现象。但过度的焦虑不仅会危害认知过程,不能正常发挥应有的水平,而且会损害身心健康。考试焦虑测验可以判别大学生考试焦虑的程度。该测验由33个问题构成,根据得分可把被测者分成四种程度:镇定、轻度焦虑、中度焦虑、重度焦虑。对于中度以上焦虑者应该给予一定指导,改善其不良心理状态。请根据自己的实际情况回答以下问题,其中,与自己的情况"很符合"记3分,"较符合"记2分,"较不符合"记1分,"很不符合"记0分。各题得分相加为总分。

考试焦虑测验表

测试题目
1. 在重要考试的前几天,我就坐立不安了。
       很符合 较符合 较不符合 很不符合
2. 临近考试时,我就拉肚子。
       很符合 较符合 较不符合 很不符合
3. 一想到考试即将来临,身体就会发僵。
       很符合 较符合 较不符合 很不符合
4. 在考试前,我总感到苦恼。
       很符合 较符合 较不符合 很不符合
5. 在考试前,我感到烦躁,脾气变坏。
       很符合 较符合 较不符合 很不符合
6. 在紧张的温课期间常会想到:"这次考试得了低分怎么办?"
       很符合 较符合 较不符合 很不符合
7. 越临近考试,我的注意力越难集中。

       很符合　较符合　较不符合　很不符合
8. 一想到马上就要考试了，参加任何文娱活动都感到没劲。
       很符合　较符合　较不符合　很不符合
9. 在考试前，我总预感到这次考试将要考坏。
       很符合　较符合　较不符合　很不符合
10. 在考试前，我常常做关于考试的梦。
       很符合　较符合　较不符合　很不符合
11. 到了考试那天，我就不安起来。
       很符合　较符合　较不符合　很不符合
12. 当听到考试的铃声响时，我的心马上紧张地跳起来。
       很符合　较符合　较不符合　很不符合
13. 遇到重要的考试，我的脑子就变得比平时迟钝。
       很符合　较符合　较不符合　很不符合
14. 考试题目越多、越难，我越感到不安。
       很符合　较符合　较不符合　很不符合
15. 在考试中，我的手会变得冰凉。
       很符合　较符合　较不符合　很不符合
16. 在考试时，我感到十分紧张。
       很符合　较符合　较不符合　很不符合
17. 一遇到很难的考试，我就担心自己会不及格。
       很符合　较符合　较不符合　很不符合
 18. 在紧张的考试中，我却会想些与考试无关的事情，注意力集中不起来。　　很符合　较符合　较不符合　很不符合
 19. 在考试时，我会紧张得连平时背得滚瓜烂熟的知识也忘得一干二净。　　很符合　较符合　较不符合　很不符合
 20. 在考试中，我会沉浸在空想之中，一时忘了自己是在考试。　　　　　　很符合　较符合　较不符合　很不符合
21. 考试过程中，我想上厕所的次数比平时多些。
       很符合　较符合　较不符合　很不符合
22. 考试时，即使不热，我也会浑身出汗。
       很符合　较符合　较不符合　很不符合

23. 考试时，我会紧张得手发僵或发颤，写字不流畅。
　　　　　　　　　很符合　较符合　较不符合　很不符合
24. 考试时，我经常会看错题目。
　　　　　　　　　很符合　较符合　较不符合　很不符合
25. 在进行重要的考试时，我的头就会痛起来。
　　　　　　　　　很符合　较符合　较不符合　很不符合
26. 发现剩下的时间来不及做完全部考题时，我会急得手足无措、浑身大汗。　　很符合　较符合　较不符合　很不符合
27. 我担心如果我考了坏分数，家长或教师会严厉指责我的。
　　　　　　　　　很符合　较符合　较不符合　很不符合
28. 在考试后发现自己懂得的题没有答对时，就十分生自己的气。　　　　　　　很符合　较符合　较不符合　很不符合
29. 有几次在重要的考试之后，我腹泻了。
　　　　　　　　　很符合　较符合　较不符合　很不符合
30. 我对考试十分厌烦。
　　　　　　　　　很符合　较符合　较不符合　很不符合
31. 只要考试不记成绩，我就会喜欢考试。
　　　　　　　　　很符合　较符合　较不符合　很不符合
32. 考试不应当在现在这样紧张的状态下进行。
　　　　　　　　　很符合　较符合　较不符合　很不符合
33. 不进行考试，我能学到更多的知识。
　　　　　　　　　很符合　较符合　较不符合　很不符合

二、评定方法及标准

将各题所得的分相加，得出总分。

1. 镇定（得分为 0~24 分），说明你一般来说能以较轻松的态度对待考试。若分值很低，说明你对考试毫不在乎。

2. 轻度焦虑（得分为 25~49 分），说明你面临考试时有点惶恐不安，但仍属正常范围。轻度焦虑有助于考试成绩的提高。

3. 中度焦虑（得分为 50~74 分），说明你面临考试时心情过

于激动,焦虑感过高,难以考出实际水平,并对身心健康有损害。

4. 重度焦虑(得分为 75~99 分),反映你患有"考试焦虑症",每逢考试来临便会不由自主地产生莫名其妙的恐惧感。考试时,往往会发生"怯场",严重影响学习水平的正常发挥,对身心健康很不利,应该通过心理咨询与心理治疗,消解焦虑。

第三节 学习能力训练

一、克服考试焦虑练习

1. 活动目的

通过学生考试紧张心理的自测,引导学生掌握自测的方法,了解自己考试时的心理状态,使学生懂得对待考试应有适度紧张心理,但要注意消除过度紧张心理。

2. 活动形式

自我测定、讨论评论。引导学生掌握自测方法,了解自己考试时的心理状态。

3. 活动过程

(1)导入。考试是每个学生在学习生活中必然要遇到的事,有些同学一遇到考试心里就很紧张。有一位大一的学生,平时上课专心,能跟着老师讲课的思路积极动脑筋;作业整洁,正确率也挺高。但令老师和同学百思不解的是,每次测验,她的成绩总不太理想。到了期中、期末考试,成绩更差些。经过仔细观察,老师发现,每当各类试卷一发到手中,她的脸就慢慢地红起来,一直红到耳根,额上也会渗出粒粒汗珠,拿笔的手也随之微微颤抖。做题时,她一会儿从头做起,一会儿又做最后一题,显得心神不定、焦虑万分。有一次,老师替她测心跳,她的心跳为 108 次/分。在这种精神状态下考试,怎么能取得好成绩呢?

考试时过度的紧张心理会影响考试的成绩。那么,如何判断自己在考试时是不是过度紧张？这里介绍一些自测的方法。

（2）明确自测的目的，说清自测的方法和要求：

自我测定一下自己考试时的心理状态是为了更好地调节心理。心理状态没有什么好坏之别。因此，我们在答题时一定要根据自己的实际情况如实地回答问题。这样测出的结果才准确，才会对自己考试时的心理状态有正确的了解。

（3）全体学生做自测题。在老师的指导下判定自己属于哪一种紧张类型。

（4）互评和交流。

二、克服厌学情绪练习

（一）活动目的

通过小品形式表现学生对学习的不同态度，从而引导学生自我剖析产生厌学情绪的原因。给厌学者开处方，帮助他们克服厌学情绪，培养学习兴趣。重点是帮助学生从自身实际出发，找出克服厌学情绪的办法。难点是教师如何引导学生克服厌学情绪。

（二）活动形式

1. 小品表演

提示：由六名同学分别扮演三种喜欢学习的大学生的学习行为和三种不喜欢学习的大学生的学习行为，看看他们分别属于哪一类型？

小品内容：

（1）我是多多，有良好的学习习惯，从小就对新鲜事好奇、多问，学习时专心致志，还十分重视独立思考。我喜欢在知识的海洋里邀游，各科成绩也名列前茅，我经常品尝到成功的喜悦。哪些同学与我一样，请举手。

（2）我是阿娇，在学习上我没有我表姐学得活，但对学习也有浓厚的兴趣。当看到自己经过努力取得成功的时候，我会很快乐。学习有困难、有竞争，才有乐趣。哪些同学最像我？

（3）我是咪咪，我觉得学校里的生活很有趣，我也爱学习。虽然学习很艰苦，但我能努力学习，完成规定的学习任务。哪些同学与我相似，让我们握握手吧！

（4）我是宝宝，我觉得读书没有太大的用处，爸爸和表哥没读多少书，照样赚大钱。因此，我也不必用功。只要过得去就可以了。哪些同学与我一样，请举手！

（5）我是乐乐，在学习上家长给我的压力很大，他们对分数很看重，每当我的学习成绩下降时，家长就会狠狠地骂我。我害怕测验、考试，我觉得生活很累，对学习一点儿兴趣都没有。哪些同学和我一样，同我一样苦恼，请举手！

（6）我是欢欢，我讨厌学习，从进小学开始，我的学习成绩就很差。我曾努力过，但最终还是失败。我对自己一点信心都没有，混一天算一天吧！与我心情一样的同学真苦恼。

教师小结：这怎么行呢？讨厌学习是不会取得好成绩的。那么，我们一起来想办法帮助他们好吗？

2. 讨论交流

没有厌学情绪的同学成立一个会诊小组，一起给厌学者开处方，各小组代表向全班同学汇报。

处方：

（1）树立正确的学习动机，端正学习态度。

（2）培养良好的学习习惯，在学习上绝不马虎。

（3）多参加学校的各类活动，培养学习兴趣。

（4）多与同学、老师、父母交流，学点好的学习方法。

（三）总结

本书给厌学者提出的解决问题的办法，读者可以试试，有没有效果。请大家记住：只有克服厌学情绪，并付之于实际行动，才能取得好成绩。要满怀兴趣、充满信心地学习。

三、学习能力训练

提起学习，我们很快就会联想到学校和书本，但学习不仅包括教育情境中的学习，还包括日常情境中随意的、偶然的、无组织的学习。心理学中的学习指人或动物心理与行为的改变。伴随着语言文字的发展、运用，以及知识的书面化及多媒体化，教育情境中的学习在社会中居主导的地位。因为其具有目的性、组织性、计划性，并可能获得一定的指导和帮助，因而学习效率也相应较高。

心理学研究表明，学习的潜能是我们所有生而有之的潜能中最为宝贵的一种。正因为我们能够学习，才有可能将其他所有诸如思维力、创造力等潜能转化为现实的存在。也正因为我们能够学习，这才有知识的创新、经验教训的吸取和历史的不断进步。学习是人适应环境的最基本的手段。"人与其他生物的不同点主要就是由于他的未完成性。"表面看来，未完成性意味着一种缺憾，而若是仔细探究一下，却可以发现：这种先天的未完成性正是人类具有可塑性和可发展性的深层原因。其他生物主要依靠本能来适应环境，而人则主要依靠后天的学习。

人从降生到这个世界的那一刻起便开始了学习，并一直持续到生命的终结。生命本身便是一个自然的"终身学习"的过程，学习是人与生存环境保持动态平衡的条件。自然环境和社会环境总是在不断发生变化，人要在竞争日益激烈的环境中生存和发展，就必须不停地学习，获取和运用知识、技能和能力，以适应和改造环境。

面对一个崭新的世纪，一个信息爆炸、科学日新月异的时代，一个知识老化加速、人才辈出的高度竞争空间，学习不再只是一种强加的任务，而已经成了人们最根本的生存方式。

1. 认识学习、拥有自信

影响学习的心理要素，可以概括为智力和非智力因素。其中，智力又包括观察力、注意力、想象力、记忆力和思维力五个方面。智力居于学习能力中的核心地位,是学习能力形成和发展的杠杆,决定着学习能力的高低强弱。人群中、智力状况呈正态分布。据我国心理学家对 20 多万人的调查表明,智力特别高的人占 3‰,智力特别低的人占 3‰,对大多数人而言,基于智力的略微差异所导致的学习能力的差异是十分微小的。倒是非智力因素,如情感、意志、动机、兴趣、性格等的影响起了重要作用。因而,在先天智力的基础上,对非智力因素的开发正是学习训练的着眼点。

关于学习能力,心理学研究表明,23 岁时人的学习能力达到高峰,但该能力曲线在 20~50 岁之间是一个高原地带,其间变化甚微。因此,在我们注意到儿童的学习能力由于教育而随年龄增强时,也该看到成人的学习能力也是不可低估的。更进一步地说,"活到老,学到老"并不只是一句口号、一个梦想,甚或只是一种姿态,而是一种具备了客观物质基础的生存需要。

"先相信你自己,然后别人才会相信你。"自信是这个"系统工程"的灵魂和前提——其实,所谓信心,就是希望。要想树立信心,就要时刻鼓励自己,坚信"我能"、"我可以",并为这种信念找到依据。除了了解人类的学习潜能之外,我们可以从以往的生活经历中为自己归纳成功的足迹和成功的素质。既然从前我能克服困难取得成功,那么今天更加成熟了的我应当比从前更从容不迫地去迎接挑战。

在有信心的基础上,要培养兴趣,磨炼意志,热爱学习,注意思维力、想象力、创造力的训练。

2. 明确目标、端正动机

学习目标是通过学习想要达到的境地和标准,是未来行动的基本纲领。有了目标,我们就有了学习的方向,并坚定了走向未来的信心。目标能催人奋进。从人的本性上来说,追求是人内在的精神需求。明确的学习目标具有催人追求、奋发向上的作用。目标对学习还具有维持作用。复杂的学习活动中难免产生失败、畏难等负面情绪,此时目标的存在对人的不良情绪能起到调节控制的作用,使人把空想、烦恼及苦闷等抛诸脑后,专心学习,努力实现既定的目标。同样，它还能控制学习的时间与节奏，使人在目标的鞭策下规范自己的行为，使学习能匀速、持续、稳步地进行，杜绝三天打鱼两天晒网的现象，大大提高学习效率。

学习动机是唤起个体进行学习活动、引导行为朝向一定的学习目标，并对此种活动加以维持、调节和强化的一种内在历程或内部心理状态。动机可以由内驱力或诱因激起。毋庸置疑，良好的学习动机除具有动力（始动）作用外，还有定向、引导、维持、调节、强化等功能。我们可以从心理学研究得出的学习动机的变化规律中得出几条规则以激发和维持学习者的学习动机：一是在没有任何学习动机时，可以创设各种外部条件，以激发学习者的外部学习动机。二是有目的地培养学习者的学习需要、学习兴趣、学习热情，以及科学的信念、理想和世界观，并积极引导这些内部心理因素转化为内部学习动机。三是以激发和维持学习者的内部学习动机为主，适当利用外部学习动机，使两者并行不悖，或者轮流交替。即使有很强的学习动机，也可能因为长时间的重复或枯燥的学习劳动而感到精神疲惫，因而一定的新鲜的外在刺激对于学习兴趣的维持具有十分重要的意义。

3. 学会如何学习

随着知识更新的加快，社会信息化的发展，"会学"的地位早已超过了"学会"的地位。因而，学习能力的培养远胜于知识量的积累。电脑的出现使人们的学习活动更为高效、快捷。它虽然无法代替人脑进行思考，但却使得人们可以把学习的重心从大量的记忆工作中转移出来，偏向学习方法的研究和改善。授人以"鱼"，不如授人以"渔"。《学习的革命》、《论学习方略》等风靡全国，正是因为其向读者推荐合乎时代节奏和人们需求的高效学习方法，至少是对学习如何学习的一种启迪。

4. 具体的学习方法

一是学会记笔记。将自己的笔记纸在1/3或者1/4处折一条竖向的线，在课堂上记笔记的时候，只使用2/3或3/4的部分，把另一部分空白留到课后阅读笔记时用。在这块空白处，你可经过对笔记内容进行概括思考后提出问题或写出心得。二是高效阅读法。学会在阅读过程中做标记、批注、摘录、写札记,以提高阅读效果和效率。

方法可参照如下:一是画横线。在主要观点和重要部分下划线,可以是直线,也可以是波浪线。二是画星号。在书的边缘上画星号,强调某段主要内容和最主要的观点。三是批注和做卡片。即在书页的空白处,写上包括疑问、感受、问题等的答案、复杂问题的简单归纳、自己的想法等;卡片就是在认真阅读的过程中,感到精辟、深刻或有用的材料,应及时摘录。摘录可以集中归类记在本子上,也可以记在卡片上。具体的方法还有很多,大学生可以认真总结和采用。

5. 记忆力训练

记忆力是一种能力,应当有目的性、准备性和悟性。心理学家经过实验指出,意义记忆比单纯机械记忆的效果高出 8 倍,有独特意义的识记效果甚至高出 20 倍。所以我们在记忆的过程中,必须对记忆材料进行多方面的分析、综合、比较、概括,以及和旧有知识挂钩以增进系统化的理解。"欲要记得,先要懂得。"这句俗语充分说明了在记忆过程中进行积极思维活动的重要性。记忆要依靠联想,而联想则是新的知识建立联系的桥梁。我们看到一张幼年照片,便会想起那些天真无邪的童年时光;翻出一篇发黄的日记,便会想起一段难忘的心路历程……这些无意中的触景生情、睹物思人的联想,若能被我们主动地加以利用,就会给我们的工作学习带来很高的效率。

记忆需要不断重复,力求效率。心理学家艾滨浩斯对遗忘进行过系统研究,从而得出了不同时间间隔所保持或遗忘的百分数,他认为在对认知材料进行记忆之后,马上会有一个迅速下降的过程,而当时间间隔延长后,会逐渐变得平缓起来。因此,我们可以了解到遗忘的一个规律便是识记后短时间内遗忘较多,记忆保持的分量也会迅速下降,而在经过长时间的间隔后,遗忘发展的速度也就逐渐变慢。因而,有效复习、加深记忆痕迹、巩固学习成果是十分必要的。常言道,"一日不读口生,一日不练手生",又言"拳不离手,曲不离口",都说明复习对巩固记忆的重要性。但复习并不意味着简单的重复,也应讲究技巧。

此外,人还有一个最佳学习状态。美国前总统肯尼迪将祖传摇椅带进白宫陪伴他处理公务的用意即在此。因为身体在放松的状态下才最不容易疲劳而且最能集中精力。美国加州大学柏克莱分校的学生上课不坐在椅子上,而是顺其自然地在地板上或坐或卧,或扎堆,他们声称这是为了获得学习的高效率。

作业与思考

1. 脑力激荡:怎样有效能地学习?怎样提高记忆力?
2. 调查社会对人才素质的要求,通过自学完善自己的知识结构。
3. 挖掘对课程的学习兴趣,培养正确的学习动机。
4. 练习做好读书笔记和课堂笔记。

第六章 人际交往

良好人际关系的获得离不开后天的学习与训练,学习人际交往的过程就是成长的过程。人际交往习惯的改变、技巧的提高有助于大学生尽快提高人际交往的能力,有助于大学生在集体中愉快和谐,也为大学生的学习与生活提供了一个良好的平台。

第一节 人际交往小常识

心理学实验:孤独。

1954 年,美国做了一项实验。该实验以每天 20 美元的报酬(在当时是很高的金额)雇用了一批学生作为被试者。为制造出极端的孤独情景,实验者将学生关在有防音装置的小房间里,让他们戴上半透明的保护镜以尽量减少视觉刺激。又让他们戴上木棉手套,并在其袖口处套了一个长长的圆筒。为了限制各种触觉刺激,又在其头部垫上了一个气泡胶枕。除了进餐和排泄的时间以外,实验者要求学生 24 小时都躺在床上,营造出一个所有感觉都被剥夺了的状态。

结果,尽管报酬很高,却几乎没有人能在这项孤独的实验中忍耐 3 天以上。最初的 8 个小时还能撑住。之后,学生就吹起口哨或者自言自语、烦躁不安起来。在这种状态下,即使实验结束后让他做一些简单的事情,也会频频出错,精神也集中不起来,实验后需要 3 天以上才能恢复到原来的正常状态。实验持续数日后,人会产生一些幻觉,到第 4 天时,学生会出现双手发抖、不会笔直走路、应答速度迟缓以及对疼痛敏感等症状。通过这个实验我们明白了人的身心要想正常工作就需要不断地从外界获得新的刺激，需要积极的人际交往。

一、人际交往的原则

1. 尊重原则

在人际交往中，人与人之间是平等的，没有高低贵贱之分。每个人都希望得到别人的尊重，但尊重又是相互的，不是单方面的。古人云："爱人者，人恒爱之；敬人者，人恒敬之。"因此，相互尊重是建立良好人际关系的前提。

尊重包括自尊和尊重他人两个方面。尊重他人主要是指尊重他人的人格、权利、爱好及习惯等；自尊就是在各种场合下，自重、自爱，有自知之明。人有个性差别，每个人都有自尊心。英国思想家洛克讲过："一旦懂得尊重与羞辱的意义，尊重与羞辱对于他人的心理便是最有力量的一种刺激。"在人际交往中，一个人如果对他人不能平等相待，不尊重他人的人格，而是强迫他人、耻笑他人，甚至侮辱他人，则必然造成人际间的矛盾与冲突。在现实生活中，一些同学在处理人际关系时，常常有意无意地忽略相互尊重这一原则，往往造成同学相互关系紧张，从而影响相互间的感情，进而影响学习和生活。

据悉，俄罗斯总统普京 2000 年 9 月在日本访问时，来到东京江道柔道馆参观，在接过欢迎的鲜花后，这位曾是柔道高手的俄罗斯总统和 10 岁的日本女孩一同走进柔道场地练练身手。结果，普京被小对手摔翻在地。当人们从电视和报纸的照片上看到普京被摔翻在地的情景时，没有人认为他是一个失败者，反而对他肃然起敬，因为人们知道，他选择了失败，不仅是对一个 10 岁的小女孩，而且也是对一种文化、一个民族的尊重。

2. 互惠原则

人际交往在一般情况下都是为了在物质上、精神上，即在心理情感、思想文化、物质等方面获得沟通和交流。因此，人际交往必须遵循互助互惠原则，不能经常在物质利益方面让对方吃亏，也不能在精神方面让对方不愉快。在现实生活中，一个愿意帮助别人的人，一个诚实、热情、善解人意的人，往往受到他人的欢迎，并易于与他人建立密切的关系；一个自私、冷漠、刻薄的人，别人往往对他退避三舍。

3. 宽容原则

宽容不仅是一种美德和做人的境界，也是人际交往成功的重要条件。宽容是什么呢？中国古代就有"将相头顶堪走马，公侯肚里能撑船"的说法，雨果的名言：比海洋大的是天空，比天空大的是人的胸怀，都从不同的角度说明宽容代表的是一个人的胸怀。《圣经》中的"别人打你的左脸，你把右脸也给他"和佛家的以德报怨所讲的是一种对人的容忍宽厚之心，它所体现的博爱精神是宽容至极的一种境界。这种境界，在常人看来是很难达到的。在现实生活中，人与人之间有多少矛盾是因为这样的"深仇大恨"导致的，它们无非是观点不同、脾气不投等一些小事导致的，却能由此引发剧烈的冲突。其实退一步海阔天空，宽则得众曾是古人所津津乐道的，因为在宽与退之间，我们得到的往往比失去的要多。

众所周知，在人际交往中，还由于每个人的个性不同，以及生活方式、思维模式和行为习惯及职业的差异，导致人们在交往中的明显的个性特征。没有个性即没有差异的交往是没有意义的，但由于差异，由于对方不符合自己的一些个性、习惯，甚至观点就耿耿于怀，任何轻易否定对方的观点也都是错误的。在人际交往中，我们常常看到一些同学经常为一点小事就闹别扭、翻脸甚至大打出手。这样导致人际关系紧张的结果是可想而知的，它对人对己都是不利的。

4. 信任原则

互相信任是人际关系的必要前提，在人际交往中，以诚待人、开诚布公是以信任为基础的。墨子曾说过："志不强者，智不发；言不信者，行不果。"可见，人际交往讲究一个"信"字。信有两层含义：一是说真话，二是守诺言。如果一个人轻诺寡信，必然会引起人们的反感和唾弃。守信还成为古人心中君子和小人之间的区别之一。与信任相反的是猜疑,猜疑是人际关系的一大障碍,有的人城府较深,在与他人交往中,把自己包藏得很严实,对他人的言行也持怀疑态度。这种圆滑世故的人,是不可能与别人深交的。相反,一个言行一致,表里如一的人,人们就乐意与之交往。

二、影响人际交往的个性品质

影响人际交往的因素,对个人来说,最重要的就是一个人内在的个人因素,这其中最主要的是人的性格和人品。性格是人对客观现实的稳定的态度以及与之适应的习惯性的行为模式;而人品则是体现了一个人做人的修养与品质。在人际交往中哪些个性品质最具吸引力,而哪些个性品质是最不受欢迎的呢?心理学家诺尔曼·安德森曾做过这样一个调查,他列出555个描写人的个性品质的形容词,让被试的大学生选择,并挑出他们认为喜欢和不喜欢的个性品质有哪些。调查结果如下表所示:

值得高度喜欢的	有点积极作用与有点消极作用的	最不值得喜欢的
真诚	固执	作风不正
诚实	循规蹈矩	不友好
理解	大胆	敌意
忠诚	谨慎	多嘴多舌
真实	追求	自私
尽善	信得过	易激动
理智	文静	粗鲁
可靠	好冲动	自高自大
有思想	好斗	贪婪
体贴	腼腆	不认真
可信赖	猜不透	不友善
热情	好动感情	信不过
友善	害羞	恶毒
友好	天真	讨厌的
快乐	闲不住	虚假

续表

值得高度喜欢的	有点积极作用与有点消极作用的	最不值得喜欢的
不自私	空想家	不老实
幽默	追求物质享受	冷酷
负责任	反叛	邪恶
开朗	孤独	假装
信任	依赖性	说谎

在安德森的调查中我们还发现，一个冷漠和孤僻的人，无论他外表如何出众，也无论他内心如何渴望与别人交往，别人对他的反应也不会热心。因为冷漠与孤僻本身就是一种距离，它容易让人望而生畏，或望而止步。相反，一个热情开朗的人容易赢得别人的好感，从而很快达到建立良好人际关系的目的。可见热情在人际交往中意味着对别人的接纳和肯定，正如卡耐基所说的，什么样的人最让人喜欢呢？答案就是：喜欢别人的人。同样，在大学生当中，为什么有的人人缘好，有的人人缘不好，答案也是共同的。

我国心理学家黄希庭教授对大学生中嫌弃型和人缘型的个性品质做了如下分析：

人缘型的个性品质：

（1）尊重他人、关心他人，对人一视同仁，富于同情心。

（2）热心班级集体活动，对工作非常负责任。

（3）持重、耐心，忠厚老实。

（4）热情、开朗，喜爱交往，待人真诚。

（5）聪颖、爱独立思考，成绩优良，乐于助人。

（6）注重自己的独立性和自治，并且有谦虚的品格。

（7）有多方面的兴趣和爱好。

（8）有审美的眼光和幽默感。

（9）温文尔雅、端庄、仪表美。

嫌弃型的个人品质：

（1）自我中心、只关心自我，不为他人的处境和利益着想，有极强的忌妒心。

(2) 对班集体的工作，或敷衍了事，或缺乏责任感，或浮夸不诚实，或完全置身于集体之外。

(3) 虚伪、固执、爱吹毛求疵。

(4) 不尊重他人，操纵欲、支配欲强。

(5) 对人淡漠、孤僻、不合群。

(6) 有敌对、猜疑和报复的性格。

(7) 行为古怪，喜怒无常，粗暴、粗鲁、神经质。

(8) 狂妄自大，自命不凡。

(9) 学习成绩好，但不肯帮助别人，甚至小视他人。

(10) 自我期望很高，气量狭小，对人际关系过分敏感。

从以上各方面的分析，我们不难看出，良好的个性品质是一个人也是大学生在人际交往中受欢迎的重要方面。个性品质吸引律也是人际交往成功的重要规律之一。

三、影响人际交往的心理效应

1. 首因效应

首因，即最初的印象，每个人在和别人交往时，都希望给对方留下良好的第一印象。因为人们在首次见面时，往往会注意一个人最外在最直接的表现，如声音、容貌、衣着等，并因为第一次的印象影响到以后的交往。这种由第一次的信息形成的最初的印象及其对后来信息的影响，就是首因效应。

因此，在与人交往时，给人留下良好的第一印象是非常重要的。但以此做出评价和判断，并决定今后的交往，不免有失偏颇。

2. 近因效应

近因，即近期的印象，也就是最后的印象。近因效应，指的是最后的印象对人们的认知所具有的影响。心理学家曾做过这样一个实验，分别向甲、乙两组大学生介绍一个人的性格特点，对甲组先介绍他的外倾特点，然后再介绍他的内倾特点；对乙组先介绍他的内倾特点，然后再介绍他的外倾特点。当第一部分介绍完后，插入了一段与此无关的内容，然后再介绍第二部分，最后让他们分别得出对这个人的印象。结果是：甲组大学生普遍把这个人想象成内倾型，乙组大学生普遍把这个人想象成外倾型。这表明，第二部分资料，即后介绍的这一部分资料给实验者留下的印象深刻。这种心理现象就被称为人际交往中的"近因效应"。

如果说，首因效应多产生于陌生人间的第一次交往，而近因效应则产生于熟悉者之间。以近因效应对一个人做评价和判断，难以对一个人形成全面客观的认识。

3. 光环效应

光环效应又称晕轮效应。美国心理学家阿希做过这样一个实验，他给被试者一张列有五种品质的表格（聪明、灵巧、勤奋、坚定、热情），要求被试者想象一个具有这五种品质的人，结果被试者普遍把具有这五种品质的人想象为一个友善的人。然而，当把这张表格中的热情换成"冷酷"时，并要求他们以此再想象出一个合适的人时，却发现被试者普遍推翻了原来的形象，而产生了一个完全不同的形象。

这个实验揭示了人际交往中一种普遍的心理现象，即在认识和了解一个人时，人们会不由自主地选择一种突出的品质，并因这个品质的影响，使人们看不到这个人的其他品质并因此对他做出全面的结论，这就是光环效应。这种心理效应常常无意识地左右着人们的交际行为，影响人们对他人判断的客观性和正确性。

4. 刻板印象

刻板印象是指在人们的头脑里存在着关于某一类人的固定印象，并根据已有的关于这一类人的固定印象，作为评价和判断他人个性的依据。例如，认为女生都心细，男生都粗心；城市里的人都圆滑，农村的人都老实；老年人都稳重，年轻人都浮躁；经商的人都重利忘义，当官的人都武断自私等。刻板印象作为一种固定化的认识，虽然有利于对某一类群体做出概括性评价，但也容易忽略个体的差异性，由于"先入为主"的成见，容易对人产生刻板印象的偏见。

5. 投射效应

投射效应是指在人际交往中，由于自己具有某种特性，因而判断他人也一定会有与自己相同的特性。通俗地说，就是"以己度人"。古人所云"以小人之心，度君子之腹"说的就是这个道理。例如，一个真诚的人，在和别人交往时认为别人也会是真诚的，而一个功利的人，会认为别人在和他交往时也是有目的的；一个对别人常不怀好意的人，不会轻易相信身边的任何一个人。由此，主观臆断就是"投射效应"下最容易出现的结果。因此，培养良好的个性品质对大学生无论从哪个角度来说都是非常重要的。

第二节 人际关系小测试

一、你善于交朋友吗？

你的人际关系怎样？你是不是受人欢迎的人？如果你对这些问题感兴趣，请你试着做美国一位心理学家设计的以下小测验。

根据自己的实际情况，对下面的 15 个测验题如实回答后，按后面的评分标准算出你的积分，再看看后面的结果分析，你就会看出自己是不是善于交朋友，应该怎样和朋友相处。不过，测验结果仅供参考。

1. 最近你交了一批新朋友，这是因为：
   a. 你发现他们很有意思，令人感兴趣。
   b. 他们都很喜欢你。
   c. 这是你的需要。
2. 外出度假时，你是否：
   a. 很容易交上朋友。
   b. 喜欢自己一个人消磨时间。
   c. 想交新朋友，但又感到很困难。
3. 你本来约好要去见一位朋友，此时感到很疲倦，却不能让朋友知道你的这种处境，你：

a. 希望朋友会谅解你，尽管你没有到他（她）那里去。

b. 还是尽力赴约，并且试图让自己过得愉快。

c. 到朋友那里去了，并且问他（她）假如你早点回家，他有什么想法。

4. 你结交朋友的时间：

a. 数年之久。

b. 说不定，合得来的朋友能长期相处。

c. 一般不长，经常更换。

5. 一位朋友告诉你一件极为有趣的个人私事，你是否：

a. 尽量为其保密而不对任何人讲。

b. 根本没有考虑过把此事告诉别人。

c. 那位朋友刚离开，就马上与别人议论此事。

6. 当你有了问题时，你：

a. 通常是靠自己去解决。

b. 找自己信赖的朋友去商量。

c. 只有万不得已时才找朋友帮助。

7. 当你的朋友遇到问题时，你是否发现：

a. 他们都喜欢求助于你。

b. 只有那些和你关系密切的朋友才来找你商量。

c. 一般都不愿意来麻烦你。

8. 你交朋友的途径通常是：

a. 通过熟人介绍。

b. 在各种社交场合。

c. 必须经过相当长的时间，而且不容易交上朋友。

9. 你认为选择朋友时最重要的是：

a. 具有使你感到快乐和幸福的能力。

b. 为人可靠，值得信赖。

c. 对你感兴趣。

10. 你给人的印象是：

a. 经常会引人发笑。

b. 经常启发人们去思考问题。

c. 别人和你在一起时感到很舒服。

11. 假如有人邀请你参加一次活动、一次比赛，或者在晚会上请你表演节目，你：
    a. 会婉言谢绝。
    b. 欣然接受。
    c. 直截了当地拒绝。

12. 对你来说，下列哪种情况是真实的？
    a. 我喜欢当面称赞自己的朋友。
    b. 我认为诚实是最重要的品质之一，所以我时常提出与朋友不同的看法。
    c. 我对朋友的态度是既不奉承，也不批评。

13. 你是否发现：
    a. 你只是同那些能够与你分担忧愁和欢乐的朋友们相处得很好。
    b. 一般情况下能和任何人相处。
    c. 有时甚至愿意与那些和你脾气不相投的人和睦相处。

14. 如果朋友们和你恶作剧（开玩笑），你会：
    a. 和大家一起大笑。
    b. 感到气恼，并且表现出来。
    c. 根据当时的情绪和精神状态，可能和大家一起大笑，也可能恼怒。

15. 假如别人想依赖你，你的态度是：
    a. 对此并不介意，但是想和朋友们保持一定距离，保持一定的独立性。
    b. 觉得这样很好，我喜欢让别人依赖我。
    c. 要小心谨慎，尽量避免承担责任。

请根据下面的评分标准算出总分数：

如果你的得分在 36~45 分之间，说明你和朋友们相处得很好，你能够从日常生活中得到许多乐趣。你在朋友中有一定威信，他们比较信赖你。就是说，你会交朋友，你的人际关系很好。

如果你的得分在 26~35 分之间，说明你的人际关系处理得不

题号	a	b	c	题号	a	b	c
1	3	2	1	9	3	2	1
2	3	2	1	10	2	1	3
3	1	3	2	11	2	3	1
4	3	2	1	12	3	1	2
5	2	3	1	13	1	3	2
6	1	2	3	14	3	1	2
7	3	2	1	15	2	3	1
8	2	3	1				

大好。就是说，你和朋友们的关系并不牢固，时好时坏。你确实想让别人喜欢你，想多交些朋友，尽管你自己作出了很大努力，但别人不一定喜欢你，朋友们和你在一起时可能不会感到轻松愉快，你只有认真检查自己的言行，真诚对待朋友，学会正确地待人接物，你的处境才会改观。

如果你的得分在 15~25 分之间，你可能是一个孤僻的人，思想很不活跃，不开朗，喜欢独处。但是，这一切并不意味着你不会交朋友。主要原因是你对社交活动、对人际关系不感兴趣。你要认识到，人生活在社会之中，就要和人和睦相处，互相帮助，互相关心，广交朋友。

二、让别人喜欢的做法

以下列举的是让人们喜欢你的做法，不妨一试。

（1）长相不令人讨厌，如果长得不好，就让自己有才气；如果才气也没有，那就总是微笑。

（2）气质很关键。如果时尚学不好，宁愿朴素。与人握手时，可多握一会儿。真诚是宝。

（3）打球时，不要一直赢。

（4）不必什么都用"我"做主语。

（5）不要向朋友借钱。

（6）不要"逼"客人看你的家庭相册。

（7）坚持在背后说别人好话，别担心这好话不会传到当事人耳朵里。

（8）有人在你面前说某人坏话时，你只微笑。

（9）不要把过去的事全让人知道。

（10）尊敬不喜欢你的人。

（11）对事不对人，或对事无情，对人有情；或做人第一，做事其次。

（12）把"讨厌"解读为"讨人喜欢，百看不厌"。

（13）说话的时候记得常用"我们"开头。

（14）有时要明知故问：你的钻戒很贵吧？有时，即使想问也不能问，比如，你多大了？

（15）把未出口的"不"改成："这需要时间"，"我尽力"，"我不确定"，"当我决定后，会给你打电话"。

（16）不要期望所有的人都喜欢你，那是不可能的，让大多数人喜欢就是成功的表现。当然，自己要喜欢自己。

三、你的人缘如何？

人是群居的动物，我们日常生活中的一件最重要的事就是要有人缘。我们都希望别人对自己笑脸相迎，都希望别人对自己说些恭维的话，都希望受别人的赏识和喜爱，希望别人需要自己。

但是，人们对于受欢迎和受赏识的需要程度却各不相同，而最需要的恰恰是那些最不懂技巧的人。有些人虽然心里很喜欢某些朋友，可总觉得彼此间的联系太少。如果有一种千篇一律的方法教大家变得讨人喜欢，那该有多好啊！遗憾的是，很难保证哪一种行为或哪一方面的性格必会得到好的人缘。

你觉得一个人受欢迎的根本原因是什么？在一个团体中充当中心人物就算是人缘好吗？或者你觉得只要你处处为他人着想便能受他人的喜爱吗？如果你能够诚实而且尽量准确地回答下面的这些问题，便能看出你需要什么样的人缘？同时也让你自己了解你的人缘好不好？

（一）题目

1. 外出旅游时，你：
（1）比较容易交到朋友。
（2）喜欢单独一个人打发时间，或者只跟陪你的人在一起。
（3）希望交到朋友，但又觉得做起来很难。

2. 你已经跟你的朋友约好要见面，可你觉得太累了。于是你打电话给他解释一番，可是又没人接电话。你会：
（1）不去赴约，心里希望他能够谅解。
（2）去赴约，并尽量让自己忘记疲劳。
（3）去赴约，但委婉地向对方表示今天希望早一点回去。

3. 下列哪一句话比较适合你：
（1）我会欣然接受所有约会。
（2）慎重地选择约会，只有自己觉得一定很有意思的约会才会去。
（3）只接受老朋友或家人的邀请。

4. 有一位朋友，本来说好只住两天就要走的，可现在一住就是十天，看来还要住下去，你很希望他走。这时你会：
（1）直截了当地把你的想法告诉他。
（2）请来另一位客人，或者表示有工作要做，以此为借口希望他走。
（3）对他的态度变得冷淡一点，希望他能够接受你的暗示。

5. 一般说来你的朋友会跟你交往多久？
（1）大多要好几年。
（2）很难说。俗话说得好，"酒逢知己千杯少，话不投机半句多"。
（3）一般说来都不长久，你一直在寻找新的朋友。

6. 如果你有一位很能喝酒的朋友，每次来你家他都会把你家所有的酒都喝干。今天他又要来了，而你又不希望他这次喝得太多，你会：
（1）把酒瓶藏起来。

(2) 警告他这次绝对不许喝得太多。

(3) 告诉他,你要出去,不在家。

7. 有位好友把他私生活方面的事都告诉你,你会:

(1) 很想告诉别人,但又极力克制着。

(2) 把它当成机密,根本就不想传出去。

(3) 那位朋友一走,你马上打电话跟别人讨论这件事。

8. 你遇到麻烦时,你会:

(1) 通常能够自行处理。

(2) 和朋友商量该怎么办。

(3) 只有在遇到特别棘手的问题时,才会去求助朋友。

9. 你曾想去参加约会服务社、婚姻介绍所,或者任何一个把别人介绍给你的俱乐部吗?

(1) 从没这么做过,你的自尊不容你这么做。

(2) 没那么做过,毕竟你还没有寂寞到那个地步。

(3) 曾参加过其中的某一个俱乐部,觉得这是一个交朋友的好地方。

10. 在某次聚会中,如有人请你为大家唱一支歌,或和他一起玩游戏,你会:

(1) 委婉地拒绝。

(2) 兴致勃勃地加入。

(3) 直截了当地加以拒绝。

11. 在你感到忧虑和沮丧时,你会:

(1) 莫名其妙地向周围人发脾气。

(2) 跟朋友说,你觉得自己一无是处。

(3) 很难说,这得看当时的情绪了,也许是(1),也许是(2)。

12. 当一群朋友都拿你来开玩笑时,你会:

(1) 跟着大家一起玩笑。

(2) 感到愤怒,面露愠色。

(3) 也许是(1),也许是(2),这要看当时的心情怎么样了。

13. 你(或你爱人)的新老板一向是个很严厉的人,现在他请你们去他家吃饭。你会：

（1）感到很紧张，但又不敢不去。

（2）希望这次去能给他留下一个良好的印象。

（3）希望这次去能过得愉快。

14. 当你朋友遇到麻烦时，你觉得：

（1）他们肯定都会来找你帮忙。

（2）只有极亲密的朋友才会来找你帮忙。

（3）他们不会来麻烦你帮忙的。

15. 上一次，你邀请几个朋友去你家玩，那是：

（1）因为你觉得跟他们在一起玩很有趣。

（2）因为他们都喜欢你。

（3）因为你觉得你应该那么做。

16. 有一位老朋友将和她新交的男朋友去约会，她想知道你对她这身打扮的看法。你觉得她犯了一大错误，你会：

（1）直截了当地告诉她。

（2）不冷不热地说一句"还不错！"

（3）委婉地建议她稍作改变。

17. 一般说来你是怎么交到新朋友的？

（1）通过你的老朋友。

（2）出于某种偶然的机会。

（3）认识了很长时间，好不容易才成为朋友。

18. 你觉得作为一个好朋友，他最应该具备哪一种素质？

（1）能够使别人快乐。

（2）可信赖。

（3）对你有兴趣。

19. 当你和某个你讨厌的人在一起时，你会：

（1）尽量表现得友善和客气。

（2）出于礼貌，对他很客气，仅此而已。

（3）一般对他表现得很冷淡，除非你有什么事求助于他。

20. 对你来说，下面哪句话是真的？

（1）我常能逗得人大笑不已。

(2) 我常使别人伤透脑筋。

(3) 别人和我在一起会感到很舒服。

21. 你在什么情况下才欢迎别人去你家?

(1) 在你安排好的时间里去。

(2) 随时恭候。

(3) 只有在你需要他们做伴时,才欢迎他们去。

22. 你和住得很远的朋友联系频繁吗?

(1) 一年一次——春节或某个其他的场合。

(2) 完全是被动的,他们跟你联系时你便跟他们联系。

(3) 常有联系。

23. 下列哪一句话最适合你了?

(1) 我通常等朋友打电话来约我见面。

(2) 我想见朋友时,便给他们打电话,约他们出来。

(3) 一般我不主动和朋友联系,除非有什么特殊情况。

24. 下列哪一句话最适合你?

(1) 我喜欢说别人的好话。

(2) 我信奉诚实,对朋友我往往直抒己见、毫不隐瞒。

(3) 我并不真心去讨好或批评我的朋友。

25. 你觉得:

(1) 一般说来,你几乎和所有的人都合得来。

(2) 有时你只希望跟听你话的人一起相处。

(3) 你只能和志趣相投的人一起相处。

26. 你喜欢自己是下面哪一种人?

(1) 一个很有趣的人,知识面很广。

(2) 使生活充满情趣的人。

(3) 一个亲切而有同情心的人。

27. 你比较愿意花一个晚上:

(1) 举办一个晚宴。

(2) 去参加别人的晚宴。

(3) 去读一本好书。

28. 下面哪一句话比较适合你?

(1) 我把家庭生活看得很重，这是第一位的。

(2) 我的家庭就是我的社交生活。

(3) 对我来说，我的朋友有时和我的家人一样重要。

29. 你觉得自己是个什么样的人？(请尽量诚实地回答)

(1) 一般说来，我是个老练而圆滑的人。

(2) 我觉得自己常说错话。

(3) 当别人听错我话时，我常会使他难堪。

30. 有人依赖你，你的感觉怎样？

(1) 我希望有人依赖我。

(2) 会留点神，我宁可避开某些责任。

(3) 虽然我并不在乎这个，但我更希望我的同学能够独立一点。

(二) 统计

现在请你根据评分表算出自己的得分，然后再看分析。

评分表

1. (1)3　(2)2　(3)1
2. (1)1　(2)3　(3)2
3. (1)3　(2)2　(3)1
4. (1)1　(2)2　(3)3
5. (1)3　(2)2　(3)1
6. (1)2　(2)3　(3)1
7. (1)2　(2)3　(3)1
8. (1)1　(2)2　(3)3
9. (1)1　(2)2　(3)3
10. (1)2　(2)3　(3)1
11. (1)1　(2)2　(3)3
12. (1)3　(2)1　(3)2
13. (1)1　(2)2　(3)3
14. (1)3　(2)2　(3)1
15. (1)3　(2)2　(3)1

16. (1)2　(2)1　(3)3
17. (1)2　(2)3　(3)1
18. (1)3　(2)2　(3)1
19. (1)3　(2)2　(3)1
20. (1)2　(2)1　(3)3
21. (1)1　(2)3　(3)2
22. (1)2　(2)1　(3)3
23. (1)3　(2)2　(3)3
24. (1)3　(2)1　(3)2
25. (1)3　(2)2　(3)1
26. (1)1　(2)3　(3)2
27. (1)3　(2)2　(3)1
28. (1)2　(2)1　(3)3
29. (1)3　(2)1　(3)2
30. (1)3　(2)1　(3)2

(三) 分析

71~90 分

你喜欢待在人群中，并从生活中得到乐趣。也许你在朋友圈中的人缘很好，但同时你又避免过分亲密的关系。你究竟是喜欢交际和群居，还是有待于别人来塑造你？也许你应多多关心亲近的朋友，并结交更多的朋友。

51~70 分

你的人缘极不稳定，时好时坏。这也许是因为你常过分地去讨好别人，以致使别人跟你在一起时觉得很不自在。你选择的每一个朋友，似乎都是为了达到某个目的。如果真是这样，你实在是亵渎了友谊。

30~50 分

你可能是个相当孤独的人。这并不说明你的人缘不好，其实你是宁愿受少数人的赞赏，而不愿泛泛之交。也许你对一般人所说的"受欢迎"这一词不感兴趣。但你确实需要改变这一观点，搞好同圈外人的关系,他们的好处远远超出你的想象。

四、自我分析检查表

                是 否

1. 我是否承认人的本性?我是否把他人看成是完全的利他主义者? (　)(　)
2. 我是否指望从他人那里获取自己所需要的东西? (　)(　)
3. 我是否把周围的每一个人都视为大好人,在情况未搞清楚之前就作承诺或替他人辩护? (　)(　)
4. 每一个人都想加强自己的自信心,我是靠自己奋斗获取成功,还是靠极力贬低他人来满足自己的自信呢?
                  (　)(　)
5. 我对他人及他的事情本能地感兴趣吗? (　)(　)
6. 我是否十分注意他人? (　)(　)
7. 我是平等待人,还是总觉得比他人高贵些呢?
                  (　)(　)
8. 我是全心全意地帮助他人,为他人好呢?还是存心使他人泄气? (　)(　)
9. 我是否尊重他人的人格和个性? (　)(　)
10. 我尊重他人,是否在行动中体现出来? (　)(　)
11. 我是否确信他人会是友善的,在和他人交往中能否持积极态度? (　)(　)
12. 我对自己的外貌是否很敏感?鞋子锃亮吗?头发不长吧?衬衣挺括吗?指甲干净吗? (　)(　)
13. 我是否指望别人以对待他人的态度来对待自己?
                  (　)(　)
14. 我健谈吗?我容易与他人混熟吗? (　)(　)
15. 我听他人说话专心吗? (　)(　)
16. 我善于使他人理解自己的意见观点吗? (　)(　)

17. 我善于让他人跟我合作吗？　　　　　　（　）（　）
18. 别人帮忙时，我是否乐意让他们参与？他们参与进来后，我乐意和他们共享利益吗？　　　　　　　　（　）（　）
19. 我是否让同事们在体力和智力两方面都发挥他们最大的才能？　　　　　　　　　　　　　　　　　（　）（　）
20. 我善于利用表扬的力量吗？　　　　　　（　）（　）
21. 我对他人的合作一般都能持信任态度吗？（　）（　）
22. 我上回以"谢谢"来表达我的称赞，距今已很久了？
　　　　　　　　　　　　　　　　　　（　）（　）
23. 我是否能既批评他人，又不损害他的感情，使他生气呢？
　　　　　　　　　　　　　　　　　　（　）（　）
24. 我与他人交往是真诚的吗？　　　　　　（　）（　）
25. 我在与他人交往时是否有耐心？　　　　（　）（　）
26. 我是否常会给他人某种刺激，以驱使他人为我所用？
　　　　　　　　　　　　　　　　　　（　）（　）
27. 对内心的不满和怨恨我是一吐为快，还是把它深埋在心中？　　　　　　　　　　　　　　　　　（　）（　）
28. 我的脾气常使我在人际交往中惹麻烦吗？（　）（　）
29. 我是否常爱以吹牛皮说大话、声色俱厉来掩饰自己的恐惧？　　　　　　　　　　　　　　　　　（　）（　）
30. 我是否曾为傲慢和势利眼而内疚过？　　（　）（　）

在上述 30 个问题中，我现在最需要认真对待的是第（　　）个问题。其他需要改进的是：

(1) _____
(2) _____
(3) _____
(4) _____
(5) _____

我准备按如下步骤来克服我的这些弱点：

(1) _____
(2) _____

(3)＿＿＿＿＿＿＿＿＿＿＿＿＿＿＿＿＿＿＿＿＿＿＿＿＿＿
(4)＿＿＿＿＿＿＿＿＿＿＿＿＿＿＿＿＿＿＿＿＿＿＿＿＿＿
(5)＿＿＿＿＿＿＿＿＿＿＿＿＿＿＿＿＿＿＿＿＿＿＿＿＿＿

资料来源：摘自［美］莱斯·吉布林：《自我分析检查表》。

第三节　人际交往训练

虽然遗传和早期的环境对一个人的个性品质的形成起到了一定的作用，进而影响到一个人人际交往的能力与状况，如果不求改变，这些个性品质及偏见就会一直伴随着你，并让你为此付出代价。虽然过去的已不能改变，但今天对于明天仍然是过去，只要我们下决心从现在起通过学习培养自己良好的个性及品质，并持之以恒，就能在明天成为自己所希望的人——一个在人际交往中具有个性魅力并且受欢迎的人。

一、记住了解他人

主要步骤：
1. 用报纸卷成一个纸棒待用。
2. 分小组。先用 20 分钟互相认识，尽量多记名字。
3. 围成圆圈选出一人持棒站在中间，和他面对的同学要叫出一个同学的名字，持棒者要马上跑到被叫的同学面前，这个同学也要马上叫出另一个同学的名字，再类推。如果谁未叫出，持棒者要用纸棒打其头部，累计挨打三次者，要接受惩罚。
4. 准备纸和笔。
5. 每人写出自己的三个特征，然后交给小组选出的主持人，由主持人随意抽出一封，并念出上面的内容，再让大家猜一猜说的是谁，说对 2/3 以上的同学，将得到奖励。
6. 教学指导：注意重视他人，是让他人注意重视自己的最简单的方法。

二、欣赏赞美他人

主要步骤：
1. 分小组。
2. 先请一个人站在前面或中间，大家轮流赞美他（她）的优点。
3. 由一个人执笔将大家的赞美写在他（她）事先准备好的本子上，并签上小组每个同学的名字。
4. 评出优秀小组。
5. 教学指导：人不是完美的，只有学会欣赏别人的优点，在人际交往中才会受欢迎。

三、尊重他人

主要步骤：
1. 两人一组。
2. 倾听——模仿（互换）。
3. 动作——模仿（互换）。
4. 吹牛或抬高自己，贬低对方（互换）。
5. 选出前两项模仿最准确的同学谈体会。
6. 教学指导：在人际交往中，注意重视他人，让他人感到受到尊重，因而在人际交往中成为受欢迎的人。

四、集体主义与团队精神

主要步骤：
1. 分班，在黑板上画一棵大树，每个同学画一片叶子，并在上面写上自己的名字。
2. 分小组，绘画接力，每人画一部分，组成一幅画。
3. 由每组对所画的画自圆其说。

4. "神舟数码与惠普"团队精神比赛录像(50分钟)。

5. 教学指导:团队精神就是集体主义精神的一种体现,要培养合作意识。

五、表达能力

主要步骤:

1. 分小组,围成一圈,每个同学轮流站在中间介绍自己,时间三分钟,要求清晰流利。

2. 在这门课上,每个同学都将有三至五分钟的时间站在讲台前介绍自己。

3. 用微笑和掌声鼓励每个同学。

六、当被拒绝之后

主要步骤:

1. 分小组——讨论如果你被拒绝会怎样做,或曾经被拒绝,你是怎样做的。

2. 每组代表在全班交流。

3. 自测——被拒绝或失恋后心态如何。

4. 讲述答案,交流与分享。

七、团队精神训练

一个团体中的成员必须相互欣赏、信任,相互关心,才有可能产生团队精神,猜疑忌妒、只顾自己只能是一盘散沙。让我们试一试下面三种方法,看看能否增进我们的团体精神。

1. 戴高帽

相互欣赏与接纳:学会发现别人的优点并欣赏,促进团体间的相互肯定与接纳。将本团体的人员5~10人分一组围坐成圈,然后请一位成员在中央或坐或站,其他人轮流说出他的优点及欣赏之处（如性格、相貌、言谈举止等）。最后请被称赞的成员说出哪些优点是自己以前觉察的，哪些是自己未曾知晓的。每个成员都到中央去戴一次高帽子。规则是必须说出优点，而且态度要真诚，努力发现他人的长处，不能毫无根据地胡乱吹捧，因为这样往往会伤害他人。被称赞者要注意体验自己被称赞时内心的感受如何，并由己及人，以此去体会他人的感受。另外，要注意如何用心发现他人的优点，怎样欣赏他人。

2. 为盲人引路——信任之旅

通过助人与受助的体验，增加对他人的信任。

准备：事先选择好盲行路线，最好是有一定的障碍，如上下楼梯、坎坷弯曲的道路等。另外，还要准备蒙住眼睛的毛巾等。

将团体成员两人分成一组，一位当盲人，一位做引路者。活动开始时先蒙住充当盲人的成员的眼睛，并让他在原地转动直至失去方向感，然后由引路人带领沿既定路线行走并返回原地。活动结束后相互交流充当盲人的感觉以及帮助别人的感觉，交流集中在以下几个问题上：什么也看不见后是什么感觉？对将要行走的道路有什么想法？对自己的引路人有什么要求？如果没有你的引路人，你很可能摔倒受伤。当你安全返回原地时你对引路人有何想法？有什么新的发现？作为引路人你是怎样帮助盲人的？当别人信任你、依靠你，需要你帮助时，你是怎样想的？

3. 压力下面抱成团

大家都知道，海绵在通常情况下总是呈极度扩张状态，占有最大的空间，但是当我们用手指或其他重物挤压海绵时，它就会收缩成团。人也是这样，在可能的情况下都要拥有自己最大的"势力范围"，与他人保持一定的距离，并且有的时候还往往因为一些矛盾与他人产生对立。但当出现困难，危及群体共同的利益或生存发展时，人们就会像海绵一样抱成一团，以共同应对挑战。在一次小学生夏令营活动中，营员们因为一些问题发生争执，形成了两个对立的"帮派"，"帮派"的成员间壁垒分明，互不来往，还时常有意地制造一些对抗，给整个活动带来很大影响。为了化解矛盾，使夏令营的活动顺利开展下去，组织者设计了一个方案以化解矛盾。在一个雨天,开始了营地的搬迁,并故意用人力车来运送行李。由于道路泥泞,车子经常陷入泥坑中不能动弹,而仅靠一个"帮派"的力量是无法把车子拉出来的。在困难面前,需要两个帮派共同努力,团结一致,才能解决问题。一开始,大家还互相观望,后来一起推车但不讲话。最后,他们一起商量如何解决问题。在这次搬迁之后,两个"帮派"中的营员开始有意无意地相互寻找话题进行沟通,最后"帮派"界限消失了,小营员们忘却了他们之间的不快,并且更加深了他们之间的友谊,困难让他们消除了隔阂。所以,当团体出现危险的裂痕时,不妨制造一些"事端",面临压力和威胁,团体精神就会迸发出来。

作业与思考

1. 建立良好的人际关系对于大学生有何意义?
2. 人际交往的原则有哪些?
3. 通过学习和训练,你有何感想和收获?

第七章 个性优化

[小故事] 一块水果软糖

教室里坐着几十个年仅 4 岁的小孩,每个孩子面前都放着一块水果软糖。

老师告诉他们:等他离开后,大家可以去吃放在桌子上的那块软糖。但是,如果谁愿意先不吃,等到老师办完事情回来,谁就会再得到一块。就是说,如果孩子能够坚持等待老师回来再吃,他就可以吃到两块糖。

面对糖果的诱惑,部分孩子决心熬过"漫长的"等待时间。为了抵制诱惑,他们或是闭上双眼,或是把头埋在胳膊里休息,或是喃喃自语,或是哼哼叽叽地唱歌,或是动手做游戏,或是干脆努力睡觉。凭着这些简单实用的技巧,这些小家伙们勇敢地战胜了自我,最终得到了两块糖的回报。而那些性急的孩子几乎在老师走出教室的瞬间,就立刻去抓取并享用那块糖了。12~14 年后,当他们进入青春期时,这些孩子在情感和社交方面的差异已经非常明显。那些在 4 岁时就能够为两块糖果等待的孩子,显然具有较强的竞争能力、较高的效率以及较强的自信心。他们能够更好地应付挫折和压力,他们不会自乱阵脚、惶恐不安,不会轻易崩溃。因为他们具有责任心和自信心,办事可靠,所以普遍容易赢得别人的信任。

但是,那些在当年经不住诱惑的孩子,其中有 1/3 左右的人显然缺乏上述品质,心理问题也相对较多。社交时,他们羞涩退缩,固执己见又优柔寡断;一遇挫折就心烦意乱,把自己想得很差劲或一钱不值;遇到压力往往退缩不前或不知所措。

对于一个年仅 4 岁的小孩来讲,这的确是一次精神考验,是冲动与克制、欲望与自控、即刻满足与更大满足之间反复的激烈较量。

这其实是一个著名的"成长跟踪实验"。心理学家米如切尔从 20 世纪 60 年代开始对斯坦福大学附属幼儿园的孩子们进行跟踪研究，从他们 4 岁一直持续到高中毕业。这个实验的最终结果表明，孩子当初做出怎样的选择不仅从一种角度反映出他的性格特征，而且在一定程度上预示了未来的人生道路。

「大智慧」因此，从小就应帮孩子树立积极的人生观，教会他们正确的做事方式，让他们面对挫折和压力时学会调整自己、克制自己，并且理智地在即刻满足与更大满足之间做出正确选择。本章教学的主要目的是通过介绍心理学有关个性的知识，使学生了解个性及其构成，以及影响个性发展的主要因素，从而了解和认识自己的个性特点，理解他人的个性，找到优化自己个性的方法，主动完善自己，培养健全人格，发挥优势才干，创造美好未来。

第一节　个性理论小常识

个性指一个人整体的精神面貌，即具有一定倾向性的心理特征的总和，包括个性倾向和个性心理特征。良好的个性是大学生成才的基础。良好的个性特征表现为：乐观、自尊、自信、开朗、热情、宽容、认真、独立、主动、积极。大学生的个性相对比较定型，但仍有可塑性。大学生了解自己的气质、性格和能力，有助于扬长避短，培养良好的个性；对于学业进步、选择职业、增进沟通、维护健康等也有积极的参考作用。

一、个性的构成及特点

中国有句俗话:"人心不同,各如其面。"人的心理差异就像人的面孔千差万别、千姿百态。我们身边的人有的活泼、有的文静,有的勇敢、有的懦弱,有的聪明、有的笨拙,这些差异就是心理学研究的个性。每个人都有自己的个性,个性影响和制约着人的发展与成就。

1. 个性倾向性

个性倾向性是个性结构中最活跃的因素,它是一个人进行活动的基本动力,决定着人对现实的态度,决定着人对认识活动的对象的趋向和选择。个性倾向性主要包括需要、动机、兴趣、理想、信念和世界观。各个成分并不是孤立的,而是相互联系、相互影响。个性倾向性较少受生理因素影响,主要是在后天的社会化过程中形成的。其中需要又是个性倾向性乃至整个个性积极性的源泉,只有在需要的推动下,个性才能形成与发展。动机、兴趣和信念等是需要的表现形式。个性心理倾向性是以人的需要为基础的动机系统。

2. 个性心理特征

个性心理特征是一个人经常地、稳定地表现出来的心理特点,集中反映了人的心理面貌的独特性。每个人的心理特征是不同的,因此个性表现也是千差万别的。个性心理特征主要包括气质、性格和能力。这些特征可以通过心理测验来了解和认识。

3. 个性的特点

人的个性具有独特性、社会性、稳定性和完整性的特点,关系到个性先天性和后天性的统一,共同性和个别性的统一,积极性与消极性的统一,稳定性与可变性的统一,制约性与能动性的统一。最突出的特点就是独特性,即一个人区别于他人的特征。比如,一个大学生由于其诚实、正直、乐观、坚忍、助人等特点而与周围的人不同。世界上绝对没有个性完全相同的两个人。"我就是我"、"我是独特的、与众不同"。人的个性心理特征受个性心理倾向的调节，个性心理特征的变化也会在一定程度上影响个性倾向性。

二、个性倾向性

1. 需要

需要是人脑对生理和社会需求的反映。需要是个人的心理活动与行为的基本动力，是积极性的源泉。人为了求得个体的生存和发展，必然要求一定的物质和精神满足。因此需要推动着人在各个方面积极活动，使人朝着一定的方向，追求一定的目标，以求得需要的满足。需要可以分为生理需要和社会需要、物质需要和精神需要。美国著名的人本主义心理学家马斯洛（Abrahan Maslow 1908~1970）提出需要层次理论。他认为人的需要尽管千差万别，但都可以归纳为五种基本的需要：生理需要、爱与归属、社交需要、尊重需要、自我实现。

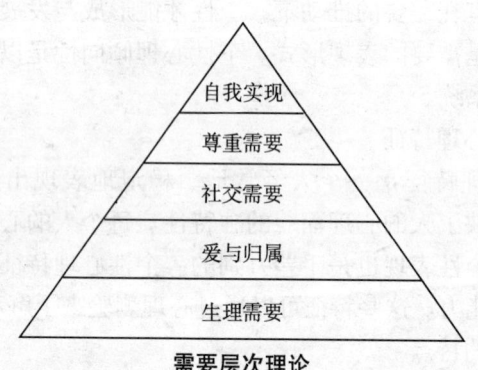

需要层次理论

生理需要是个人生存必需的最基本的需要，包括衣食住行、呼吸、排泄、性等。生理需要在一切需要中是最优先的需要。安全需要是个体追求自身安全、避免危险的需要，包括避免失学、失业、天灾人祸等，安全需要贯穿人的一生，但童年期尤为强烈。归属与爱的需要是个体与他人交往，归属某团体，获得他人的承认、接纳和欣赏，获得友谊与爱情。尊重需要是个体希望别人尊重自己,在群体中获得一定地位、权力,被重视,有威望。自我实现需要指个体充分发挥自身潜能,不断完善自己、充实自己,实现自己的理想。按马斯洛的意思,作曲家必须作曲,画家必须绘画,诗人必须写诗,这样他们才会感到最大的满足。

马斯洛还将自我实现者的个性特征概括为14条:①对现实有较强的洞悉力;②接纳自我、别人和大自然;③自发、单纯、自然;④责任感和自我献身精神;⑤有超然脱俗的本质、静居独处的需要;⑥自主,不受文化背景和周围环境影响;⑦永不衰退的欣赏力;⑧神秘的高峰体验;⑨关心别人的好处和感受;⑩人际关系融洽;⑪民主的性格;⑫手段与目的、善和恶之间的辨别力;⑬有哲理的、无敌意的幽默感;⑭创造力。

2. 动机

动机,是直接推动个体活动以达到一定目的的内部动力。

一个人的一切活动都有一定的动机。一个学生在学校求学,是因为他有学习的动机,一位顾客去商店采购商品,是因为他有购买的动机。在心理学中,动机是指引起和维持个体的活动,并使活动朝向某一目标的内部心理过程或内部动力。人的各种活动是在动机的指引下,并向着某一目标进行的。人的一切活动,无论是简单的还是复杂的,精神的还是肉体的,都是在某种内部动力的推动下进行的。这种推动人的活动,并使活动朝向某一目标的内部动力,就是人的活动的动机。例如,一个人希望成为科学家,并以自己的努力为祖国的科学事业作出贡献,这种内部的动力会成为推动他学习和工作的动机;一个人希望得到团体的承认,并在团体中享有一定的地位,这种内部动力会成为推动他处理各种人际关系的动机。即使是像走路、开门、休息、睡眠这些较简单的日常活动,也都是在一定动机的推动下进行的。

动机的基础是人类的各种需要,即个体在生理上和心理上的某种不平衡状态。人有生理的需要,如饥择食、渴择饮等,也有社会的需要,如劳动的需要,人际交往的需要,成就的需要,自尊的需要等。人有物质的需要,如食物、衣着、住房、交通工具等,也有精神的需要,如认识的需要,美的享受的需要等。正是在人的各种需要的基础上形成了人的不同的动机。动机具有性质和强度的区别。动机不同，人们对现实的态度以及相应的行为方式也不一样。

3. 兴趣

兴趣是指一个人力求认识、掌握某种事物，并经常参与该种活动的心理倾向；或者说，兴趣就是指人积极探究某种事物的认识倾向。一个人对某种职业感兴趣，就会对该种职业活动表现出肯定的态度，并积极思考、探索和追求。因此说，兴趣是人们选择职业的重要因素之一。

兴趣是在一定需要基础上，在社会实践中形成的，兴趣实际上就是需要的延伸。人的兴趣是复杂多样的，从内容上划分，兴趣可分为物质的兴趣、精神的兴趣和社会的兴趣。物质的兴趣与人的需要相关联，表现为对物质的迷恋和追求，例如收藏的兴趣。精神的兴趣主要是指对文化、科学、艺术的迷恋和追求，例如写作、绘画、书法、摄影、发明创造等兴趣。社会的兴趣主要是指对社会工作和组织活动的兴趣，如热心社会福利事业、教育事业，参加妇联、工会、共青团等群众组织活动，等等。从兴趣的发生和发展来看，又可分为直接兴趣和间接兴趣。你喜欢跳舞、打球，可能是因为这些活动本身对你有吸引力，通过这些活动你会获得愉快和满足，这就是直接兴趣；你可能不喜欢学习外语，但对它依然兴致很浓，主要是因为外语是获得学位、求职择业或出国的工具和手段。这就是学习外语的间接兴趣，兴趣有助于有效地调动人的活动的积极性。

三、个性心理特征

1. 气质及其表现

气质是个体不以活动的目的和内容为转移的典型的、稳定的心理活动特征。在日常的生活、工作、学习中，我们会发现有人性情急躁，喜怒形之于色；有人说话、做事总是慢条斯理，难得发火；有人活泼好动、善交朋友；有人则喜欢独处、安静并且少言寡语等。这些心理活动的差别正是个体所具有的气质不同的缘故。气质是一个古老的概念。最早提出气质学说的是古希腊的医生兼学者希波克利特。他认为人体内有四种液体，即血液、黏液、黑胆汁、黄胆汁，血液生于心脏，黏液生于脑，黑胆汁生于胃，黄胆汁生于肝。由于它们的不同的比例配合而形成了人们的气质差异，哪种体液占主导成分，便形成哪种气质，因而就有了多血、黏液、胆汁、抑郁四种气质。每种气质都有其相应的行为风格。虽然仅根据四种体液说明气质的差别不合乎现代医学的认识，但这种象征性的分类有其合理性，因而一直被沿用至今。

俄国生理心理学家巴甫洛夫用神经系统活动过程的特性，科学地解释了四种气质的机制。巴甫洛夫通过动物实验研究发现，不同动物高级神经活动的兴奋和抑制过程的独特的、稳定的结合，构成了动物的高级神经活动类型。巴甫洛夫认为，动物的这四种神经类型，原则上适用于人类。因此，四种神经类型就构成人类四种气质的生理基础。

气质的生理基础

高级神经活动类型	气质类型
强型　不平衡型（不可抑制型）	胆汁型
强型　灵活性高（活泼型）	多血质
强型　灵活性低（安静型）	黏液质
弱型　灵活性低（抑制型）	抑郁型

气质类型及其特征表

气质类型	主要特征
胆汁型	精力旺盛、直率、热情、刚强、动作迅速、情绪体验强烈、智力活动具有极大灵活性、解决问题有不求甚解倾向、易感情用事等，具有外倾性。
多血质	活泼、好动、反应迅速、动作敏捷思维灵活，但往往不求甚解，注意力易转移、情绪不稳定且易表露、易适应环境、喜欢交往、做事粗枝大叶，具有外倾性。
黏液质	安静、沉稳、喜欢沉思、情绪不易外露、灵活不足、比较刻板、注意稳定、不容易习惯新的工作、反应缓慢、善于忍耐，具有内倾性。
抑郁型	行动缓慢、敏感、情感体验深刻，容易感觉到别人不易觉察的细小事物、易疲倦、孤僻，具有内倾性。

人的气质特征千差万别,上述四种气质类型分类的意义只是相对的,实际上纯属于某类典型气质的人很少。大多数人是不同类型的混合,或近似于某种类型,或介于某些类型之间。

2. 性格及其类型

性格是表现在人对现实的态度和行为方式中的比较稳定的独特的心理特征的总和。如聪明与愚笨、诚实与虚伪、自尊与自卑等,都是对人性格特征的描述。性格在个性特征中处于重要地位,具有核心的意义。人的个性差异首先表现在性格上。

爱因斯坦说过,一个人在事业上的成功取决于他性格上的伟大。性格是个性的核心,其结构很复杂,它是由多成分、多侧面交织在一起构成的,并形成了多种多样的特征。通常把这些特征分为四种:一是性格的态度特征。态度的对象多种多样,包括对个人的、集体的、社会的、思想的以及个人的内心世界等对象。这些对象的性格特征主要有:谦虚或自负、自信或自满、自豪或自卑、自尊或羞怯、同情或冷漠。二是性格的意志特征。如目的性或盲目性、独立性或依赖性、自制或放纵、勇敢或怯懦、果断或犹豫、坚韧或软弱。三是性格的情绪特征。如乐观和悲观、热情或低沉、高涨或消沉。四是性格的理智特征。如主动观察或被动观察、主动记忆或被动记忆、想象大胆或想象受阻抑、理想型或空想型等。

性格的各种特征并不是孤立静止地存在着,也不是各种性格特征的机械结合,而是相互联系、相互制约,构成一个整体。随着环境的多变性、人的活动的多样化,人的性格特征也以不同的方式结合而具有了动力性。因此,可以根据某人的一种性格特征来推知他的其他性格特征。如急躁多与冲动、粗心、好激动等特征有关。另外,性格会随着人的活动多样化而表现出多样性。也就是说,一个人的性格会随着个人角色的转变、环境和情境的变化以及自我要求的不同而呈现出不同的特征,因此人的性格具有丰富性和复杂性。认识到这一点,对于完整地把握人的性格具有重要意义。虽然在不同的场合下一个人可能表现出不同的性格特征。但总的说来,有些是经常的,有些是暂时的;有些是整体的，有些是局部的；有些是稳固的，有些是可变的。只有那些比较稳定的、习惯化了的态度和行为方式才是性格的主要方面，才称得上是性格。

3. 能力

所谓能力，主要是指能导致工作、活动或价值目标完成的具体行为效率。这是个人经由学习所获致之知识、技能并实际地应用在平日生活中。另有一种与能力意义颇为接近的名词，叫做"性向"。性向，是象征个人能力的特质条件或倾向，这种特质条件经由训练就可学得某种特殊知识、技能或一组反应。你是否曾注意过，有些事我们在极短的时间内即能很轻松地做好，但有些事无论我们再怎么努力，结果却往往差强人意。到底是怎么一回事？事实上，每个人的天赋能力本来就不同，加上个人所处的环境背景及所受教育训练机会不同，使得各方面能力的发展和表现有所差别。有些能力表现得十分优秀突出，有些能力可能就较逊色，这都是很自然的事。因此，如果我们能早些明了自己各方面能力的发展状况，未来在拟订生涯发展目标时能考虑这方面的问题，将有助于个人的潜能得以充分发展，并提高成功的机会。

四、大学生个性优化的途径与方法

大学生良好个性的塑造与培养一是要服从个性健康发展的需要，二是要服从社会进步的需要。这是基本原则和指导思想，也是鉴别大学生个性塑造效果的尺度。具体而言，怎样优化个性呢？

1. 个性优化的方法：择优汰劣

个性塑造是为了实现个性优化，以达到个性健全。个性优化包括个性品质的优化和个性结构的优化。择优即选择某些良好的个性品质作为自己努力的目标，如自信、开朗、勇敢、热情、勤奋、坚毅、诚恳、善良、正直等；汰劣即针对自己个性上的缺点、弱点予以纠正，如自卑、胆怯、冷漠、懒散、任性、急躁等。对于那些期望改善性格的学生，建议在充分了解自己个性特征的基础上提出优化的方案。以下是对希望完善自己个性的学生的具体建议。

（1）如何完善外向型性格：节制过于频繁的社交；注意不要学习、工作过度；周到地注意细小的事情；对事物不要简单下结论；注意丰富内心世界；交内向性的朋友。

（2）如何完善内向型性格：积极进行社会交往；诸事应有自己的特色；培养决断能力；追根问底要适度；发挥内在的独特性；想象力应面向创造。

2. 个性优化的基础：丰富知识

人的知识愈广，人的本身也愈臻完善。在知识经济时代尤其如此。这正如培根所言："读史使人明智、读诗使人灵秀、数学使人周密、科学使人深刻、伦理学使人庄重、逻辑修辞学使人善辩，凡有所学，皆成性格。"学习知识、增长智慧的过程也是个性优化的过程。现实生活中，不少人的个性缺陷源于知识贫乏。如无知容易粗鲁、自卑，而丰富的知识则容易使人自信、坚强、理智、热情、谦恭等。可见知识的积累与个性的完善是同步的。大学生不能只局限于自己的专业知识学习，还应该扩大自己的人文社会科学知识面，加强人文修养，用丰富的知识充实自己。

3. 个性优化的途径：小事做起

"不积小流，无以成江海"，"千里之行，始于足下"。个性优化就是要从身边的小事做起。一个人的言行往往是其个性的外化，反过来一个人日常言行的积淀成为习惯就是个性。许多人所具有的坚韧、正直、细致、开朗等优良的个性特征其实都是长期锻炼的结果，是一点一滴形成的。从我做起，从小事做起，是每一个大学生努力的起点。同时，可以从以下几个方面努力：

（1）对自己和生活的世界有积极的看法。

（2）和别人有亲密的关系和对人信任。

（3）有时间冷静地独处和反省。

（4）在社会性、智力以及职业的各种技能方面取得成功。

（5）接触新思想、新哲学以及和有独特见解的人交往。

（6）找出能充分表达自己情绪的方法和兴趣爱好。

（7）经常提高独立性的程度减少对他人的依赖。

（8）具有灵活性和创造性。

（9）关爱他人支持扶助他人。

4. 个性优化的土壤：融入集体

集体是个性塑造的土壤，也是个性表现的舞台。个性发展、塑造的过程，正是人社会化的过程，是人与他人、集体、社会相互作用的过程。个性在集体中形成，在集体中展现。正如马克思所说，只有在集体中，个人才能获得全面发展其才能的手段。通过与他人交流，可以看到别人的长处，自己的不足，从他人那里获得理解、肯定的欢悦，及时调整个性发展的方向。

5. 个性优化的关键：把握适度

个性发展和表现的"度"是十分重要的，否则就会"过犹不及"。列宁曾指出，一个人的缺点仿佛是他的优点的继续，如果优点的继续超过了应有的限度，表现得不是时候、不是地方，那就会变成缺点。因此，个性塑造的过程中把握好度很重要，具体地说应该是坚定而不固执；勇敢而不鲁莽；豪放而不粗鲁；好强而不逞强；活泼而不轻浮；机敏而不多疑；稳重而不寡断；谨慎而不胆怯；忠厚而不愚蠢；老练而不世故；谦让而不软弱；自信而不自负；自谦而不自卑；自珍而不自娇；自爱而不自恋。把握个性优化的"度"还体现在个性优化的目标要立足于自己已有的个性基础，实事求是地确立合理的、切合实际的个性发展目标。也就是说目标要适当，不能脱离自己的个性基础而设计优化目标。

人人都想追求健康个性。但不同的人由于客观条件和具体环境不同，个性层次也不同。个性目标过高会增加挫折体验；目标过低，个性发展就缺乏内在动力。健全个性的培养和塑造既是大学生成长发展的要求，也是时代的呼唤。只要坚持不懈地努力，就可以使我们的个性更加健康、完善。

第二节　有关个性小测试

一、气质测验

下面60道题可以帮助你大致确定自己的气质类型。请认真阅读下列各题，对于每一题，你认为非常符合自己情况的记2分，比较符合的记1分，吃不准的记0分，比较不符合记-1分，完全不符合的记-2分。

（一）测试题目

1. 做事力求稳定，不做无把握的事。
2. 遇到可气的事就怒不可遏，想把心里话全说出来才痛快。
3. 宁肯一个人干事，不愿很多人在一起。
4. 到一个新环境很快就能适应。
5. 厌恶那些强烈的刺激如尖叫、噪声、危险的镜头等。
6. 和人争吵时，总是先发制人，喜欢挑衅。
7. 喜欢安静的环境。
8. 善于和人交往。
9. 羡慕那种能克制自己感情的人。
10. 生活有规律，很少违反作息制度。
11. 在多数情况下情绪是乐观的。
12. 碰到陌生人觉得很拘束。
13. 遇到令人气愤的事，能很好地自我克制。
14. 做事总是有旺盛的精力。
15. 遇到困难常常举棋不定，优柔寡断。
16. 在人群中从不觉得过分拘束。
17. 情绪高昂时，觉得干什么都有趣；情绪低落时，又觉得什么都没有意思。

18. 当注意力集中于一事物时,别的事物很难使我分心。
19. 理解问题总比别人快。
20. 碰到危险情境常有一种极度恐怖感。
21. 对学习、工作、事业怀有很高的热情。
22. 能够长时间做枯燥、单调的工作。
23. 符合兴趣的事情,干起来劲头十足,否则就不想干。
24. 一点小事就能引起情绪波动。
25. 讨厌做那种需要耐心、细致的工作。
26. 与人交往不卑不亢。
27. 喜欢参加热烈的活动。
28. 爱看感情细腻、描写人物内心活动的文学作品。
29. 工作学习时间长了,常感到厌倦。
30. 不喜欢长时间谈论一个问题,愿意实际动手干。
31. 宁愿侃侃而谈,不愿窃窃私语。
32. 别人说我总是闷闷不乐。
33. 理解问题常比别人慢些。
34. 疲倦时只要短暂的休息就能精神抖擞,重新投入工作。
35. 心里有话宁愿自己想,不愿说出来。
36. 认准一个目标就希望尽快实现,不达目的,誓不罢休。
37. 学习、工作一段时间后,常比别人更疲倦。
38. 做事有些莽撞,常常不考虑后果。
39. 老师讲新知识时,总希望他讲慢些,多重复几遍。
40. 能够很快地忘记那些不愉快的事情。
41. 做作业或完成一种工作总比别人花的时间多。
42. 喜欢运动量大的剧烈体育活动,或参加各种文娱活动。
43. 不能很快地把注意力从一件事转移到另一件事上去。
44. 接受一个任务后,希望把它迅速完成。
45. 认为墨守成规比冒风险强些。
46. 能够同时注意几件事物。
47. 当我烦闷的时候,别人很难使我高兴起来。
48. 爱看情书等起伏跌宕、激动人心的小说。

49. 对工作抱认真严谨、始终一贯的态度。
50. 和周围人们的关系总是相处不好。
51. 喜欢复习学习过的知识,重视做已经掌握的工作。
52. 希望做变化大、花样多的工作。
53. 小时候会背的诗歌,我似乎比别人记得清楚。
54. 别人说我"出语伤人",可我并不觉得这样。
55. 在体育活动中,常因反应慢而落后。
56. 反应敏捷,头脑清醒。
57. 喜欢有条理而不甚麻烦的工作。
58. 兴奋的事常使人失眠。
59. 老师讲的概念,常常听不懂,但是弄懂以后就很难忘记。
60. 假如工作枯燥无味,马上就会情绪低落。

(二) 确定气质类型的方法

1. 将每题得分填入下表相应的"得分"栏内。
2. 计算每种气质类型的总得分数。

(三) 气质的确定

1. 如果某一类气质的得分明显高出其他三种(均高出 4 分以上)则可定为该类气质。此外,如果该类气质得分超过 20 分,则为典型型;如果该类得分在 10~20 分,则为一般型。

2. 如果两种气质类型得分接近,其差异低于 3 分,而且又明显高于其他两种,高出 4 分以上,则可定为这两种气质的混合型。

3. 如果三种气质得分均高于第四种,而且接近,则为三种气质的混合型。可能有 13 种气质类型:胆汁;多血;黏液;抑郁;胆汁—多血;多血—黏液;黏液—抑郁;胆汁—抑郁;胆汁—多血—黏液;多血—黏液—抑郁;胆汁—多血—抑郁;胆汁—黏液—抑郁;胆汁—多血—黏液—抑郁。

(四) 气质调查得分栏

胆汁型	题号	2、6、9、14、17、21、27、31、36、38、42、48、50、54、58	总分
	得分		
多血质	题号	4、8、11、16、19、23、25、29、34、40、44、46、52、56、60	
	得分		
黏液质	题号	1、7、10、13、18、22、26、30、33、39、43、45、49、55、57	
	得分		
抑郁型	题号	3、5、12、15、20、24、28、32、35、37、41、47、51、53、59	
	得分		

二、自我能力的测量

(一) 自我能力测量的说明

请根据下列题目的题意，选择自己的能力等级。5 表示"非常好"的能力，可以超越百分之九十的人；4 表示"很好"的能力，可以超越百分之七十的人；3 表示"还可以"的能力，可以超越百分之五十的人；2 表示"不好"的能力，可以超越百分之三十的人；1 表示"很不好"的能力，只可以超越百分之五的人。请依自己各项能力的实际表现情形，在该能力的后方圈上相应的数字。

(二) 测量题目

	很不好	不好	还可以	很好	非常好
1. 用语言或文字影响别人（说服能力）	1	2	3	4	5
2. 领导或指挥别人（管理能力）	1	2	3	4	5
3. 帮助别人解决困难（助人能力）	1	2	3	4	5
4. 设计各种图案（艺术能力）	1	2	3	4	5
5. 唱歌、演奏或欣赏乐曲（音乐能力）	1	2	3	4	5

6. 发明或制造新的事物（创造能力）　　1　2　3　4　5
7. 动员同学买自己或亲戚朋友所卖的物品（销售能力）
　　　　　　　　　　　　　　　　　　1　2　3　4　5
8. 和同学的相处情形（社交能力）　　　1　2　3　4　5
9. 操作或修理机器（机械能力）　　　　1　2　3　4　5
10. 看房子蓝图，脑海中就浮现出房子的形状（空间能力）
　　　　　　　　　　　　　　　　　　1　2　3　4　5
11. 和他人沟通思想、交换意见（沟通能力）
　　　　　　　　　　　　　　　　　　1　2　3　4　5
12. 缝制或编织衣物（手巧能力）　　　　1　2　3　4　5
13. 快速精确地处理数字（运算能力）　　1　2　3　4　5
14. 快速正确地阅读文章（阅读能力）　　1　2　3　4　5
15. 利用图书馆或书店的书解答疑问（研究能力）
　　　　　　　　　　　　　　　　　　1　2　3　4　5
16. 在运动方面的表现（运动能力）　　　1　2　3　4　5
17. 把自己所具备的知识和技能传授给别人（教导能力）
　　　　　　　　　　　　　　　　　　1　2　3　4　5
18. 将资料加以整理、分类、存档（文书能力）
　　　　　　　　　　　　　　　　　　1　2　3　4　5
19. 用文字表达自己的想法（文字能力）　1　2　3　4　5
20. 表演戏剧或节目（表演能力）　　　　1　2　3　4　5
21. 适当地安排每天的生活（规划能力）　1　2　3　4　5
22. 正确地区分事物的差异（分辨能力）　1　2　3　4　5
23. 应付突发事件（应变能力）　　　　　1　2　3　4　5
24. 注意周围的人和事物（观察能力）　　1　2　3　4　5
25. 分析事件中的因果关系（逻辑思维能力）
　　　　　　　　　　　　　　　　　　1　2　3　4　5
26. 策划迎新送旧活动（策划能力）　　　1　2　3　4　5

（三）统计

总分在 110 分以上表示你的能力超群；总分在 90 分以上表示你的能力很好；总分在 70 分以上表示你的能力还可以；总分在 50 分以上表示你的能力有待提高；总分在 50 分以下表示你的能力很差。

三、自信心测试

(一) 自信心测试说明

你对自己充满了信心吗？请先拿出笔来完成下面这份自信心问卷。以下每一道题都有5个评分等级，你可以选择最符合的那一个等级，并把对应的数字圈起来。1表示很符合，2表示比较符合，3表示不知道或不清楚，4表示比较不符合，5表示很不符合。

1. 我不喜欢参加挑战性强的工作。　　　1　2　3　4　5
2. 如果被人当面指责，我会感觉十分窘迫。
　　　　　　　　　　　　　　　　　　　1　2　3　4　5
3. 我是一个不善交际的人。　　　　　　1　2　3　4　5
4. 我常担心自己会成为别人愚弄的对象。1　2　3　4　5
5. 在讨论会上，即使不同意别人的观点，我也不立即反对。
　　　　　　　　　　　　　　　　　　　1　2　3　4　5
6. 如果我提出的要求被人拒绝，我会感觉十分难堪。
　　　　　　　　　　　　　　　　　　　1　2　3　4　5
7. 我从不主动在讨论会上发言。　　　　1　2　3　4　5
8. 当被分派到一项较难的任务时，我的第一反应是我不行。
　　　　　　　　　　　　　　　　　　　1　2　3　4　5
9. 我常担心别人是否会喜欢我做出的决定。
　　　　　　　　　　　　　　　　　　　1　2　3　4　5
10. 我的朋友常说我自信心不足。　　　　1　2　3　4　5
11. 我常觉得自己比不上周围的朋友。　　1　2　3　4　5
12. 我不大愿意独自承担一项任务的决策工作。
　　　　　　　　　　　　　　　　　　　1　2　3　4　5
13. 我对未来忧心忡忡。　　　　　　　　1　2　3　4　5
14. 如果有人对我的观点提出质疑，我很少能坚持自己的观点。
　　　　　　　　　　　　　　　　　　　1　2　3　4　5
15. 与人交谈时，我不习惯正视别人。　　1　2　3　4　5
16. 开会或聚会时，我总是挑选最不起眼的位子坐。
　　　　　　　　　　　　　　　　　　　1　2　3　4　5

17. 面对别人的不合理要求,我从来不敢拒绝。

                                    1   2   3   4   5

18. 我从来不敢当面批评一位朋友的过失。

                                    1   2   3   4   5

19. 如果我感觉愤怒,我也无法把这种感觉表露出来。

                                    1   2   3   4   5

20. 我常为自己的身体形象而苦恼。   1   2   3   4   5

(二)计分方法

每道题所选的数字即为该题的得分,最后统计一下总得分。

1. 20~40 分者:你严重缺乏自信,这使你不能很好地正视自己,压制了原有天分的发挥,你极需改变、恢复自信。

2. 41~70 分者:不管你是否意识得到,你的潜意识中都隐藏着自卑,这使你在稍重要的场合便退缩,不敢积极主动地面对生活。

3. 71~100 分者:你属于有自信的人,虽然你有可能在某些方面也感觉不如别人,但这并不影响你对自己的正确认识。

第三节　优化个性训练

一、课堂练习

题目:我是一个独特的人

1. 我的长处有:

(1) _____

(2) _____

(3) _____

(4) _____

(5) _____

(6) _____

(7) _____
(8) _____
(9) _____
(10) _____

2. 我的不足是：

(1) _____
(2) _____
(3) _____

3. 当我再一次看清楚自己的长处和不足之后，我感到：

(1) _____
(2) _____
(3) _____
(4) _____
(5) _____

二、优化个性训练

对比一下你的行为表现，你是否是一个缺乏自信的人？你是否已感觉到缺乏自信心是你发展道路上的一块拦路石？如果是这样的话，别再迟疑，和我们一起把你心上的这道阴影除掉，为你的发展扫清障碍，让你的心中充满自信的阳光！在以下的训练步骤中，我们设计了一些训练作业，可以提高你的自信心，优化你的个性。

1. 训练一：查找原因

缺乏自信的原因有很多，但归根结底是来源于一种消极的反应和体验。你可以列出一些自己的具体表现，看看引起你缺乏自信的原因是什么？针对每一种原因，根据自己的情况在训练过程中给予更多重视。

缺乏自信的表现：

(1) _____
(2) _____

(3) _____
(4) _____
(5) _____
(6) _____

缺乏自信的原因：
(1) _____
(2) _____
(3) _____
(4) _____
(5) _____
(6) _____

2. 训练二：积极的心理暗示

若给肚子疼的病人开一种并无治疗作用的糖粒，但告之这是种特效的止疼药，服用后，病人也会感觉疼痛减轻。这在心理学中被称为"安慰剂效应"，实际上这便是自我暗示的效果。通过积极的自我暗示可以训练我们增进自信，体验成功。下面，我们介绍其中的一种暗示方法，即利用录音带的催眠暗示。

你可以事先录制好一盘录音带："我现在心情很好，可以美美地睡上一觉。明早一醒来，我必然会感觉精力充沛，能以最饱满的热情投入工作。我一定能很好地处理生活中的各种问题。"在熟睡之前反复播放，数天后，这种暗示便能生效。

3. 训练三：角色扮演

我们的生活中常常有一些人显得很能干，他们处处显得比较优越。在他们面前，你可能会觉得自己低人一等，心里很不舒服。那么你是否想过他这么做是有意的或是无意的？在这个练习中，我们提供给你一个机会和这样的人"对话"，但这个对话并不是面对面地进行。想象那个令你感觉自卑的人正坐在空椅子上，你问他："为什么你总是让我感觉自己比你低呢？"然后，你站到对方的立场（坐到对面的空椅子上），假设你是他，对这件事给出多个解释。通过这样的对话，你就会认识到，可能对方并不是有意这样做，也可能只是自己多疑。在以后的交往中，你会因为曾与这人有过这样的对话而对他少了一份畏缩,双方的交流会变得更容易些。

4. 训练四:身体形象训练

生活中常可听到有人抱怨自己身体长相不好,外在的缺陷成了他们的一块心病,若现实中有人拿这些来开玩笑、逗乐,便会使他们更深地为此而自卑。如果你能懂得穿衣的艺术将很有利于你提高自己的身体形象。衣服是否名牌并不重要,得体合身最重要。关于这方面的更多常识,你可以参阅很多其他的书,利用穿着穿出你的自信来。

5. 训练五:自我欣赏训练

缺乏自信的人常会觉得自己是受轻视和冷落的一个,没有从别人处得到应有的尊重。是否真是周围环境的一切对你不公平?其实,要想得到别人的尊重,首先自己必须尊重自己、不轻视自己,不要夸张过去的失败,避免将自己与成功人士做比较。每一个人都各有特点,他能在一方面取得成功并不意味着他任何方面都比你强。尊重自己,不要自己说自己的坏话,当你产生"我不行"的念头时,你便应该大声地对自己喝一声:"停!"阻止你继续循着这样的思路想下去。若有人对你作恶意的人身攻击,你应该站出来为自己辩护。

6. 训练六:练习正视别人

缺乏自信的人大多目光游离,不敢正视别人,偶尔碰上别人的目光也会极快地移开自己的视线。"眼睛是心灵的窗户",你的心理活动会在你的眼神中体现出来。若有人不敢正视你,你可能会问自己,他是不是害羞?或是想隐藏什么?正视别人等于告诉对方:我是很诚实认真的,而且光明正大。

7. 训练七:练习当众发言

在让大家单独发言或表演的任何场合,如小组讨论或聚会你会选择坐在什么位置?是一个很显眼的地方吗?你会主动吗?缺乏自信的人是不会的。其实,只要你发言,整个会议就会有人赞同你的观点,而且你的观点中可能有许多有用和理性的东西,每发言一次,你便会给自己增添一份信心。所以各种会议上,你都应主动创造机会，把你想说的话说出来，使你的发言更精彩，你可以事先准备一下有关内容。

8. 训练八：表达自己

若有人公然侮辱你，你是否进行了反击？你是否能很自信，毫不内疚地对人说"不"字？我们已学会如何尊重自己，接纳自己，我们还应学会如何表达自己。不能明白地表达出自己的真实感觉容易形成一种自欺现象，你要学会去说你喜欢什么，不喜欢什么，你想干什么或不想干什么，但不要去伤害别人。例如朋友去餐馆吃饭，你想吃什么菜就点什么菜，不要去顾忌别人的想法，与人说话时你可以尽量用以下的话开头："我喜欢……"，"我喜欢你做的……"，"我不喜欢你做的……"坚持一段时间，你就可以把你心中的感受正确地表达出来。

对于大学生来讲，大学环境、校园文化、同学朋友、大众传媒是影响个性发展和完善的主要因素。随着网络技术的普及，大学生上网的机会越来越多，网络对大学生个性的影响越来越大。大学生了解影响个性发展的主要因素有助于加深对自己个性的特征的认识，也有助于发挥自身的主观能动性，充分利用环境中的积极因素，自觉完善个性。

作业与思考

1. 什么是个性？个性主要包括哪些方面？
2. 概要描述自己的个性特征，并提出优化方案。
3. 大学生的个性优化有哪些方法和途径？

第八章 创新思维

[小故事] 三种回答

三个工人在砌一堵墙。有人过来问他们:"你们在干什么?"

第一个人没好气地说:"没看见吗?砌墙。"

第二个人抬头笑了笑说:"我们在盖一栋高楼。"

第三个人边干活边哼着小曲,他满面笑容开心地说:"我们正在建设一座新城市。"

十年后,第一个人依然在砌墙,第二个人坐在办公室里看图纸——他成了工程师;第三个人呢?是前两个人的老板。

[大智慧] 心中有所思,日后有所成;胸怀大志,才能事业有成。

学习创新思维是大学生的主要任务之一,江泽民同志指出:"创新是一个民族进步的灵魂,是国家兴旺发达的不竭动力。"又说:"一个没有创新能力的民族,难以屹立于世界先进民族之林。"只有从这个高度来认识创造、创新,才能把握它的深刻意义和重要性。本章将在介绍创新思维的理论的基础上,进行大学生创新思维的测试,开展创新思维的训练,着重培养大学生的创新思维和创新能力。

第一节 创新思维小常识

历史表明,一个能够开拓进取并业绩突出的人才,必定是善于创新思维的人才;一个能够高速发展并繁荣富强的社会,必定是崇尚创新精神的社会;一个能够持续创新并硕果迭出的年代,必定是坚持创新实践的年代。在当今知识创新和科技创新活动中,对我国千百万大学生来说,最具根本性、可靠性、发展性、保障性的人才素质是创新思维和创新能力。从思维学和心理学的角度分析,创新思维是一种高级的思维形态。它既是一种能动的思维发展过程,又是一种积极的自我激励过程;而从行为学和创造学的角度分析,创新能力又包含人们的逻辑思维能力、形象思维能力、直觉思维能力和创造思维能力,是一种经整合而成的思维和行为的综合能力。事实上,创新人才的本质力量是创新思维和创新能力。我国高等教育改革的现实告诉人们,要培养我国当代大学生的创新思维和创新能力,需要对传统的教育观念和模式进行改革和创新。根据辩证唯物主义的观点可知,教育具有生产力性质,是社会发展和科技进步的直接推动力。如果教育与系统的知识结合,那么学生获得的是一种知识素质;如果教育与合理的知识结构结合,那么学生获得的是一种智慧和能力。这种智慧和能力经过适当的强化和锻炼,就会转化为大学生的创新思维和创新能力,从而推动大学生的成才步伐。

一、创新思维与创新能力

1. 发现与发明

发现是对客观规律、事物的正确认知。发现的结果原来是客观存在的,只是后来才被人们所正确认识。比如物质的本质、现象、运动规律等,不管你是否发现,它本来就是客观存在的。后来你首先认识到了,就是发现。

发明属于科技成果在某领域中的新创造。通常指人们做出前所未有的重大成果。这种成果包括有形的物品和无形的方法等,其特征是这些物品或方法在发明前客观上是不存在的。技术研究前所未有的重大成果多属发明。发明注重首创性,可以申请发明专利。

发现和发明的区别是:发现是认识世界,发明是改造世界。

发现要回答"是什么"、"为什么"、"能不能"等问题,主要属于非物质形态财富;发明要回答"做什么"、"怎么做"、"做出来有什么用"等问题,主要是知识的物化,体现在能直接创造物质财富。

2. 创造与创新

创造就是人们为了实现开发前所未有的独创性成果目标,借助有灵感激发的高智能劳动,产生新社会价值成果的活动。这个成果是指新概念、新设想、新理论,也可以指新技术、新工艺、新产品、要求新颖、独特、有社会价值。

创新是一个相当广泛的概念,较为一致的看法是:创新是新设想(或新概念)发展到实际和成功应用的阶段。因此,一般意义上讲,创造强调的是新颖性和独特性,创新则强调的是创造的某种实现。现在常讲的创新,从广义上援引了这个概念,比如知识创新、技术创新、理论创新、管理创新、制度创新,等等。

创造着重指"首创",是一个具体结果。创新是创造的过程和目的性结果,侧重宏观影响的结果。如蒸汽机的出现是发明,而将它应用于其他工业,则是创新。创新更重经济性、社会性。

3. 创造与创新能力

创造力是创造心理活动的基本成分,是一个综合性体系化的概念,以一种系统性能力为主要表现形式,具有潜能的性质。创造力人皆有之,可以开发。创造能力是创造力的一种成分和表现形式,是创造力的外显。

创新能力是人们应用发明成果开展变革活动的能力。这个变革活动是指包括从产生新思想到产生新事物再到将新事物推向社会,使社会受益的系列变革活动。

创新能力大小由人的创新素养所决定,创新素养主要由创新人才的个性品质、创新思维品质、创新技能和方法三部分构成。创新不像个人发明,它是一种企业行为或社会行为,组织内部的组织因素、技术因素和经济因素相互交织,影响着创新活动的推进。创新力的锻炼与提高,就要具体剖析这些因素的构成,在提出解决问题的方法与措施并努力去实施的过程中,才能奏效。

丰富的想象是创造、创新的基础。想象是指人们能够在自己已有的知识、经验基础上,在头脑中构成自己从未经历过的事物的新形象。爱因斯坦曾说:"想象力比知识更重要,因为知识是有限的,而想象力概括着世界的一切,推动着进步,并且是知识进化的源泉。"人们很重视智力投资,但成功只有20%来自智商,80%来自情商,创造、创新能力的很大部分也来自非智力因素。

创造、创新能力对于个人来说并不是天生的,也不是科技发明家或创新活动家的专利,而是一种可以培养和磨炼的能力。虽然个人无法选择自己的先天条件,但完全有能力通过训练、锻炼得以开发,为社会作出更大的贡献。

目前,一些先进发达国家和中等发达国家非常重视学生创新思维的教育与培养。例如,美国从小学3年级到高中毕业,几乎所有的学生都要同时接受三种以上的发明创造教育。在美国的各级各类大学里,不但普遍开设了《创造学》和《创造力开发》等课程,而且各高等院校还应用创造性思维的理论与技法对工、理、文、管理等门类的二百多门专业课程进行了改革。一些著名的公司企业和重要的军政部门也都开设了创造性思维训练课程,从而形成一个完整的创造教育体系。这种起源于20世纪30~40年代,兴起于20世纪60~70年代,推广于20世纪80~90年代的创造力开发教育运动清楚地表明:当前与未来的社会竞争,归根结底是创造能力的竞争,是创造人才的竞争,是人们的创造精神和创造思维以及一切有关的创造素质的竞争。未来的社会必将是整个人类更为自觉、更为努力、更为频繁、更为有效地进行创造的社会。

二、大学生创新思维的培养

大学生能否成为创造型人才,与其思维力水平密切相关。尽管思维力可划分到智力范畴里面去,但大学生技能才干的运用和展示也同样离不开思维力的能动作用。

1. 创新思维的培养方法

目前,国内外围绕如何提高大学生的思维力提出了许多方法,这些方法有的可用来改善大学生的某一思维品质,有的则可用来改善大学生的多种思维素养。这些方法通常包括：

标新立异法。主要用来训练大学生在问题情景中如何才能摆脱常规思维的支配，标新立异，形成灵活多变、独树一帜的思维战术。

智力激励法。主要用来训练大学生在问题出现时能够作"暴风骤雨"式的联想，在短时间内尽快提出多种多样的参考答案。

直觉反应法。主要用来训练大学生对问题的直觉反应，改变大学生在思维上死守逻辑规律的状况。

思维联动法。主要用来训练大学生彼此能够很好地借鉴别人的思路，达到思维共振、智力互激的目的。

提问探究法。主要用来训练大学生勇于对"常规"和"常情"提出疑问，并进行深层探索，扩展自己的思路。

其实，提高和改善自我思维力的方法很多，大学生应结合自身实际大胆尝试、细心实践。就科学发现的本质而言，创新思维是指人们对客观事物的实质进行新的探索，并创造新的概念、命题、假说和理论等来概括和反映客观事物本质联系的一种思维形式，其中也包含着直觉、灵感和想象。众所周知，直觉、灵感和想象等思维形式在科学发现中具有不可忽视的重要作用。因此，大学生必须综合运用思维学、创造学以及方法学的知识，开发自己的创新思维能力，以提高和改善自己的科学发现力。

2. 质疑力的自我改善

质疑力是一种向现成的思维结论怀疑发问，并做出纠正创新的能力。大学生创造力的一个重要标志就是对已经形成的结论或习以为常的思想是否能够提出疑问并进行批判。从历史上看，人类的认识就是在肯定正确的东西与否定错误的东西的矛盾运动中"波浪式"向前发展的。自然界、人类社会以及人的思想无一不是处在不断变化的过程中，旧有的思想、方法或结论都会出现不能适应新情况、新环境和新任务的问题。于是，人们就必须提出新的问题，并做出新的回答。纵观科学技术发展史，无论是科学发现，或是技术发明，或是管理创新，都是从向旧有的东西提出问题开始的。在21世纪里，大学生更应将质疑力作为自己必备的技能才干之一。

为了培养和提高大学生的质疑力，应该从下述方面做起：一是要善于学习和研究。大学生应当认真学习并深入了解自己所从事的专业学科或技术领域中已经构成的理论及方法，不仅了解现在盛行的理论，也要了解以往流行的理论；不仅了解国内盛行的理论，也要了解国外流行的理论，通过比较获得鉴别的资格，再通过鉴别获得提问的资格。二是要善于思考和探索。勤于思考的习惯并非先天就有，需要后天培养。古人云："学而不思则罔。"人脑不能只当做书柜或储存器来用，重要的是将外界获取的经验和知识经过大脑进行加工和处理，必须进行思考和探索。所谓"勤思则疑"就是指疑问是通过思考产生的。但大学生必须牢记，光勤于思考还不够，还应当善于思考，尤其是应当借助科学的思考方法来加强自己的质疑力。一般说来，形成质疑的科学方法主要有以下几种：①分析比较。所谓分析比较，通常可按三个方面进行：一是将理论与理论进行比较，经过对所研究理论的逻辑贯通性、结构简明性以及内容涵盖性进行分析，从而对某种理论的合理性提出质疑；二是将理论与事实进行比较，经过对所研究理论的局限性、统一性进行分析，从而对某种理论的正确性提出质疑；三是将理论解决问题的能力进行比较，以分析和考察理论的效能。②独立思考。要想在发明创造过程中取得成功，不仅要善于博采众长，而且要善于独立思考。因为只有独立思考，才能标新立异，也才能对别人的现成结论提出质疑。大学生应当牢记，这种标新立异开始时可能会显得幼稚或浅薄，但只要持之有据、持之以恒，是可以逐步成熟和完善起来的。因此，大学生即便遇到挫折和失误，也不要灰心丧气，要敢于独立思考，并逐渐做到善于独立思考。③提出假设。为了克服旧有理论的局限和谬误，也为了对新获得的事实材料做出科学的说明，大学生必须开动思维的机器，敢于提出各种新的假设。试想一下，如果大学生不善于提出新的假设，那么即使他们能够对现有的东西产生疑问，但却不能上升到理论的高度来进行批判和质疑。所以，大学生应当敢于假设，并善于假设，使假设的东西经得起科学的鉴别和实践的检验。

3. 应注意的问题

大学生在加强思维力培养过程中应注意以下几个方面的问题：

一是应善于发现问题、提出问题。根据创造学的观点可知，任何思维活动都是从问题开始的。善于发现问题、提出问题，是创造型人才必须具备的基本素质。凡在科学发现、技术发明和管理创新活动中有所成就者，概莫例外都是善于发现问题、提出问题的人。因此，大学生应当提高自己的"问题意识"和"质疑能力"，在不断发现矛盾和解决矛盾的过程中，使自己的技能才干得到真正长进。

二是应长于树立目标、明确方向。众所周知，思维总是为解决一定问题而进行的。有目的的思考才有意义，也才有可能成功。正确的思考动机与强烈的思考兴趣能推动大学生去探索诸如"为什么思考"、"怎么样思考"等问题。只有这样，大学生的思维活动才能开展得持久、有序。因此，大学生应努力使自己的思维有章可循，并不断向自己提出一系列相关的小问题，促使自己的思维层面逐渐展开，让思维目标更加凸显、思维方向更加明确，从而使自己的思维获得更有效的成果。

三是应勇于开拓思路、补充知识。大学生应当时刻牢记，思维只有在思路处于清晰开阔的情况下才能顺利进行。这时，人们也才能以最简捷、最有效的方式去分析问题和解决问题。为了开拓思路，大学生应主动要求自己养成从不同方面和不同角度思考问题的习惯。进行思考时，还应尽可能多地设想解决问题的途径和方法，并择优录用。无论是在学习，还是在工作中，都要努力克服思维惰性、惯性和任性，善于根据条件的变化，及时调整自己的思路。此外，由于思维活动的开展和深入必须以一定的知识储备为前提。因此，大学生还应当不断补充知识，建立起较为完备的知识库、材料库和经验库，以加强自我开拓思路、强化思维的能力。

提高思维力并不是一件可以不费力气、不动脑筋的事，它需要大学生发挥能动性、积极性和创造性，认真克服在思维过程中不推理、不分析、不比较、不质疑就盲目下结论等不利于思维力提高的弊病，使自己的思维逐渐变得流畅、高效。

三、想象力的自我改善

在我国 IT 产业中赫赫有名的"联想集团"，其总部大楼的墙上书有这样一条口号："如果没有联想，世界将会怎样？"这条口号一语中的地说出联想对人、对社会的重要性。实际上，联想是人们想象力的一种。一个人不仅可以在大脑里呈现过去思维过、感知过的事物，而且还可以在大脑里呈现某些自己不曾经历过、现实中不曾存在过或不曾出现过的事物及其形象，这就是人们的想象力在起作用。想象力对当代大学生尤为关键，是组成大学生创造型人才能力体系的重要组成部分之一。

在科学发现、技术发明和管理创新活动中，想象力可发挥巨大的能动作用。如果缺乏再造性想象力，当代大学生就不可能精确地进行学习和工作；如果缺乏创造性想象力，当代大学生就不可能深入开展发明创造活动；如果缺乏幻想性想象力，当代大学生就不可能看到世界未来的发展远景，成为鼠目寸光、毫无远见的庸才。因此，大学生应当努力发展并提高自己的想象力。在加强大学生想象力自我培养方面，可从以下几点做起：

1. 扩大知识领域，丰富表象储备

思维学、心理学和创造学的理论告诉人们，想象是在已有表象上展开的，任何想象都离不开现有的知识基础。在现实中，没有知识的想象，要么是毫无根据的空想，要么是毫无逻辑的乱想。离开了科学知识的依据，不可能有科学的想象力。同时，一个人的感性知识越丰富，其产生丰富、生动、有效想象的可能性就越大。从这个意义上讲，当代大学生应当广泛接触社会和自然界，利用尽可能多的时间和机会，来努力扩大自己的知识领域，并丰富自己的表象储备。此外，对已经建立起的表象储备还要进行频繁使用和反复磨炼，在实际运用中加深印象，这样才能使自己的想象力得到真正的提高和改善。

2. 拓宽学术视野,博览科技群书

当今世界,科学技术的发展日新月异,整个知识态势显示出既高度分化,又互相渗透;既高度综合,又纵横交错;既高度深化,又大量繁生的万千气象。学科的发展、知识的推进,给当代大学生提供了进行想象的丰富素材。事实证明,博览群书是大学生吸收知识、拓展视野的重要途径。在现实社会中,一个人不可能事事都去直接实践而获取知识和经验,人们一生之中的大部分知识都是书本给予的。因此,大学生应当通过积极参加学术活动、认真阅读科技文献来拓展自己的学术视野,并博览各类书籍,以弥补自己在知识上的偏颇与不足,从而为进行广阔、深入的想象准备好必要的素材和工具。

3. 养成想象习惯,参加创造活动

勤于思考和想象能使大脑经常处于积极的兴奋状态,而这又进一步促进了大脑想象力的发展。心理学家们把大脑分为感受区、储存区、判断区和想象区四个部分,并且认为在一般情况下人们对前三个部位运用较多。其实,人脑的想象潜力是很大的,只要勤于思考、勤于想象,养成想象的习惯,就会使大脑的想象区得到积极的刺激,从而将潜在的能力释放出来。

在培养想象习惯的过程中,大学生首先不要怕想象力误事。办任何事情,尤其是创造性活动,如果一开始思想就过于拘谨,那么想象的大门就会紧闭,因而也就谈不上突破和创新。所以,大学生一定要解放思想来想象、挣脱束缚来想象,多参加创造性活动,促使想象力向更深层次发展。

四、实验能力的培养

所谓实验能力,是一种根据科学研究的目的,应用一定的实验仪器或设备来干预和控制研究对象,以获得研究对象的经验事实和规律性认识的能力。

1. 实验能力的构成

就构成要素而言,实验能力有三个基本组成部分:

一是实验主体。实验主体（实验者）是科学实验力的载体，其实验力主要表现在以下三个方面：实验者的理论水平和逻辑思维能力；实验者对实验对象各种信息的感觉敏锐程度；实验者操作实验的技能水准。

二是实验对象。无论是自然的、社会的实验对象，还是生理的、精神的实验对象，都是客观事物的一部分，因而具有客观性。实验力对实验对象的影响主要表现在对实验对象的选择上。实际上，在科学研究过程中，并非任何客体都能成为实验对象。作为实验对象的客体，必须具有典型性、简明性和经济性。人们实验力高低强弱的一个判断标准就在于对这些性质的识别与把握上。

三是实验手段。实验手段主要是指科学实验所用的工具、仪器和设备等，它们是联系实验者和实验对象的中介，也是实验方法的集中体现。实验力对实验手段的影响通常表现为：①通过实验手段使实验对象产生预期变化；②干预和控制实验对象的变化过程，并使之有效地显示出来；③及时准确地记录实验过程中的各种数据。这三个要素相互联系、相互结合，构成了人们科学实验力的各种基本结构形态。

2. 实验能力的体现

从能力学的观点分析，大学生的科学实验能力主要体现在四个方面：

一是实验课题的选择和确定。科学实验的课题通常都是在对过去相关实验进行调查研究后确定的。从调查研究中选择实验课题，最简捷、最便利的途径就是查阅文献资料。一般而言，科学文献记录了前人已做过的实验和已获得的结论以及尚未解决的问题，从中可以找出科学的空白点。大学生应该懂得，实验课题的确定，必须联系实际，既要充分考虑实验课题的科学价值，又要认真考虑实验主体的具体情况，选择实验主体最为熟悉、最能把握的课题作为实验目标。

二是实验方案的设计和制订。实验方案是指导实验的重要依据，其设计和制订工作的相关内容包括确定实验的方法、步骤和手段，以最经济的人力、物力、财力和时间来有效地实现实验目标。由于实验方案在根本上决定着科学实验的成败，因此大学生必须予以高度的重视。在设计和制订实验方案时，应当努力遵守"重复化原则"、"可比性原则"和"随机化原则"，以保证实验方案得到科学的设计和系统的制订。

三是实验步骤的实施和操作。实验步骤一般包含以下几个环节：其一，实验仪器设备的安装调试。这是保证实验质量和实验结果准确、可靠的基础。其二，尝试性实验。即对实验方案、实验设备进行实践性检验，以便发现问题，及时补充、修改原实验方案。其三，操作、观察、记录。按既定程序进行实验操作，全面细致地观察实验过程，作好记录，对新发现的异常现象，必须及时准确地记录在案。

四是实验结果的解释和评价。由实验结果得出结论，对实验发现做出解释，是科学实验的目的之所在。大学生应当牢记，对实验结果的正确解释和评价，离不开逻辑思维和理论指导。因此，大学生应切实做到：概念明确、判断恰当、推断合理，使实验结论的表述符合逻辑规律。

在大学生发明创造活动中，科学实验能力具有十分重要的地位和作用。其一，它是大学生变革客观事物的基本能力之一。通过科学实验，大学生能够获得在常态自然条件下难以获得的科学事实，从而做到有目的地控制和变革客观事物。其二，它具有简化、纯化、强化、深化研究对象的作用。其三，它具有再现、延缓或加速自然过程的作用，通过创造特定的环境和条件，使事物向人们期望的方向发展和变化，从而使事物的本质和规律得到充分暴露。其四，它不仅是获取科学事实的重要手段，也是创立科学理论、检验知识真理性的重要途径。

应当强调指出，大学生实验力的培养和提高，离不开理论思维的正确指导。大学生必须有计划、有意识地补充哲学思维、自然科学理论、科学假说概念、创造性联想等方面的知识，并将理论的指导作用贯穿于科学实验的全过程。尤其应当注意的是：实验课题的选择和确定离不开科学理论，因为只有以科学理论为指导,科学实验才能成为大学生自觉认识和变革客观事物的手段。同时,实验内容的设计和构思也离不开科学理论。由于从根本上来说,科学实验是一种探索未知的活动,而分析与综合是人们认识未知对象的重要武器,并且创造性联想和想象能够在其中发挥巨大的能动作用。此外,实验结果的解释和评价更离不开科学理论,因为从科学实验中获得的经验事实,必须经过理论思维的能动作用,才能上升为具有更高科学价值的成果。

第二节 创新思维小测试

一、你的发散力如何?

你若想知道自己在发散思维方面的才能情况,下面一组试题将使你从发散思维的"流畅性"、"变通性"和"独特性"三个层次上对自己的情况有所认识。

（1）请写出你能想到的所有带"土"字结构的字,写得越多越好。（限时5分钟）

（2）请使用数字或字母,以各种数学运算的形式来完成这一等式,写得越多越好。（限时5分钟）

（3）请列举包含"三角形"的各种物品,写得越多越好。（限时10分钟）

（4）现有三条直线和一个任意三角形,请同时使用这些简单图形和直线组成各种有意义的图案,组得越多越好。（限时10分钟）

（5）请写出有关普通砖头的各种用途,写得越多越好。（限时10分钟）

（6）根据以下故事情节,用简洁的语言（100字以内）写出各种可能的故事结尾,越多越好。

古时候,有兄弟三人。老大和老二好吃懒做、不务正业,老三勤劳善良、正直聪明。三人长大后各自成了家。一年春节兄弟们在一起喝酒，老大和老二想算计老三，因而提议说："兄弟们，从现在起，我们说话，彼此不得怀疑，否则罚米一斗。"老三点头称是。一会儿，老大开口说道："人们总说我好吃懒做，其实我勤快着呢。家中的那只母鸡清早一打鸣，我就起床开始劳作。"老三听了此话，摇头说："不对！不对！哪有母鸡打鸣之理。"老大嘿嘿一笑说："好！你怀疑我说的话，罚米一斗。"老二看到老大如此轻巧就将一斗米骗入己手，连忙说道："我没有大哥勤快。所以家里穷得老鼠咬得猫乱叫。"老三听了此话，忍不住又说："哪有老鼠咬猫的道理。"老二喜笑颜开，接口说："你不信我说的话，也要罚米一斗。"后来……（限时 20 分钟）

评分标准：

由于发散思维是人脑的一种高级思维形式，必须从多方面考虑才能对其作出准确的评分，所以目前较为通行的评分方法是从"流畅性"、"变通性"和"独特性"的个数上判断你的创造性思维能力的高低。

1. 流畅性

流畅性标志着被试者发散思维的熟练程度，体现了思维在数量方面的特征。一般以对某一问题进行发散思维后产生答案的个数作为本题的得分。在此测验中，请统计一下你在上述试题中各写出多少答案，每写出一个答案计 1 分，其总分就是你的流畅性得分。

2. 变通性

变通性反映着被试者在发散思维进程中做思维方向和思维类型转换时是否灵活自如，通常将发散思维答案的类别数作为变通性得分。

在此，请先检查一下自己在上述试题中每题的答案能分成几类。例如在本试题例中，所得答案即可分成 9 类，具体分类情况如下：

（1）"土"在左边，如"地"字；

（2）"土"在右边，如"灶"字；

(3)"土"在上边，如"赤"字；
(4)"土"在下边，如"尘"字；
(5)"土"在里边，如"庄"字；
(6)"土"在字中，如"来"字；
(7)"土"在字中倒置，如"辛"字；
(8)全由"土"组成，如"圭"字；
(9)其他，如"盐"和"鲢"字。

分类结束即可统计类别数，每类得1分，总分就是变通性得分。

3.独特性

只有具备新颖、独到或稀有等特性的答案，才称得上具有独特性。在上述试题的答案中，凡符合以上三特性之一者，即可算是具有独特性，因而可用"D"标出。"D"越多者，表明其在独特性方面成就越大。

二、创新能力测试

你的创新能力如何呢？下面的测试将帮你了解自己。

训练目的：增强提高创造、创新能力的意识。

测试题：

以下20个陈述，没有什么对或错，只是在查看你的态度，请找出符合自己的情况，并用下列符号回答：很同意A；同意B；不确定C；不同意D；很不同意E。

(1)我很注意快速学习新知识、新思想和新观点。
(2)我愿意尝试用新的观点和新的方法去解决问题。
(3)我对将发生的事情有预见性。
(4)我的同事可以依靠我发现现有设备的新用法。
(5)在工作单位里，我通常是一个尝试新观点和新方法的人。
(6)有幽默感。
(7)我计划和其他不同公司或部门的专家接触。
(8)我喜欢在干中学习。

（9）在会议上我会就工作的新方式提出意见。
（10）我喜欢有更大挑战性的工作。
（11）我喜欢思考较高的工作目标并将其结果具体化、社会化。
（12）思考问题时我很少坚持原则或遵循条约。
（13）我一般会支持朋友们的建议。
（14）我想尝试意义不明朗的工作。
（15）不愿例行公事的人不应该被惩罚。
（16）我对正式的会议讨论感到很沮丧。
（17）当一个新项目开始时，我希望更多了解工作的数量而非工作的质量。
（18）在工作中我有能力使工作多样化。
（19）我打算离开一个对我来说没有挑战性的工作。
（20）我不在乎别人对我的想法说三道四。

记分方法：A5分，B4分，C3分，D2分，E1分。

结果说明：总分在55分以上，说明有创新人格特征；低于55分，说明创新人格特征不明显。得分较低者，也不必气馁，可将上述20条特征逐条对照，分析评估自己的得分，并提出改进措施，向高分方向努力。

三、你的创造性如何？

下面是一组自陈式试题，如果被试者希望得到有关自己创造个性的真实判定，就应该对每一试题的陈述内容，作出诚实、准确而且迅速的反应。在每道试题后面的括号中，可根据自己的实际想法填写下列情况中的任何一种：A表示很同意；B表示同意，C表示介于同意与不同意之间或不清楚怎么回答；D表示不同意；E表示很不同意。

1. 当我按照常规方法去解决某个特殊问题时，我总是非常自信。　　　　　　　　　　　　　　　　　　　　　（　）
2. 如果我不希望得到答案，提出问题对我来说，就是浪费时间和精力。　　　　　　　　　　　　　　　　　（　）

3. 我认为按部就班地解决问题是最好不过的方式。（　）
4. 如果有机会，我会发表一些人们不大感兴趣的观点。（　）
5. 我常花大量时间来思考别人是怎样看待我的。（　）
6. 我深信天生我材必有用。（　）
7. 赢得别人的支持，对我来说极为重要。（　）
8. 我不会尊重那些对做成某件事缺乏清楚确定认识的人。（　）
9. 我能够在工作时间之外继续思考工作中的难题。（　）
10. 偶尔，我会对事情产生过度的热情。（　）
11. 我常常在独自消遣时产生奇妙的想法。（　）
12. 我依靠预感来判断解决问题方式的正确与否。（　）
13. 在解决问题的过程中，我在处理信息阶段工作较慢；但当开始分析问题以后，我的工作就快多了。（　）
14. 我有收藏东西的爱好。（　）
15. 我的许多成功的设计都是依靠幻想来提供动力。（　）
16. 如果必须从两种职业中选择一种，那我喜欢做医生而不喜欢冒险。（　）
17. 我自信能轻易得到一群社会地位和专业经验与我相当的人的合作。（　）
18. 我认为自己具有高度的审美力。（　）
19. 在解决问题的过程中，预感是一种靠不住的指南。（　）
20. 我对新观点特别感兴趣，但不试图向别人推销。（　）
21. 我尽力回避自我感觉不太妙的情况。（　）
22. 在评估情报时，我以为其来源比其内容更重要。（　）
23. 我喜欢坚持"工作先于娱乐"这一原则的人。（　）
24. 自我尊重比他人尊重更重要。（　）
25. 我向来认为追求完善的人是不明智的人。（　）
26. 我喜欢卓有成效地对别人施加影响。（　）

27. 对我来说重要的是，每份文件都要放在合适的位置。
（　）
28. 袒护具有怪异想法的人是不现实的。（　）
29. 即使没有报酬，我也乐意研究新观点。（　）
30. 在对问题的研究出现僵局时，我的思路能很快进行调整。
（　）
31. 我不喜欢问那些表明自己无知的问题。（　）
32. 为了从事一项职业或专业，我能够很容易地改变自己的兴趣。（　）
33. 解决问题能力差的人常常是那些不能提出有分量问题的人。（　）
34. 我随时都在预测我对于问题的答案。（　）
35. 分析别人的失败是浪费时间。（　）
36. 只有思想深度不够的人，才借助隐喻和类推。（　）
37. 我常常崇拜骗子的闯劲和骗术，故总是希望他们能免予处罚。（　）
38. 我常常对问题仅有一个概貌，在还不能完全描述它时就开始了工作。（　）
39. 我常忘记人名、街道名、铁路名、城镇名一类的事情。
（　）
40. 我认为努力工作是成功的基本因素。（　）
41. 对我来说，小组其他成员有声望是重要的。（　）
42. 我懂得如何在戛然而止时进行缓冲。（　）
43. 我讨厌不能确定、不能预测的事情。（　）
44. 我是一个完全可靠的追随者。（　）
45. 我喜欢跟大伙一起工作而不是搞个人奋斗。（　）
46. 很多人之所以困难重重是因为他们办事太认真。（　）
47. 我常常抓住问题，不让它从眼皮底下溜掉。（　）
48. 我能比较容易地获取中等报酬和达到我设置的目标。
（　）
49. 如果我是教授，我更喜欢讲授事情的发生过程，不喜欢

讲授理论。   (   )

50. 生命的神秘性使我产生了极大的兴趣。   (   )

计分标准：按照对照表的各题得分，统计自己的总分。

创造个性得分对照表

题号\得分	A	B	C	D	E
1	-2	-1	0	1	2
2	-2	-1	0	1	2
3	-2	-1	0	1	2
4	2	1	0	-1	-2
5	-2	-1	0	1	2
6	2	1	0	-1	-2
7	2	1	0	-1	-2
8	-2	-1	0	1	2
9	2	1	0	-1	-2
10	2	1	0	-1	-2
11	2	1	0	-1	-2
12	2	1	0	-1	-2
13	-2	-1	0	1	2
14	-2	-1	0	1	2
15	2	1	0	-1	-2
16	-2	-1	0	1	2
17	-2	-1	0	1	2
18	2	1	0	-1	-2
19	-2	-1	0	1	2
20	2	1	0	-1	-2
21	-2	-1	0	1	2
22	-2	-1	0	1	2
23	-2	-1	0	1	2
24	2	1	0	-1	-2
25	-2	-1	0	1	2
26	-2	-1	0	1	2
27	-2	-1	0	1	2
28	-2	-1	0	1	2

续表

得分 题号	A	B	C	D	E
29	2	1	0	−1	−2
30	2	1	0	−1	−2
31	−2	−1	0	1	2
32	−2	−1	0	1	2
33	2	1	0	−1	−2
34	2	1	0	−1	−2
35	−2	−1	0	1	2
36	−2	−1	0	1	2
37	2	1	0	−1	−2
38	2	1	0	−1	−2
39	2	1	0	−1	−2
40	2	1	0	−1	−2
41	−2	−1	0	1	2
42	−2	−1	0	1	2
43	−2	−1	0	1	2
44	−2	−1	0	1	2
45	−2	−1	0	1	2
46	2	1	0	−1	−2
47	2	1	0	−1	−2
48	2	1	0	−1	−2
49	−2	−1	0	1	2
50	2	1	0	−1	−2

结论：

得分在 80~100 分之间者，具有很强的创造个性，表明被测试者拥有从事连续发明创造活动的心理基础。

得分在 60~79 分之间者，其成就欲在平均水平之上，具备好的创新心理素质。

得分在 20~59 分之间者，其创造素质不高、创造欲望不能只满足于一般的完成工作，因而需要大力改进。

四、测试你的创造能力

创造能力的自我测定方法很多,这里有一组简易试题,共有10个小问题,请在经过认真考虑后,结合自身的实际情况做出适当的选择:

1. 与别人发生意见分歧时,您是:
    A. 立即做出结论并付诸行动者;
    B. 冷静地从多方面进行考虑。
2. 对老师、领导和长者的意见,您是:
    A. 原封不动地接受;
    B. 有些疑问和想法;
    C. 同自己原先的想法结合起来。
3. 您买东西回来后:
    A. 总是直接使用;
    B. 常稍作改变后再使用。
4. 工作学习有困难时,您是:
    A. 放弃初衷;
    B. 请教别人;
    C. 冥思苦想。
5. 平时您喜欢:
    A. 打桥牌、下围棋、下象棋;
    B. 看侦探小说、惊险影片;
    C. 看滑稽有趣的闹剧,同别人聊天。
6. 休息天上公园您喜欢:
    A. 总是上某个公园山;
    B. 经常变换场所;
    C. 听听他人的意见。
7. 您对智力游戏:
    A. 无所谓;
    B. 不喜欢;

C. 很喜欢。

8. 针对眼前的某件东西（例如茶杯），您能想出它的几个新用途：

　　A. 3个以上；

　　B. 8个以上；

　　C. 15个以上。

9. 刷牙时发现牙出血，您是：

　　A. 怨牙刷不好；

　　B. 担心得牙周炎；

　　C. 设法使牙不出血。

10. 当有人向您提出没有用的建议时，您是：

　　A. 不予置理；

　　B. 看看还有没有可取之处；

　　C. 问他还有没有别的想法，鼓励他多提建议。

评分标准：

凡题1选B得2分，选A不得分；题2选C得2分，选B得1分，选A不得分；题3选B得2分，选A不得分；题4选C得1分，选B得2分，选A不得分；题5选C得1分，选B得2分，选A得2分；题6选C得1分，选B得2分，选A不得分；题7选C得2分，选B不得分，选A得1分；题8选C得2分，选B得1分，选A不得分；题9选C得2分，选B得1分，选A不得分；题10选C得2分，选B得1分，选A不得分。

答案与结论：

得分在16~20分之间者，其创造性很强；得分在12~15分之间者，其创造性较好；得分在8~11分之间者，其创造性一般；得分在8分以下者，其创造性较低，这些人应该加强创造性思维和创造性能力的训练，争取在短期内取得改善。

第三节 创新思维训练

根据创造学的基本原理可知,创造能力是可以通过培养和锻炼提高并巩固的。作为跨世纪接班人的当代大学生来说,开展科学和系统的创造能力训练,既可以提升自己的创造性思维,又可以强化自己的创造性行为,还可以改善自己的创造性能力,使自己真正成为创造型人才。

需要指出,大学生创造能力训练应该遵循针对性、层次性、渐进性的原则,并在训练内容和方式上动脑筋、做文章,才能取得理想的训练效果。一般而言,大学生创造能力训练可围绕下述方面展开或延伸:

一、发散思维训练

在发散思维训练中,可以材料、功能、结构、形态、组合、方法、因果、关系8个方面为"发散点"进行具有集中性和针对性的多维、灵活、新颖的发散训练,以培养和锻炼大学生的创造性思维能力。

1. 材料发散

以某个物品作为"材料"发散点,设想它的多种用途。

例题:尽量想出或写出口形针的各种用途。

可把纸或文件别在一起;可作发夹用;可代替西装领带上的别针;可拉开一端,烧红后在木塞上穿孔;可拉开一端在蜡版上或泥地上画印痕、写字;可拉直作粗织工的针或织梭;可当钓鱼用的渔钩;可用来固定标签;可装在窗帘上代替滑动金属圈;可穿上线当挂钩……

训练题:

(1)尽可能多地写出砖的各种用途;

(2)尽可能多地写出茶杯的各种用途;

(3) 尽可能多地写出火柴盒的各种用途；

(4) 尽可能多地写出废旧牙膏皮的各种用途；

(5) 尽可能多地写出热水瓶的各种用途；

(6) 尽可能多地写出塑料薄膜的各种用途；

(7) 尽可能多地写出旧食品罐头盒的各种用途；

(8) 尽可能多地写出书的各种用途；

(9) 尽可能多地写出报纸的各种用途；

(10) 尽可能多地写出家用电熨斗的各种用途。

2. 功能发散

以某事物的功能为发散点，设想出该功能的各种可能性。

例题：怎样才能达到照明的目的？（办法越多越好）

点油灯；点蜡烛；点火把；划火柴；燃篝火；烧纸片；开电灯；打手电筒；用镜子反射太阳光……

训练题：

(1) 怎样才能达到取暖的目的？（办法越多越好）

(2) 怎样才能达到降温的目的？（办法越多越好）

(3) 怎样才能使脏衣服去污？（办法越多越好）

(4) 怎样才能达到休息的目的？（办法越多越好）

(5) 怎样才能使别人听到的话音响一点？（办法越多越好）

(6) 怎样使一个物品看起来更清楚？（办法越多越好）

(7) 张、王两家仅一墙之隔，两家人的声响相互干扰很大，怎样才能提高隔音的效果？（办法越多越好）

(8) 怎样才能达到锻炼身体的效果？（办法越多越好）

(9) 怎样才能使两种东西粘接起来？（办法越多越好）

(10) 怎样才能使两种东西裂开？（办法越多越好）

3. 形态发散

以物的形态（如形状、颜色、音响、味道、气味、色彩等）为发散点，设想出利用某种形态的各种可能性。

例题：尽可能多地设想利用红颜色可做什么东西或办什么事情。

红星、红灯、红旗、红墨水、红喜报、红皮鞋、红袖章、红衣服、红领巾、红皮球、红灯笼、红头绳、红芯铅笔、红色印泥、红指甲油、红封面书、红色救火车、红十字标志……

训练题：

（1）尽可能多地设想利用黑颜色可做什么东西或办什么事；

（2）尽可能多地设想利用铃声可做什么东西或办什么事；

（3）尽可能多地设想利用鼓声可做什么东西或办什么事；

（4）尽可能多地设想利用粉末状态可做什么东西或办什么事；

（5）尽可能多地设想利用浆液状态可做什么东西或办什么事；

（6）尽可能多地设想利用圆形可做什么东西或办什么事；

（7）尽可能多地设想利用方形可做什么东西或办什么事；

（8）尽可能多地设想利用香味可做什么东西或办什么事；

（9）尽可能多地设想利用味道可做什么东西或办什么事；

（10）尽可能多地设想利用阴影可做什么东西或办什么事。

4. 组合发散

从某一事物出发，以此为发散点，尽可能多地设想与另一事物（或事情）联结成具有新价值（或有附加价值）的新事物的各种可能性。

例题：尽可能多地写出钥匙圈可同哪些东西组合。

可同小刀组合；可同指甲剪组合；可同小剪刀组合；可同图章组合；可同纪念章组合；可同微型手电筒组合；可同汽水瓶盖起子组合；可同罐头刀组合；可同微型圆珠笔组合；可同小型温度计组合；可同小型工艺品组合……

训练题：

（1）尽可能多地写出圆珠笔可同哪些东西组合在一起；

（2）尽可能多地写出伞可同哪些东西组合在一起；

（3）尽可能多地写出小刀可同哪些东西组合在一起；

（4）尽可能多地写出电话可同哪些东西组合在一起；

（5）尽可能多地写出书可同哪些东西组合在一起；

（6）尽可能多地写出图画可同哪些东西组合在一起；

（7）尽可能多地写出钟表可同哪些东西组合在一起；

（8）尽可能多地写出诗词可同哪些东西组合在一起；

(9) 尽可能多地写出音乐可同哪些东西组合在一起;

(10) 利用图中所列图形做材料(大小可以任意变化,但必须保持其基本形状),尽可能多地构成各种物品。

5. 方法发散

以人们解决问题或制造物品的某种方法为发散点,设想利用该方法的各种可能性。

例题:尽可能多地写出用"吹"的方法可以办成哪些事情或解决哪些问题。

吹灰;吹口哨;吹口琴;吹笛子;吹喇叭;吹气球;吹鸡毛(做游戏);吹树叶;吹凉热茶;吹灭蜡烛;吹旺炉火;吹泡泡糖;吹塑料袋;吹肥皂泡;吹蒲公英花;吹去眼中沙子;吹疼痛的伤口;吹儿童玩具风车;吹去橡皮擦在纸上留下的脏物……

训练题:

(1) 尽可能多地写出用"吹"的方法可以办成哪些事情或解决哪些问题;

(2) 尽可能多地写出用"敲"的方法可以办成哪些事情或解决哪些问题;

(3) 尽可能多地写出用"提"的方法可以办成哪些事情或解决哪些问题;

(4) 尽可能多地写出用"压"的方法可以办成哪些事情或解决哪些问题;

(5) 尽可能多地写出用"打"的方法可以办成哪些事情或解决哪些问题;

(6) 尽可能多地写出用"拔"的方法可以办成哪些事情或解决哪些问题;

(7) 尽可能多地写出用"图"的方法可以办成哪些事情或解决哪些问题;

(8) 尽可能多地写出用"搬"的方法可以办成哪些事情或解决哪些问题;

(9) 尽可能多地写出用"投"的方法可以办成哪些事情或解决哪些问题;

(10) 尽可能多地写出望远镜使人类生活发生的变化。

二、开拓思维训练

开拓思维训练实际上就是摆脱习惯性思维训练,被人们称为"创造性思维的准备活动"和"软化头脑的智力体操"。初看起来这类训练题似乎是在那里摆放圈套、设置迷宫,没啥用处。其实这类训练的真正意义在于促使大学生探索事物存在、发展、联系的各种可能性,从而摆脱思维的单一性、僵硬性和习惯性,以免陷入某种固定不变的思维框架,使思维具有流畅性、灵活性、独创性。

训练题:

(1)玻璃瓶里装有橘子水,瓶口塞着软木塞。现既不准打碎瓶子或弄破软木塞,又不准拔出塞子,怎样才能喝到瓶里的橘子水?

(2)某人不慎将衬衣纽扣掉进已经倒入咖啡的杯子里,他赶忙从杯子里拾起纽扣,不但手没弄湿,连纽扣都是干的,这是怎么一回事?

(3)某人头天外出碰到一场大雨,他正好未戴帽子,也没打伞,头上什么东西也未遮盖。结果衣服被全部淋湿,但头发却没有一根是湿的,这是怎么回事?

(4)某列火车驶进一条隧道,但奇怪的是,该火车既没有发生事故,也没有出现其他故障,却从某一地点开始不能再开进去了,为什么?

(5)一天晚上,老王正在读一本很有趣的书,他的孩子突然把电灯关了。尽管屋里一团漆黑,可老王仍在继续津津有味地读书。这是怎么回事?

(6)一只网球,使它滚一小段距离后完全停止,然后自动反上来朝相反方向运动。既不许将网球反弹回来,也不许用任何东西打击它,更不许用任何东西将球系住,怎么办?

(7)天花板下悬挂着两根相距5米的长绳,在旁边的桌子上有些小纸条和一把剪刀,您能站在两绳之间不动,伸开双臂,两手各拉住一根绳子吗?

(8) 有 10 只玻璃杯排成一行,左边 5 只内装有汽水,右边 5 只是空杯。现规定只能移动两只杯子,使这排杯子变成有汽水的杯与空杯交替排列,问如何移动杯子?

(9) 某人说,在合适的一天他将能在河面上行走 10 分钟而不沉入水中。后来他果然做到了,这是怎么回事?

(10) 汽车司机的弟弟叫李强,可李强却没有哥哥,这是怎么回事?

(11) 怎样使火柴在水下燃烧?

(12) 两个父亲与两个儿子吃 3 个苹果,每人都吃 3 个,这是怎么回事?

(13) 老王家的自鸣钟每到几点整就响几下,每到半点就响一下。一天夜里,老王醒来刚好听钟响了一下,此后他没睡着,又听到了钟连续响了三下。问老王是什么时候醒来的?

(14) 您能否把 10 枚硬币放入同样的 3 个玻璃杯中,并使每个杯子里的硬币都为奇数?

(15) 某人在餐馆里进餐时,发现汤里有只死苍蝇,服务员闻讯赶来向他道歉,并将这碗汤带回厨房,重新送来一碗显然是换过的汤。过了一会儿,这人又叫来服务员,指着汤生气地说:"这不就是刚才那碗汤吗?"他是如何知道的?

(16) 某女士身边没带驾驶执照,不能在铁路道口停车,于是她不顾单向行车交通信号,以错误的方向沿着单向道越过了铁路。这过程全给警察看见了,但警察并未加以干涉,这是为什么?

(17) 钉子上挂着一只系在绳上的玻璃杯,您能既剪断绳子又不使杯子落地吗?

(18) 某人能告诉您比赛前任何篮球比赛的比分结果,他是怎样知道的?

(19) 如果您的火柴盒中只剩下一根火柴,黑夜里您走进房间,房间里有蜡烛、煤油灯和煤气灶,那么您先点燃什么?

(20) 有一棵树,树下面有一头牛被用一根 2 米长的绳子牢牢拴住鼻子。牛的主人把饲料放在离树刚好 5 米的地方就走开了。这头牛很快就将饲料吃得精光。牛是怎样吃到饲料的呢？

（21）广场上有匹马，头朝东站立着，后来又向左转了 270 度，请问这时它的尾巴指向哪个方向？

（22）某人长得骨瘦如柴，而且胃也有毛病。但别人常见他去眼科医院，这是为什么？

三、缺点列举训练

对事物存在的某些缺点产生不满常常是发明创造活动的先导和起点。只要把列举出来的缺点加以克服或改善，就会有所发明和有所创造。经常进行缺点列举训练，可以逐步树立创造志向，甚至可以直接导致发明创造。

例题：尽可能多地列举出玻璃杯的缺点。

容易破碎；比较滑手；杯口破损后容易割手；隔热性差，盛开水后烫手；防污性低，容易沾上脏物；稳定性低，容易倾倒；外出时携带不便；倒进热水后不容易保温；成套的玻璃杯花色相同，喝水人容易彼此混淆自己的杯子；有些高鼻子的人用玻璃杯喝水，会因杯沿压着鼻子感到不舒服……

训练题：

（1）尽可能多地列举出雨伞的缺点；

（2）尽可能多地列举出眼镜的缺点；

（3）尽可能多地列举出手套的缺点；

（4）尽可能多地列举出保温瓶的缺点；

（5）尽可能多地列举出雨衣的缺点；

（6）尽可能多地列举出热水袋的缺点；

（7）尽可能多地列举出铝锅的缺点；

（8）尽可能多地列举出手表的缺点；

（9）尽可能多地列举出日光灯的缺点；

（10）尽可能多地列举出圆珠笔的缺点。

四、愿望列举训练

愿望列举其实就是希望点列举。人们对美好事物的追求，往往会成为发明创造活动的强大动力。

例题：怎样的电视机才合乎理想？尽可能多地写出您的愿望。

三维立体效果的；剧场音响效果的；多画面选择观看的；频道节目自动显示的；超薄型可挂式的；高清晰度的；全球电视节目随意选看的；画面尺寸任意调节的；有气味发生器，可根据电视内容散发不同气味、渲染效果的；节目内容可复制重播的……

训练题：

(1) 怎样的钢笔才理想？尽可能多地写出您的愿望；
(2) 怎样的照相机才理想？尽可能多地写出您的愿望；
(3) 怎样的电话才理想？尽可能多地写出您的愿望；
(4) 怎样的城市才理想？尽可能多地写出您的愿望；
(5) 怎样的汽车才理想？尽可能多地写出您的愿望；
(6) 怎样的食品才理想？尽可能多地写出您的愿望；
(7) 怎样的书包才理想？尽可能多地写出您的愿望；
(8) 怎样的衣服才理想？尽可能多地写出您的愿望；
(9) 怎样的教师才理想？尽可能多地写出您的愿望；
(10) 怎样的工厂才理想？尽可能多地写出您的愿望。

作业与思考

1. 什么是创新思维？创新思维训练有哪些方法？
2. 大学生应如何培养创新思维？
3. 试制定一份大学生创业计划，要求有创新产品或服务、组织形式、管理体制、实施方案等。

第九章　心理卫生

[小故事] **生命的清单**

五官科病房里同时住进来两位病人，都是鼻子不舒服。在等待化验结果期间，甲说，如果是癌，立即去旅行，首先去拉萨。乙也同样表示。

结果出来了。甲得了鼻癌，乙长的是鼻息肉。

甲列了一张告别人生的计划表离开了医院，乙住了下来。甲的计划表是：去一趟拉萨和敦煌；从攀枝花坐船一直到长江口；到海南的三亚以椰子树为背景拍一张照片；在哈尔滨过一个冬天；从大连坐船到广西的北海；登上天安门；读完莎士比亚的所有作品；力争听一次瞎子阿炳原版的《二泉映月》；成为北京大学的一名学生，要写一本书……凡此种种，共27条。

他在这生命的清单后面写道：我的一生有很多梦想，有的实现了，有的由于种种原因，没有实现。现在上帝给我的时间不多了，为了不遗憾地离开这个世界，我打算用生命的最后几年去实现还剩下的这27个梦。

当年，甲就辞掉了公司的职务，去了拉萨和敦煌。第二年，又以惊人的毅力和韧性通过了成人考试，成为北京大学中文系的一名学生。这期间，他登上了天安门，去了内蒙古大草原，还在一户牧民家里住了一个星期。现在，这位朋友正在实现他出一本书的夙愿。

有一天，乙在报上看到甲写的一篇散文，打电话去问甲的病。甲说，我真的无法想象，要不是这场病，我的生命是多么的糟糕。是它提醒了我，去做自己想做的事，去实现自己想去实现的梦想，现在我才体味到什么是真正的生命和人生。你生活得也挺好吧！乙没有回答。因为在医院时说的一切，早已因患的不是癌症而放到脑后去了。

[大智慧] 活着一天，我们就要快乐、有价值地度过这一天，否则和死去的人有什么区别呢？在本章教学中，我们将讲授心理卫生的基本知识，使大学生认识到心理卫生是提高心理素质的基础，是全面提高自身素质和发挥自身潜能的必要条件，从而提高大学生对维护心理卫生重要性的认识；介绍增进心理健康的途径和方法，使大学生了解一些心理咨询、心理治疗的常识，掌握一些心理调适和心理保健的方法，正确对待挫折，提高维护心理卫生的自觉性。

第一节 心理卫生小常识

一、心理卫生的含义

心理卫生的本义是维护心理健康，又称为感情卫生或精神卫生，是与生理卫生相对而言的。有人认为，心理卫生就是研究人类如何培养和保持健康心理的心理学原则和方法；也有人认为，心理卫生就是保障心理健康正常状态的措施和各种活动的总和，包括研究个性心理特征，预防精神病、神经官能症、各种心身疾病、普及心理科学知识等；还有人认为，心理卫生是指预防各种心理疾病、矫治各种不良行为，保持和促进个人与社会的心理健康发展。

心理卫生包括三个方面的含义：

1. 表示健康的心理状态

联合国世界卫生组织把健康定义为不仅没有自身的缺陷和疾

病，而且还有完整的生理、心理状态和社会适应能力。心理健康或健康心理是指一种良好的心理状态，能够与社会环境与自身状态保持良好的适应，遇到任何困难和挫折，心理都不会失调，而且保持镇静、愉快的情绪，充分发挥心理潜能。

2. 保持健康心理的方法

心理卫生就是研究人在不同年龄阶段、不同社会环境中的生理状况和心理特点，并针对这些特点，探索促进心理健康的方法。大学生正值人生的重大转折时期，随着社会角色的变化，恋爱、就业、人际关系等问题相继出现，妥善处理好这些问题及各种心理反应，就变得更加迫切和必要。因此，大学生的心理卫生就是研究在校大学生的生理、心理特点，并积极探索促进身心健康的方法和途径。

3. 心理健康的服务工作

心理健康的服务工作就是在普及心理科学知识的基础上，动员家庭、学校、社会各部门和干部教师等方面开展心理保健工作，预防和矫治心理疾病，保障人民的身心健康，促进社会成员的全面发展，促进学习、工作效率的提高。

二、心理卫生的功能和作用

狭义的心理卫生主要是指预防和矫治各种心理障碍、心理疾病，而广义的心理卫生是指维护和增进心理健康，培养健全人格，以提高人类对社会生活的适应及改造能力。

1. 心理卫生的功能

随着心理卫生运动的广泛、深入开展，人们对心理卫生功能和作用的认识不断深化，从而提出了心理卫生的三级功能，也称为三级预防。即初级预防是向人们提供心理卫生知识，以防止和减少心理疾病的发生。二级预防是尽早发现心理患者并提供心理和医学的干预，同时也包括缩短病人的病程和降低复发率。三级预防是防止住院病人的精神异常转为慢性，使他们尽快地回到社会生产和独立自主的生活中去，同时对已进入慢性期的病人设法减轻其残疾程度，适当提高他们的社会适应能力。

心理卫生的三级预防在新形势下，逐步转变为三级功能，即初级功能——防治心理疾病；中级功能——完善心理调节；高级功能——发展、健全个体和社会。在现实生活中，心理卫生的功能还更多地局限于初级功能上，必须引起全社会、特别是高等学校的高度重视。

2. 心理卫生的作用

在现实生活中，心理卫生和生理卫生同等重要，心理健康与生理健康同样不可缺少，二者相互影响、相辅相成。在一定意义上说，心理卫生对于人的身心健康有其更重要的作用。一是心理卫生可以预防精神疾病的发生；二是心理卫生可以预防心身疾病的发生；三是可以培养良好的个性，完善人的个性；四是心理卫生可以促进人的心理健康发展。

三、大学生常见的心理问题

大学生从中学进入大学，生活环境的变化，社会角色的转换，都会使一些人产生适应与发展的心理问题。

1. 理想与现实的心理冲突

理想大学与现实大学之间的差距，个人发展的理想目标与目标实现受阻之间的挫折，理想职业与客观限制之间的矛盾，都容易使大学生产生心理上的失落感，影响个人的适应与发展。

2. 角色定位产生的心理偏差

由中学生向大学生的角色转换，常常使大学生不能适应新的角色要求，容易产生社会比较中的心理失衡和人际关系处理中的角色失当等心理问题。

3. 学习适应不良的心理困扰

大学与中学相比，广博的知识内容，自主的学习方法，能力为主的学习要求，都使大学生在学习上产生诸多的不适应，常常容易产生紧张、焦虑、自卑等心理问题。

四、高等院校心理卫生教育任务

高等院校心理卫生教育的主要任务是通过心理卫生教育和个别指导,落实《学校卫生工作条例》,推动大学生心理卫生教育工作,提高大学生的身心健康水平,使其在走上社会以后,能够为祖国四化建设"健康工作五十年"。具体说来,心理卫生教育主要包括以下几方面内容:

1. 开展心理健康教育

使大学生掌握现代的健康概念,正确认识自身的生理特征和心理特征,掌握心理卫生的基本要求。妥善处理生活事件和心理压力,提高对挫折的承受力,正确进行自我心理调节,正确认识和对付精神疾病,防止精神失常与自杀行为。

2. 开展大学生心理分析

通过心理普查、心理测量活动,帮助大学生正确认识自己的个性心理特征,帮助大学生正确处理人际关系、正确处理恋爱婚姻问题,积极培养健康的情趣,努力搞好专业学习,促进大学生群体的心理健康。

3. 开展大学生心理咨询活动

大学生心理咨询是指由受过咨询心理学专门训练的专业人员运用心理学知识、理论和技术,针对求询者的各种适应与发展问题,通过与求询者协商、交谈、启发和指导的过程,帮助求询者达到自立自强、增进心理健康水平和提高社会适应能力的目的。心理咨询的工作对象主要是正常人,即在应付日常生活中的压力和任务方面需要帮助的正常人,着重处理正常人在日常生活中所遇到的人际关系、学习、恋爱、教育、职业选择等方面的适应与发展问题。心理咨询的方式主要有个别心理咨询、团体心理咨询、家庭心理咨询、电话心理咨询、通信心理咨询、网络心理咨询等。

心理卫生教育是德育工作的重要组成部分,是加强学校管理工作的重要内容。应贯穿于学校教育、管理的全过程,统一领导,相互协调;应在全体教师、干部中普及心理卫生常识,鼓励他们在教学、管理过程中运用和宣传心理卫生知识。总之,在高校中开展大学生心理卫生教育是一项开拓性、艰苦性的工作,必须做到常抓不懈、注重实效,还要有必要的组织保证和制度保障。

五、如何有效地应对挫折

西方有这样一句谚语,大意为:麻烦事还不是麻烦事,怎么去解决麻烦事,倒真是一件麻烦事。即遇到挫折并不可怕,因为它原本是人生不可避免的,关键是看你如何对待它,如何去解决它。挫折引起个体产生消极反应,还是积极反应,与个体的心理应对态度、原则、技能等方面密切相关。

1. 树立积极乐观的应对态度

斯宾诺莎说:"不悲哀,不嘲笑,不怨天尤人,而只是理解。"这是我们面对生活以及面对生活压力时的一则座右铭,同时也是我们应当接受的关于应对的基本态度。生活需要理解,生活的压力或挫折也需要理解。在理解的基础上,在不悲哀、不嘲笑、不怨天尤人的理解的基础上,才能够更加有效地来进行对挫折的应付。一是当面对压力的时候,不怨天尤人,而应勇于面对。本来,大海有潮涨潮落,人生也有幸运和不幸的交叉与起伏。把"挫折"与"不幸"看做是生活中的一部分,遇到压力和挫折时能坦然面对,就能够帮助我们正确地对待挫折。有一句西方谚语说,幸福和不幸犹如一根棍子的两端,一旦你拿起了生活的这根"棍子",也就是同时拿起了愉快和烦恼,幸福与不幸。这也就是我们中国俗语所说的"甘蔗没有两头甜"。任何人都不可能只要求幸福而完全回避不幸。这样的认识和态度,能够帮助我们以坦然的态度和较好的心理准备来应对压力。二是压力、挫折与不幸也是一种值得珍惜的生活体验。孟子道:"故天将降大任于斯人也,必先苦其心志,劳其筋骨,饿其体肤,空乏其身,行拂乱其所为,所以动心忍性,增益其所不能。"也就是说,只有"天将降大任"的人,才有机会,或者说才有资格经历和体验这生活中的挫折和考验。这也就构成了一种积极面对挫折、应付挫折的态度。

2. 运用正确的应对原则

有关的心理学文献中关于应对的原则，有这样的表述可供我们参考：一是愉快地生活。无论在家还是在工作场所或参加娱乐时，热爱生活，享受生活，但要学会克制冲动。二是有意义地生活。学会确立生活中小而具体的目标，并努力去实现，同时不断地修正和树立新的目标与追求。不过，目标过于远大或与自己能力相去甚远时，往往会感到"心比天高，命比纸薄"的心境。三是自信与乐观。生活如同大海，有波峰，亦有波谷，并非如镜面一样平坦，因此在遇到挫折和处于波谷之时，自信和对前途的乐观尤为重要，切不可自暴自弃。请记住"天生我材必有用"。四是遇事莫慌，学会放松。情绪的过分紧张和焦虑，会影响人们解决问题的能力。而生活中常常会遇到一些始料未及的事，只有学会放松和调节自己的情绪，保持规律的生活和充足的睡眠，才能去面对和解决问题。五是学会改变认识。换个角度看问题，有时会使沮丧、绝望的人看到希望，如同俗语所说的"树挪死，人挪活"、"塞翁失马，焉知非福"。六是寻求支持，分担痛苦。与人分忧是助人为乐的一种形式，现实生活中，绝大多数人都有一颗助人之心。因此，遇到挫折时，要学会倾诉和寻求帮助。这并非软弱和无能，更不必担忧遭人讥笑，因为它是一种情感的疏泄和痛苦的分担过程。七是面对现实，改进应对策略。挫折不可避免，回避只是暂时的解脱，只有面对挫折，才能使自己走向成熟。学会"吃一堑，长一智"，才能真正体会"失败是成功之母"的内涵。

3. 培养良好的耐挫力

心理学研究表明：能承受挫折的打击，保持自身心理平衡与个性完整，是适应能力强和心理健康的明显标志。当代大学生多数是独生子女，经历相对简单，缺乏克服困难与承受挫折的锻炼。因此应主动锻炼自己，提高耐挫力，更好地应对挫折，促进自身的心理健康。

大学生中耐挫力程度的高低差异颇大，甚至同一个大学生在不同时期、不同情况下表现出的耐挫力也会有所不同。心理卫生学认为，一个人的耐挫力要受到很多因素的影响，具体包括：一是生理条件。身体强壮的人比体弱多病的人更能抵抗挫折。在其他条件相同的情况下，身体健康者更能抵抗恶劣的外部环境。二是生活经历。饱经风霜、阅历丰富的人比生活处境安逸、人生经历顺利、知识经验贫乏的人更能承受挫折。这种人对人生有更深刻的理解，对于生活中的某些不完善的结局并不过分在意。三是思想基础。有崇高的生活目标和乐观向上的生活态度的人更能适应挫折。健康的人生观是耐挫力的核心。四是个性特征。胸怀宽广、意志坚强、乐观开朗、独立性强的人，往往更能承受挫折。五是挫折心理的准备状态。有挫折心理准备，将挫折的出现视为正常的人，往往比那些对挫折毫无防备的人更能接受挫折。被挫折打得措手不及的人，往往是那些过去一直很顺利，对挫折毫无心理准备的人。六是期望水平。一个人对待学习、工作的期望值太高，甚至超出自己能力所及，则易遭受挫折的打击。七是对挫折的知觉判断。一个人如果对挫折能真实客观地作出评价，对其带来的损失不予夸大，就能恰当地应付挫折。八是思维方式的灵活性。挫折来临时，审时度势，灵活变通，适当地调整目标与行为方式，采用积极的挫折应对方式，就会有更强的承受力。此外，一个人的人际关系以及他在面临困难的挫折情境中能否获得有力的社会支持，对他的耐挫力也有重要的影响。

从以上诸因素中可以看出，耐挫力的高低是多种因素综合作用的结果。提高耐挫力的关键还在于平时的训练。平时越有意识地加强培养，打好基础，遇到挫折时就越能应付自如，掌握主动权。大学生适应环境、应对挫折能力的提高，应从培养进取心入手，在点滴小事方面严格要求自己，做到自信乐观、自强不息、开拓创新。

4. 掌握一些具体地应对挫折的有效方法

除了以上因素之外，还可通过了解一些具体的应对方法来更从容地面对挫折情境。一是多用问题定向应对、积极应对，少用情绪定向应对、消极应对。二是积极寻求社会支持。有调查表明，大学生应对挫折多采用封闭性应对方式，而较少寻求社会支持，这可能与大学生文化素质较高、自尊心较强有关。来自社会各方面的精神和物质上的支持，可作为一种保护性因素，支持个体的抗挫折能力，缓和挫折对个体的冲击，从而有利于个体调控心理应激反应。相反，缺乏社会支持，对某些个体来说，则会影响他们的抗挫折能力，妨碍其正常的心理应对。因此，寻求社会支持是应对挫折中较为有效的方式方法。所谓"当局者迷，旁观者清"，"三个臭皮匠，顶个诸葛亮"，"一个篱笆三个桩，一个好汉三个帮"等俗语，通俗地说明了社会支持在个人应对挫折、困境中所起的支持作用。三是进行正确归因。美国心理学家韦纳对人们失败的归因进行了研究。认为一般情况下，失败由客观因素（包括任务难度和机遇）和主观因素（人的能力与努力）造成。人们把失败归因于何种因素，对以后的活动效果及参加活动的积极性有很大影响：把失败归因于主观因素，会使人感到内疚和无助；把失败归因于客观因素，会使人产生气愤与敌意。大学生应正确分析自己的成败归因模式，特别要注意避免韦纳提出的两种错误的归因模式。例如，有的学生总是把自己学习的成败归因于外在因素，学习上受挫折后，把失败归因于运气不好，没能猜中题目或埋怨教师的命题和评分，而不是努力去克服困难和改变失败的处境。有的学生总是把自己学习的成败归因于内在因素，如学习上受挫折后，把失败归因于自身的能力、技能和努力的程度过低，因而抱怨自己，过多地责备自己。这两种习惯性归因，都没有找出造成挫折的真实原因，无助于战胜挫折。总之，大学生受挫以后，应当冷静、客观地分析自己失败的原因，找出造成挫折的真实原因，对挫折作出客观、准确、符合实际的归因，从而有效战胜挫折。四是合理宣泄。大学生受挫以后，心理上处于焦虑、愤怒、冲动的情绪状态之中，如得不到妥善化解，就可能表现出种种消极的行为反应，给个人和社会带来不良后果。因此，采取可控的、合乎社会规范的方式宣泄受挫后的紧张心理，恢复心理平衡，对于大学生来说是十分必要的。在高校中，自我疏导、情绪宣泄、运动宣泄、心理咨询是几种主要的方式。当遭遇到挫折的时候，大家可以选择适合自己的方式进行合理宣泄。

衷心祝愿每一位大学生朋友走入灿烂的明天！

第二节　心理卫生小测试

一、心理健康测评（SCL—90自评量表）

注意：以下表格中列出了有些人可能会有的问题，请仔细地阅读每一条，然后根据最近一星期以内下述影响你的实际感觉的情况，在5个等级中做出选择。没有为"1"，很轻为"2"，中等为"3"，偏重为"4"，严重为"5"。

	没有	很轻	中等	偏重	严重
1. 头痛	1	2	3	4	5
2. 神经过敏，心中不踏实	1	2	3	4	5
3. 头脑中有不必要的想法或字句盘旋					
	1	2	3	4	5
4. 头昏或昏倒	1	2	3	4	5
5. 对异性的兴趣减退	1	2	3	4	5
6. 对旁人责备求全	1	2	3	4	5
7. 感到别人能控制你的思想	1	2	3	4	5
8. 责怪别人制造麻烦	1	2	3	4	5
9. 忘记性大	1	2	3	4	5
10. 担心自己衣饰的整齐及仪态的端正					
	1	2	3	4	5
11. 容易烦恼和激动	1	2	3	4	5
12. 胸痛	1	2	3	4	5
13. 害怕空旷的场所或街道	1	2	3	4	5
14. 感到自己的精力下降，活动减慢					
	1	2	3	4	5

15. 想结束自己的生命	1	2	3	4	5
16. 听到旁人听不到的声音	1	2	3	4	5
17. 发抖	1	2	3	4	5
18. 感到大多数人都不可信任	1	2	3	4	5
19. 胃口不好	1	2	3	4	5
20. 容易哭泣	1	2	3	4	5
21. 同异性相处时感到害羞不自在	1	2	3	4	5
22. 感到受骗、中了圈套或有人想抓住你	1	2	3	4	5
23. 无缘无故地突然感到害怕	1	2	3	4	5
24. 自己不能控制地大发脾气	1	2	3	4	5
25. 怕单独出门	1	2	3	4	5
26. 经常责怪自己	1	2	3	4	5
27. 腰痛	1	2	3	4	5
28. 感到难以完成任务	1	2	3	4	5
29. 感到孤独	1	2	3	4	5
30. 感到苦闷	1	2	3	4	5
31. 过分担忧	1	2	3	4	5
32. 对事物不感兴趣	1	2	3	4	5
33. 感到害怕	1	2	3	4	5
34. 你的感情容易受到伤害	1	2	3	4	5
35. 旁人能知道你的私下想法	1	2	3	4	5
36. 感到别人不理解你、不同情你	1	2	3	4	5
37. 感到人们对你不友好不喜欢你	1	2	3	4	5
38. 做事必须做得很慢以保证做得正确	1	2	3	4	5
39. 心跳得很厉害	1	2	3	4	5
40. 恶心或胃部不舒服	1	2	3	4	5

41. 感到比不上他人	1	2	3	4	5
42. 肌肉酸痛	1	2	3	4	5
43. 感到有人在监视你、谈论你					
	1	2	3	4	5
44. 难以入睡	1	2	3	4	5
45. 做事必须反复检查	1	2	3	4	5
46. 难以做出决定	1	2	3	4	5
47. 怕乘电车、公共汽车、地铁或火车					
	1	2	3	4	5
48. 呼吸有困难	1	2	3	4	5
49. 一阵阵发冷或发热	1	2	3	4	5
50. 因为感到害怕而避开某些东西、场合或活动					
	1	2	3	4	5
51. 脑子变空了	1	2	3	4	5
52. 身体发麻或刺痛	1	2	3	4	5
53. 喉咙有梗塞感	1	2	3	4	5
54. 感到前途没有希望	1	2	3	4	5
55. 不能集中注意力	1	2	3	4	5
56. 感到身体的某一部分软弱无力					
	1	2	3	4	5
57. 感到紧张或容易紧张	1	2	3	4	5
58. 感到手或脚发重	1	2	3	4	5
59. 想到死亡的事	1	2	3	4	5
60. 吃得太多	1	2	3	4	5
61. 当别人看着你或谈论你时感到不自在					
	1	2	3	4	5
62. 有一些不属于你自己的想法					
	1	2	3	4	5
63. 有想打人或伤害他人的冲动					
	1	2	3	4	5
64. 醒得太早	1	2	3	4	5

65. 必须反复洗手、点数目或触摸某些东西
               1   2   3   4   5
66. 睡得不稳不深   1   2   3   4   5
67. 有想摔坏或破坏东西的冲动
               1   2   3   4   5
68. 有一些别人没有的想法或念头
               1   2   3   4   5
69. 感到对别人神经过敏 1   2   3   4   5
70. 在商店或电影院等人多的地方感到不自在
               1   2   3   4   5
71. 感到任何事情都很困难 1   2   3   4   5
72. 一阵阵恐惧或惊恐   1   2   3   4   5
73. 感到任何事情都很困难 1   2   3   4   5
74. 经常与人争论   1   2   3   4   5
75. 单独一人时神经很紧张 1   2   3   4   5
76. 别人对你的成绩没有作出恰当的评价
               1   2   3   4   5
77. 即使和别人在一起也感到孤单
               1   2   3   4   5
78. 感到坐立不安、心神不定 1   2   3   4   5
79. 感到自己没有什么价值   1   2   3   4   5
80. 感到熟悉的东西变得陌生或不像是真的
               1   2   3   4   5
81. 大叫或摔东西   1   2   3   4   5
82. 害怕会在公共场合昏倒   1   2   3   4   5
83. 感到别人想占你的便宜   1   2   3   4   5
84. 为一些有关"性"的想法而苦恼
               1   2   3   4   5
85. 认为应该因为自己的过错而受到惩罚
               1   2   3   4   5
86. 感到要赶快把事情做完   1   2   3   4   5

87. 感到自己的身体有严重问题

                    1   2   3   4   5

88. 从未感到和其他人很亲近

                    1   2   3   4   5

89. 感到自己有罪　　　　1　　2　　3　　4　　5

90. 感到自己的脑子有毛病　1　　2　　3　　4　　5

SCL-90 测验结果处理

因子	因子含义	项　目	T分 = 项目总分/项目数	T分
F1	躯体化	1、4、12、27、40、42、48、49、52、53、56、58	/12	
F2	强迫	3、9、10、28、38、45、46、51、55、65	/10	
F3	人际关系	6、21、34、36、37、41、61、69、73	/9	
F4	抑郁	5、14、15、20、22、26、29、30、31、32、54、71、79	/13	
F5	焦虑	2、17、23、33、39、57、72、78、80、86	/10	
F6	敌对性	11、24、63、67、74、81	/6	
F7	恐怖	13、25、47、50、70、75、82	/7	
F8	偏执	8、18、43、68、76、83	/6	
F9	精神病性	7、16、35、62、77、84、85、87、88、89、90	/10	
F10	睡眠及饮食	19、44、59、60、64、66	/7	

正常人 SCL-90 的因子分

项　目	X + SD	项　目	X + SD
躯体化	1.37 + 0.48	敌对性	1.46 + 0.55
强迫	1.62 + 0.58	恐怖	1.23 + 0.41
人际关系	1.65 + 0.61	偏执	1.43 + 0.57
抑郁	1.50 + 0.59	精神病性	1.29 + 0.42
焦虑	1.39 + 0.43		

二、抑郁自评量表（SDS）

（一）抑郁自评量表简介

抑郁是一种感到无力应付外界压力而产生的消极情绪，有厌恶、痛苦、羞愧、自卑等情绪体验。被抑郁情绪困扰的大学生常表现为：情绪低落、思维迟缓、郁郁寡欢、丧失兴趣、缺乏活力、不愿社交、干什么都打不起精神，对生活缺乏信心、体验不到快乐、食欲减退、失眠等。从外部观察，可以看出表情冷漠、倦怠疲乏，性格内向孤僻、多疑忧虑、不爱交际。生活中遇到意外打击、长期努力得不到报偿的人容易导致抑郁状态。长期处于抑郁状态易导致抑郁症。因此，在心理咨询中常用抑郁自评量表判断来询者的抑郁程度。抑郁自评量表是美国杜克大学医学院Zung1965年研制的，由20个问题组成，使用方便。根据所测结果，可以使咨询或治疗人员作出是否需要药物或心理治疗的判断。

（二）抑郁自评题目

	很少有	有时有	大部分时间有	绝大部分时间有
1. 我觉得闷闷不乐，情绪低沉	1	2	3	4
2. 我觉得一天之中早晨最好	4	3	2	1
3. 我一阵阵哭出来或觉得想哭	1	2	3	4
4. 我晚上睡眠不好	1	2	3	4
5. 我吃得跟平常一样多	4	3	2	1
6. 我与异性密切接触时和以往一样感到愉快	4	3	2	1
7. 我发觉我的体重在下降	1	2	3	4

8. 我有便秘的苦恼	1	2	3	4
9. 我心跳比平时快	1	2	3	4
10. 我无缘无故感到疲乏	1	2	3	4

11. 我的头脑跟平常一样清楚

        4 3 2 1

12. 我觉得经常做的事并没有困难

        4 3 2 1

13. 我觉得不安而且平静不下来

        1 2 3 4

14. 我对将来抱有希望

        4 3 2 1

15. 我比平常容易生气激动

        1 2 3 4

16. 我觉得作出决定是容易的

        1 2 3 4

17. 我觉得自己是个有用的人，有人需要我

        4 3 2 1

18. 我的生活过得很有意思

        4 3 2 1

19. 我认为如果我死了别人会过得好些

        1 2 3 4

20. 平时感兴趣的事我仍然感兴趣

        4 3 2 1

（三）统计方法

  在各题的后面选择得分，然后相加为总分，总分乘以1.25，即得到标准分。抑郁评定的临界值为T分50，分值越高，抑郁倾向越明显。

三、焦虑自评量表（SAS）

（一）焦虑自评量表简介

焦虑是个体主观预料将会有某种不良后果产生或模糊的威胁出现时的一种不安情绪，并伴有忧郁、烦恼、害怕、紧张等情绪体验。被焦虑所困扰的大学生常表现出烦躁不安、坐卧不宁、思维受阻、行为不灵活、动作不敏捷、身体不舒服、睡眠有障碍、食欲不振等。严重的焦虑能使人失去一切情趣和希望，导致心理疾病。因此，在咨询中为了了解来询者的焦虑状况，常使用焦虑自评量表。该表也是美国杜克大学医学院 Zung 1965 年编制的，由 20 个问题组成，最大的特点是简便省时、易于掌握，能迅速反映出被测者个人主观感受的焦虑程度。

（二）焦虑自评题目

	很少有	有时有	大部分时间有	绝大部分时间有
1. 我感到比往常更加神经过敏和焦虑	1	2	3	4
2. 我无缘无故感到担心	1	2	3	4
3. 我容易心烦意乱或感到恐慌	1	2	3	4
4. 我感到我的身体好像被分成几块，支离破碎	1	2	3	4
5. 我感到事事都不顺利，将会有倒霉的事情发生	4	3	2	1
6. 我的四肢抖动和震颤	1	2	3	4
7. 我因头痛、颈痛和背痛而烦恼	1	2	3	4

8. 我感到无力而且容易疲劳

       1   2   3   4

9. 我感到很平静，能安静地坐下来

       4   3   2   1

10. 我感到我的心跳较快

       1   2   3   4

11. 我因阵阵的眩晕而不舒服

       1   2   3   4

12. 我有阵阵要昏倒的感觉

       1   2   3   4

13. 我呼吸时进气和出气都不费力

       4   3   2   1

14. 我的手指和脚趾感到麻木和刺痛

       1   2   3   4

15. 我因胃痛和消化不良而苦恼

       1   2   3   4

16. 我必须时常排尿 1   2   3   4

17. 我的手总是温暖而干燥

       4   3   2   1

18. 我觉得脸发烧发红 1   2   3   4

19. 我容易入睡，晚上休息很好

       4   3   2   1

20. 我做噩梦   1   2   3   4

（三）评定标准

评定采用 1~4 制记分，评定时间为过去一周内，统计方法参照 SDS。临界值为 T 分 50，分值数越高，焦虑倾向越明显。

四、环境适应能力测量

(一) 测试题

每一个人进入青春期,都会遇到大量的适应的问题。适应不良则对今后的工作学习以至家庭婚姻造成很大的影响。怎样算适应良好呢?以下40条标准供你自测:

1. 对家庭、班级和学校的生活感到习惯而不厌烦。
 是 否
2. 能以一定的灵活性适应周围人际关系的变化。 是 否
3. 对事情总有明确目的,在一般情况下能说到做到。
 是 否
4. 当自己的行为遭到反对时,能及时地自我调整,不一意孤行。 是 否
5. 经常留心周围人际环境的变化。 是 否
6. 有助人为乐精神,肯关心帮助别人。 是 否
7. 对周围的人们持信任态度。 是 否
8. 待人热情友善,而不是冷漠无情。 是 否
9. 能站在别人的角度体会他们的内心感情。 是 否
10. 讲良心,做了错事感到内疚。 是 否
11. 能基本正确地评价自己的各种品质。 是 否
12. 有适度的自尊心。 是 否
13. 以积极态度看待自己的形象。 是 否
14. 没有明显的自卑感。 是 否
15. 有一定的自我控制能力。 是 否
16. 在多数情况下能独立决定自己的行为。 是 否
17. 懂得学习的重要,学习感强。 是 否
18. 对家庭和学校生活感兴趣,认为自己是幸福的。
 是 否
19. 学习不感到特别困难,经过努力可以达到中等或中等以

上水平。　　　　　　　　　　　　　　　　是　否
20. 在集体生活中有一定的责任感，愿为集体出力。
　　　　　　　　　　　　　　　　　　　是　否
21. 对学习和课外活动有主动精神。　　　是　否
22. 不做多数人反对的事。　　　　　　　是　否
23. 在集体中占有一定的位置，不是被遗忘的人。
　　　　　　　　　　　　　　　　　　　是　否
24. 按时休息、睡眠良好。　　　　　　　是　否
25. 没有经常头痛现象。　　　　　　　　是　否
26. 从来没有记忆突然减退、学习成绩大幅度下降的现象。
　　　　　　　　　　　　　　　　　　　是　否
27. 能和异性同学正常交往。　　　　　　是　否
28. 对自己的性发育情况有正确的了解和评价。是　否
29. 对"性"的问题好奇，但不过分关注。　是　否
30. 没有不良的性行为习惯。　　　　　　是　否
31. 没有明显地陷入早恋而不能自拔。　　是　否
32. 在一般情况下，情况正常乐观。　　　是　否
33. 对困难和挫折有一定的承受能力。　　是　否
34. 能控制自己的愤怒、焦虑和忧虑等情绪。是　否
35. 有一定的胆量和勇敢精神。　　　　　是　否
36. 在一般情况下表现诚实。　　　　　　是　否
37. 对不公正的事情表示气愤。　　　　　是　否
38. 愿意承担自己应承担的义务。　　　　是　否
39. 对父母有爱和依恋之心。　　　　　　是　否
40. 对自己的前途充满希望。　　　　　　是　否

（二）测试分析

对每题，先对照自己平时的实际表现想一想："是"指能做到的或基本能做到的，记1分，"否"记0分。总分36分以上者适应非常好；29~35分为适应良好；24~28分为尚能适应；16~23分为适应不良；15分以下为严重适应不良。

五、A型性格问卷

(一) 导入语

A型性格通常表示争强好胜、怀有戒心或敌意和缺乏耐性等特征。请回答下列问题,凡是符合您的情况的就在"是"字上打个对号;凡是不符合您的情况的就在"否"字上打个对号。每个问题必须回答,答案无所谓对与不对、好与不好。请尽快回答,不要在每道题目上太多思索。回答时不要考虑"应该怎样",只回答您平时"是怎样的"就行了。

1. 我常常力图说服别人同意我的观点　　　　是　　否
2. 即使没有什么要紧事,我走路也很快　　　是　　否
3. 我经常感到应该做的事情很多,有压力　　是　　否
4. 即使是已经决定了的事别人也很容易使我改变主意
　　　　　　　　　　　　　　　　　　　　　是　　否
5. 我常常因为一些事大发脾气或和人争吵　　是　　否
6. 遇到买东西排长队时,我宁愿不买……　　是　　否
7. 有些工作我根本安排不过来,只是临时挤时间去做
　　　　　　　　　　　　　　　　　　　　　是　　否
8. 我上课或赴约会时,从来不迟到　　　　　是　　否
9. 当我正在做事,谁要是打扰我,不管有意无意,我都非常恼火　　　　　　　　　　　　　　　　　　　是　　否
10. 我总看不惯那些慢条斯理、不紧不慢的人　是　　否
11. 有时我简直忙得透不过气来,因为该做的事情太多了
　　　　　　　　　　　　　　　　　　　　　是　　否
12. 即使跟别人合作,我也总想单独完成一些更重要的部分
　　　　　　　　　　　　　　　　　　　　　是　　否
13. 有时我真想骂人　　　　　　　　　　　　是　　否
14. 我做事喜欢慢慢来,而且总是思前想后　　是　　否
15. 排队买东西,要是有人加塞,我就忍不住指责他或出来

干涉 是 否
16. 我觉得自己是一个无忧无虑、逍遥自在的人 是 否
17. 有时连我自己都觉得，我所操心的事远远超过我应该操心的范围 是 否
18. 无论做什么事，即使比别人差，我也无所谓 是 否
19. 我总不能像有些人那样，做事不紧不慢 是 否
20. 我从来没想过要按照自己的想法办事 是 否
21. 每天的事情都使我的神经高度紧张 是 否
22. 在公园里赏花、观鱼等，我总是先看完，等着同来的人 是 否
23. 对别人的缺点和毛病，我常常不能宽容 是 否
24. 在我所认识的人里，个个我都喜欢 是 否
25. 听到别人发表不正确见解，我总想立即就去纠正他 是 否
26. 无论做什么事，我都比别人快一些 是 否
27. 当别人对我无礼时，我会立即以牙还牙 是 否
28. 我觉得我有能力把一切事情办好 是 否
29. 聊天时，我也总是急于说出自己的想法，甚至打断别人的话 是 否
30. 人们认为我是一个相当安静、沉着的人 是 否
31. 我觉得世界上值得我信任的人实在不多 是 否
32. 对未来我有许多想法，并总想一下子都能实现 是 否
33. 有时我也会说人家的闲话 是 否
34. 尽管时间很宽裕，我吃饭也快 是 否
35. 听人讲话或报告时我常替讲话人着急，我想还不如我来讲哩 是 否
36. 即使有人冤枉了我，我也能够忍受 是 否
37. 我有时会把今天该做的事拖到明天去做 是 否
38. 人们认为我是一个干脆、利落、高效率的人 是 否
39. 有人对我或我的工作吹毛求疵时，很容易挫伤我的积极性

　　　　　　　　　　　　　　　　　　　　是　　否
40. 我常常感到时间晚了，可一看表还早呢　　是　　否
41. 我觉得我是一个非常敏感的人　　　　　　是　　否
42. 我做事总是匆匆忙忙的，力图用最少的时间办尽量多的事情　　　　　　　　　　　　　　　　　　　　是　　否
43. 如果犯有错误，我每次全都愿意承认　　　是　　否
44. 坐公共汽车时，我总觉得司机开车太慢　　是　　否
45. 无论做什么事，即使看着别人做不好我也不想拿来替他做
　　　　　　　　　　　　　　　　　　　　是　　否
46. 我常常为工作没做完，一天又过去了而感到忧虑
　　　　　　　　　　　　　　　　　　　　是　　否
47. 很多事情如果由我来负责，情况要比现在好得多
　　　　　　　　　　　　　　　　　　　　是　　否
48. 有时我会想到一些坏得说不出口的事　　　是　　否
49. 即使受工作能力和水平很差的人所领导，我也无所谓
　　　　　　　　　　　　　　　　　　　　是　　否
50. 必须等待什么的时候，我总是心急如焚，"像热锅上的蚂蚁"　　　　　　　　　　　　　　　　　　　是　　否
51. 当事情不顺利时我就想放弃，因为我觉得自己能力不够
　　　　　　　　　　　　　　　　　　　　是　　否
52. 假如我可以不买票白看电影，而且不会被发觉，我可能会这样做　　　　　　　　　　　　　　　　　　是　　否
53. 别人托我办的事，只要答应了，我从不拖延　是　　否
54. 人们认为我做事很有耐性，干什么都不会急　是　　否
55. 约会或乘车、船，我从不迟到，如果对方耽误了，我就恼火　　　　　　　　　　　　　　　　　　　　是　　否
56. 我每天看电影，不然心里就不舒服　　　　是　　否
57. 许多事本来可以大家分担，可我喜欢一个人去干
　　　　　　　　　　　　　　　　　　　　是　　否
58. 我觉得别人对我的话理解太慢，甚至理解不了我的意思
　　　　　　　　　　　　　　　　　　　　是　　否

59. 人家说我是个厉害的暴性子的人　　　　　是　　否
60. 我常常比较容易看到别人的缺点而不容易看到别人的优点
　　　　　　　　　　　　　　　　　　　　　是　　否

（二）计分及评估方法

这一量表包括60个题目，可分别归为三部分：

1. "TH"，有25题，表示时间匆忙感、时间紧迫感和做事快等特征。在第2、3、6、7、10、11、19、21、22、26、29、34、38、40、42、44、46、50、53、55、58题的回答为"是"和第14、16、30、54题的回答为"否"的每题各得1分。

2. "CH"，有25题，表示争强好胜、怀有戒心或敌意和缺乏耐性等特征。在第1、5、9、12、15、17、23、25、27、28、31、32、35、39、41、47、57、59、60题的回答为"是"和第4、18、36、45、49、51题的回答为"否"的每题各得1分。

3. "L"，有10题，为真实性的校正（即测谎）题。第8、20、24、43、56题的回答为"是"和第13、33、37、48、52题的回答为"否"的则在L量表中每题各得1分。

L分过高（7分）则问卷无效。

A型行为类型的评定是根据TH加CH的得分多少计算的，以常人得分的平均分数（27分）为极端中间型；36分以上者为A型，18分以下者为B型，28~35分者为中间偏A型（或称A型），19~26分者为中间偏B型。

第三节　心理卫生训练

一、我的自画像

1. 对自己的身高、体重、体型、外貌的评价：
2. 对自己的智力、优点、特长的评价：

3. 对自己的短处、缺点、弱点的评价：

4. 我的座右铭：

5. 我最欣赏自己的是：

6. 我最讨厌自己的是：

7. 我的烦恼是：

8. 我最近一次流泪：

9. 我的朋友：

10. 我与家人相处：

小结：我的心理是否健康？

二、心理舞台

我们以报数的方式分成若干组，进行有趣的小组活动，训练和提高应对挫折的能力，体会在各种挫折情境中的感受，培养有效的应对挫折的态度、技巧和方法。

1. 活动主题：应对挫折。

2. 目的：通过各种情境、角色扮演活动，清醒地认识到小组成员曾经经历的挫折及其来源、反应及当时的应对是否有效，应当如何应对，以便今后能更好地迈向新生活。

3. 要求：根据以前的分组，请每组成员回忆自己曾经经历过的挫折，并将当时的情境简单地表述出来，有机地结合下文提示的情境，适当地表演出来，特别是自己如何应对挫折情境的，作出了怎样的挫折反应，效果如何等，并和小组、大组成员共同讨论和分享。

4. 步骤：

（1）热身活动：心理游戏。

A. 每组先领取一张完整的对开的白纸，假设该纸即为船，纸外即为大海。请小组成员先对折让每个成员都能站在上面；再在对折的基础上再次对折，仍然要让每位小组成员都站在纸上，任何人站在纸外即为落入大海。每组要想办法尽可能地将纸折成最小的面积，仍能让小组成员站在上面。

B. 分享：请每位成员思考并讨论活动中自己和小组做了什么，效果如何，有什么体会，并在大组分享，结合其他小组的分享体会，谈谈自己的感受。

（2）展现学习焦虑。

A. 请小组成员表演大学新生在第一学期期末考试前处于焦虑、紧张的状态，最后导致考试不及格的挫折情境及其采取的应对。

B. 在部分成员表演后，展开小组讨论，并就其应对方式的有效性加以重点讨论。

（3）展现人际关系冲突。

A. 请小组成员表演如下挫折情境及应对：学习生活中与其他班级和年级或不同专业的同学因一件小事发生了摩擦，难以调和，最后打了起来，自己受了重伤，休息了一个多星期，耽误了学习，受了老师的批评，自己感到很委屈，同学还取笑自己，说自己没本事。

B. 在部分成员表演后，展开小组讨论，并就其应对方式的有效性加以重点讨论。

（4）展现生活困难。

A. 请小组成员表演如下挫折情境及应对：大学特困生由于家庭经济困难或自己因家庭突遭不幸，一时经济拮据，生活难以为继，更谈不上买一些喜欢的东西，又不想找同学借钱，失去了往日的欢乐。

B. 在部分成员表演后，展开小组讨论，并就其应对方式的有效性加以重点讨论。

（5）展现压力与发展。

A. 请小组成员表演如下挫折情境及应对：一位大学生因学习任务繁重，同时又有较多的社团工作，感到不知所措。

B. 在部分成员表演后，展开小组讨论，并就其应对方式的有效性加以重点讨论。

（6）展现父母要求与自我发展。

A. 请小组成员表演如下挫折情境及应对：一位大学生因父母对其期望值较高，希望他能尽早通过 tGRE 考试，拿奖学金出国留学，而他自己只想在国内的大学选择自己喜欢的专业，潜心钻研，扎扎实实地学本领，用于实践，并注重全面发展，因而产生了心理冲突。

B. 在部分成员表演后，展开小组讨论，并就其应对方式的有效性加以重点讨论。

5. 评分：根据本组和各组表演情况，对本组和其他组予以综合评价。

作业与思考

1. 心理卫生的含义是什么？
2. 你认为大学生常见的心理问题有哪些？
3. 你认为大学生最可能面对的挫折是什么？应如何应对？
4. 个案分析：

一位毕业班的女学生很痛苦地找到心理老师倾诉："我们宿舍的同学人人都找到了两个'婆婆家'（经过交谈得知，两个'婆婆家'是指恋人和工作），我一个都没有，还有不到半年的时间就要毕业了，我该怎么办？"请你提供有效的帮助。

第十章　领导能力

大学生毕业以后，大多数人将成为建设中国特色社会主义的骨干力量，在祖国现代化建设的各个岗位承担责任，不少人将走上各级领导岗位。因此，在大学生中开展领导心理训练显得格外重要。在本章的教学中，我们将介绍有关领导的理论，进行领导能力的测试，开展表达和演讲的训练，开展各种活动的策划，以培养大学生的组织管理能力。

第一节　有关领导小常识

在日常工作中，由于领导多居于关键的独特的地位，故在影响人们积极性的诸因素中，领导心理和行为是一个重要的因素。随着心理学理论的发展，领导心理和行为的重要性越来越显著，往往成为一个组织成败的关键。因此，研究领导心理和行为是管理心理学的重要组成部分。甚至可以说，研究个体心理、需要理论、激励理论和挫折理论等，都是领导心理和行为的理论基础，或者说领导心理和行为理论是心理素质训练的核心理论，研究领导心理有助于领导者正确决策，实现目标及改善领导者与被领导者的关系。

一、领导的概念

什么是领导？国内外心理学家有各自不同的论述。有人认为"领导即行使权威与决定"；有人认为"领导是影响人们自动达成群体目标而努力的一种行为";有人认为"领导是一种说服他人热心于一定目标的能力";有人认为"领导是一项程序,使人得以在选择目标及达成目标上接受指挥和引导的影响";也有人认为"领导是在某种情况下,影响个人或群体达成目标行动的过程";还有人认为"领导是一门促使其部属充满信心、充满热情来完成他们任务的艺术;"等等。

在我国的汉语中,"领导"一词有双重的含义,一是作名词用,指的是领导者、带头人或领袖。二是作动词用,有率领、引导的意思。传统的管理理论认为,领导是组织赋予领导者以职位和权力带领下级完成组织目标的行为过程。心理学则认为,领导是一种行为和影响力,不是指个人的职位和权力,而是指引导和影响他人或集体在一定条件下向组织目标迈进的行动过程,致力于实现这一过程的人则为领导者。

综上所述,领导的概念应包括以下含义:

1. 领导的本质

领导的本质是一种人与人之间的关系,即领导者与被领导者的关系,其中领导者是一个起主导作用的因素。

2. 领导的行为

领导的行为应体现在引导和影响两方面的作用上,即为了实现组织目标或完成组织任务,领导者既要引导、率领下级,又要通过自身的行为影响下级或集体。

3. 领导的过程

领导是一个动态过程,体现在三个方面:一是领导品质是可以培养的;二是领导者的有效行为是由被领导者的特点所决定;三是领导者的有效行为是随着环境的变化而变化的。因此,在研究领导行为时就必须充分考虑各种因素的作用和它们之间的关系,重点是研究领导者、被领导者和环境的交叉作用,领导者只是其中的一种角色。

二、领导的功能

领导的功能是什么？对此也有许多说法。一般说来，领导的基本功能是组织功能和激励功能。

1. 组织功能

在我国，领导的组织功能主要包括四个方面：一是要积极贯彻执行党和国家的方针政策、上级指示精神，完成上级交给的各项任务；二是根据组织的内部外部条件，根据需要与可能制定组织目标和决策；三是为实现这些目标和决策，合理地组织使用人力、财力、物力；四是建立有效的规章制度和科学的管理系统。

2. 激励功能

激励功能主要包括三个方面：一是提高被领导者接受和执行目标的自觉程度，就是要把组织目标与组织成员的个人需要、个人目标协调起来，统一起来，从而提高组织成员接受和执行组织目标的自觉性；二是激发被领导者实现组织目标的热情，就是通过满足各种物质需要和精神需要，以唤起其实现组织目标的主动精神和工作热情；三是提高被领导者的行为效率。被领导者的行为效率是指实现组织目标所作贡献的大小，创造有利于提高行为效率的物质环境和心理氛围。提高领导行为的有效性是提高被领导者行为效率的关键。

概括说来，领导的激励功能就是通过领导行为和影响力，使被领导者提高对组织目标的认识、态度和行为效率。要实现激励功能，就要求领导者了解下级的各种需要，研究满足需要的途径和方法，最大限度地满足被领导者的各种需要，以促进组织目标的实现。

古今中外，有许多实例可以说明领导的激励功能。例如，在我国魏蜀吴三国鼎立时期，蜀魏长坂坡一战，刘备被曹操打得一败涂地，丢盔卸甲，落荒而逃，刘备之子阿斗也陷落敌阵。当赵云浴血奋战，冒死救出阿斗，杀出重围，将阿斗交还刘备时，刘备将爱子丢在一旁说道："你这小子，差点损了我一员大将！"刘备这一行为使赵云感受到，自己在刘备心目中的位置比阿斗更重要，从而更激发了为刘备的蜀汉大业打天下的热情。由此说明，领导者如能满足下级的心理需要，激发下级的热情，对实现组织目标将有巨大的影响。

国外有的学者把领导的功能分得很细、很具体，认为领导至少有下列 14 种功能和作用：

一是执行者。领导有责任最后调整集体内的各种活动，并且监督决定的执行。

二是方针制定者。就是确定本单位的目标，根据上级领导的意见与本单位成员的愿望制订具体方针。

三是计划者。即规划为实现组织目标而需要的手段。

四是专家。即要提供实现组织目标的有关情报和技术。

五是对外的代表者。代表组织与外单位交涉，协调组织与组织之间的关系。

六是内部关系的控制者。即协调和控制组织内部的各种关系。

七是赏罚的执行者。即执行组织的赏罚制度，以规范组织成员的行为。

八是仲裁者。调整和仲裁组织内部发生的各种纠纷。

九是榜样。为组织成员作具体行为的示范。

十是象征。成为组织统一的中心和精神支柱。

十一是替身。在必要时要管组织，负责任。

十二是规范者。提倡和制约组织的信念、价值和规范等。

十三是理想者。即不仅是组织成员的榜样，而且是组织成员良好感情寄托的对象。

十四是牺牲者。当组织失败或受挫折时成为众人发泄不满的对象，成为成员攻击的靶子，甚至成为牺牲品。

三、领导的职责

现代管理科学认为，领导是否有效至关重要，即如何管理好现代化企业、事业，如何引导企业、事业获得成功，实现预定目标是领导者的重要职责。总结成功的经验，现代的有效领导的主要职责是：制定战略目标，建立组织机构的规章制度，选人、用人，合理决策；调查研究和学习。

1. 制定战略目标

这是领导的首要职责。目标制定得是否正确，从根本上决定了一个单位的经营管理效果。经营管理效果 = 战略目标（方向）× 工作效率。这就是说，如果目标方向不对，就会成为负值，工作效率越高，其经营管理效果就越低。所以任何一个单位的第一把手，都应亲自抓制定战略目标这件大事。一个领导水平的高低，也正表现在这里。制定战略目标就是对本单位的发展前景描绘出一个总蓝图。在这个蓝图中要明确规定出本单位的长远发展方向和中、长期目标，怎样完成上级赋予的使命，以及全体成员的各级奋斗目标等。这种战略目标就是要起到团结和鼓舞全体人员，拧成一股绳，朝着同一个大目标前进的作用。对领导工作本身来说，目标是个最重要的考核指标。

2. 建立组织机构和规章制度

这是实施目标的重要措施和手段。只有建立起合理有效的组织机构，制定了有关全局的各项规章制度，才能保证目标的实施。所建立的组织机构应当是一个大系统，整体与各部分有密切分工，有反馈能力，并形成一个输入——输出——再输入——再输出的相对封闭的系统。在规章制度中，最重要的是各种责任制度和奖惩制度。前者要使各个岗位和每个人都有非常明确的责任；后者则是要奖罚分明，这本身就是一种巨大的管理的动力。

3. 选人、用人、建立和谐的人际关系

首先是选人，只有人选得合适，才能用得其所。毛泽东同志说："领导者的责任归结起来，主要的是出主意、用干部两件事（《毛泽东选集》第2卷，第93页）。"领导科学认为：善于发现人才，团结人才，使用人才，是领导者是否成熟的主要标志之一。要保证人选得合适，就要把所要完成的工作任务与所选用人才的优势相结合，即用其所长，避其所短，不宜追求所谓全才。人选好以后，关键是怎样使用，做到知人善任。汉高祖刘邦在总结他取得天下的原因时说,"夫运筹帷幄之中,决胜千里之外,吾不如子房;镇国家,抚百姓,给饷馈,不绝粮道,吾不如萧何;连百万之众,战必胜,攻必取,吾不如韩信。三者皆人杰,吾能用之,此吾所以取天下者也。"这就说明领导者并非什么都比别人强,而是必须具有超群的用人本领。

要保证人才使用得适当,还应使其有明确的职责,同时授予适应的权力,即做到有职有权。同时,领导者还必须体谅人、关心人,搞好各方面的关系,以充分调动人们的主动性、积极性、创造性。

4. 合理决策

决策是领导的一项经常性工作。不能决策,就不能领导;不能合理、果断决策,遇事犹犹豫豫,绝不是个好领导;领导者不仅对重大问题要在依靠群众、民主协商的基础上,及时做出决策外,还必须对突然发生的急迫问题给予及时决策。无论是不能决策还是决策错误,或错失良机,都会给工作带来损失,都无法实现有效领导。

5. 联系群众,注意调查研究

领导必须掌握信息、沟通信息,做到上情下达。不仅要听取来自下边和左右的报告,更要重视亲身的调查,这是领导的基本工作也是一项经常性的工作。深入基层进行现场调查,善于发现解决问题,并通过调查研究,对战略目标进行完善和修订,乃是领导工作的基本方针之一。

6. 学习

对领导者来说,学习是解决知识老化、经验陈旧和提高领导水平的根本途径和方法。为了企业、事业的生存和发展,领导者必须经常不断地学习新知识,掌握最新的科学管理方法,以适应知识更新、科学技术高速发展的形势。

四、领导的影响力

所谓影响力,就是一个人在与他人的交往中,影响和改变他人心理和行为的能力。一个领导者要实现领导功能或职责，成为有效的领导，关键在于领导的影响力。心理学研究认为，领导的影响力分为强制性影响力和自然性影响力两大类别。

1. 强制性影响力

强制性影响力，也可称为权力性影响力。构成这种影响力的主要因素是传统因素、职位因素和资历因素。

所谓传统因素，就是指人们对领导者的一种传统观念，认为领导者不同于普通人，他们或者有权术，或者有才干，或者兼而有之，总之要比普通人强些。这种观念逐步成为某种形式的社会规范，产生了对领导者的服从感。服从领导作为一种传统的观念，从小就影响着每个人的思想，因此就使领导者的言行增加了影响力。这种由传统观念所产生的影响力普遍地存在于每个领导者的言行之前，可以说它是传统附加给领导的力量。只要你是一个领导者，就自然赢得了这种力量。

所谓职位因素，就是指个人在组织中的职务与地位会使被领导者产生敬畏感。领导者的职位越高，权力越大，别人对他的敬畏感也越甚，他的影响力也越大。在通常情况下，局长的影响力要比处长的影响大，处长的影响力要比科长大，工厂车间主任的影响力要比班组长大，等等，就是这个道理。

职位因素造成的影响力是以法定为基础的，它与领导者本人的素质没有直接关系，纯粹是社会组织授予领导者的力量，也同样存在于领导者的言行之前。例如，我们举办学术报告会，报告者的职称和头衔对与会人员的影响很大。我们召开民主协商对话，出席会议的领导者的职位对会议的成效会产生重大影响。

所谓资历因素，就是领导的影响力也来自于领导者的资格和经历。资历是历史性东西，它反映出一个人过去的情况。人们对资历较深的领导者是比较敬重的。例如，某厂新来了一位厂长，人们很自然地会听这位新厂长过去的经历，当了解到他是某某学校毕业或是某年参加工作，曾担任过好几种领导职务，并成绩卓著，多次受到上级嘉奖等情况时，就会在心目中对这位厂长产生敬重感，以后他的言行就容易在人们的心理上占有位置，这就是资历因素所以能构成影响力的原因。由于资历主要与过去所任的职务有关，因此它产生的影响力的性质主要属于强制性影响力范围，而且它也存在于领导现实行为之前。

总之，由传统、职位、资历所构成的影响力都不是领导者的现实行为造成的，而是外界赠与的，其核心是法定权力，包括奖励、惩罚权，对别人的影响带有强制性、不可抗拒性，使人产生服从感、敬畏感、敬重感。但是，由于在它的作用下，被影响者的心理和行为主要表现为被动和服从，所以，它对人们心理和行为的激励和影响是有限的。

2. 自然性影响力

自然性影响力，也可称为非权力影响力。自然性影响力与强制性影响力有本质上的区别。强制性影响力的基础是法定权力，是外部给予的，而自然性影响力的基础是领导者的专长和品质，是自身因素造成的。它对影响者心理的影响并不是一种压力，而是一种自然而然、潜移默化的过程，使被影响者的行为表现为自愿、主动。因此，它对人们心理和行为的影响、激励作用较大。构成自然性影响力的要素是品格因素、能力因素、知识因素和感情因素。

所谓品格因素，就是指领导者的品行、道德、人格、作风等因素，它反映在领导者的一切言语行为中。优秀的品格会给领导者带来巨大的影响力。好的品格会使人产生敬爱感，而且能吸引人、被模仿。我们常说"榜样的力量是无穷的"，道理就在于此。领导者实际上每时每刻都在起着榜样的作用。无论职位多高的领导者，倘若在品格上出了问题，那他的影响力就会扫地。因此，领导者要十分注意自己品格上的表现，优良的品格不仅是担任领导职务的素质要求，也是领导者影响力重要的组成部分。

所谓才能因素，就是指领导者的才干、能力。这是构成自然性影响力的主要因素。才能不单单反映在领导者能否胜任自己的工作上，更重要的是反映在工作的结果是否成功上。它是通过实践来表现的，一个有才能的领导者会给企业、事业带来成功，使人们对他产生敬佩感。敬佩感会吸引人们自觉地去接受其影响。

所谓知识因素，是指领导者知识水平的高低，这也是构成自然性影响的重要因素。知识是一个人最宝贵的财富。它本身就是一种力量，而且是科学赋予的力量。知识丰富、水平很高的领导者不但表现为处理专业业务的能力很强，而且表现于处理社会事务的能力很强，容易取得人们的信任，并由此产生信赖感，使领导的影响力增强。相反，如果领导者的知识面窄，对许多新的事物一无所知，除了工作之外很少与下级有共同的话题，那么他的影响力很有限。从这个意义上讲，领导者的知识多多益善。这就要求领导者要勤于学习，善于学习，尽可能多地掌握各种各样的知识，以提高自己的影响力。

所谓感情因素，是指领导者与下级的感情交流。一个领导者待人和蔼可亲，能时时体贴关怀下级，与群众的关系十分融洽，他的影响力往往很高。相反，如果领导者与下级关系比较紧张，就会造成双方的心理距离，产生对抗力、排斥力，而减弱领导者的影响力。因此，领导者要十分注意与被领导者的感情关系，通过感情投资来提高自己的影响力。

上述这四种自然性影响力，都是领导者自身的素质与行为造成的，它与权力无直接的关系，来自于领导者自身的学习和修养。因此提高领导者影响力的途径之一就是要不断地学习，吸取各种知识，加快知识更新的速度，以适应新的情况、新的环境、新的要求。同时要模范遵守国家法规和政策，严格用高尚的道德规范自己，以提高领导的影响力并影响工作效率。

第二节　领导能力小测试

领导行为通常是指领导者在管理活动中注重生产还是注重员工。有的领导强调生产与技术管理，往往采取专制式的领导方式；有的领导重视职工的个性与个人的需要，与职工建立一种相互信任、尊重下级意见、体贴下级情绪的工作气氛；有的领导"身在其位不谋其政"；还有的领导既将生产搞得红红火火，又与职工形成鱼水之情。那么,你是属于哪一种呢?

对下面30句话,如果您认为自己"经常"是这样,选5,"较多"选4,"有时"选3,"很少"选2,"从未"选1。

一、测试题目

(一) 工作取向的15个题目

1. 对下级清楚地表述自己的态度。
　　　　　　　　　　　经常　较多　有时　很少　从未
2. 在本单位中能实施自己的新方案。
　　　　　　　　　　　经常　较多　有时　很少　从未
3. 以极严的手段抓管理工作。
　　　　　　　　　　　经常　较多　有时　很少　从未
4. 批评那些工作中表现不好的下级。
　　　　　　　　　　　经常　较多　有时　很少　从未
5. 以不容他人质问的口气讲话。
　　　　　　　　　　　经常　较多　有时　很少　从未
6. 分配下级做规定的工作。　经常　较多　有时　很少　从未
7. 坚持一定作业标准。　　　经常　较多　有时　很少　从未
8. 做事有一定计划性。　　　经常　较多　有时　很少　从未
9. 强调一定要在限期内完成工作。
　　　　　　　　　　　经常　较多　有时　很少　从未
10. 规定工作程序。　　　　经常　较多　有时　很少　从未
11. 要弄清楚是否所有的下级都了解其在团体中的地位。
　　　　　　　　　　　经常　较多　有时　很少　从未
12. 要求下级遵照标准化的规则和法令。
　　　　　　　　　　　经常　较多　有时　很少　从未
13. 让下级知道领导人对他们的要求。
　　　　　　　　　　　经常　较多　有时　很少　从未
14. 关心和注意下级是否充分发挥其能力。

　　　　　　　　　　经常　较多　有时　很少　从未
15. 注意下级工作是否协调。
　　　　　　　　　　经常　较多　有时　很少　从未

(二) 人情取向的 15 个题目

1. 给下级以私人帮助。　　经常　较多　有时　很少　从未
2. 做一些使下级愉快的小事情。
　　　　　　　　　　经常　较多　有时　很少　从未
3. 容易使下级了解自己。　经常　较多　有时　很少　从未
4. 抽空听取下级的意见。　经常　较多　有时　很少　从未
5. 信守诺言。　　　　　　经常　较多　有时　很少　从未
6. 关心下级的个人福利。　经常　较多　有时　很少　从未
7. 不拒绝解释自己行为的原因。
　　　　　　　　　　经常　较多　有时　很少　从未
8. 从来不会没有和下级商量而自行行动。
　　　　　　　　　　经常　较多　有时　很少　从未
9. 缓慢地接受新的方案。　经常　较多　有时　很少　从未
10. 以平等的态度对待每一个下级人员。
　　　　　　　　　　经常　较多　有时　很少　从未
11. 愿意对现状有所改变。　经常　较多　有时　很少　从未
12. 平易近人。　　　　　　经常　较多　有时　很少　从未
13. 与下级谈话时，能使他们觉得轻松自然。
　　　　　　　　　　经常　较多　有时　很少　从未
14. 对下级提的意见付诸实施。
　　　　　　　　　　经常　较多　有时　很少　从未
15. 在推行重要事项之前，先取得下级的赞同。
　　　　　　　　　　经常　较多　有时　很少　从未

二、测试统计

对每个项目，选"5"得 5 分，选"4"得 4 分。以此类推。

将工作取向得分加起来为 A，人情取向的得分加起来为 B，如果得分情况是：

1. A 大于 38 分，B 大于 38 分：这是对人、对组织都比较关心的领导行为类型。这种组合的效果最好，通常既能将工作搞好，又能得到下级的爱戴。

2. A 大于 38 分，B 小于 38 分：这种领导在领导过程中通常只关心组织中的工作与技术，而不太关心下级的思想与工作。也许生产能搞上去，但通常下级会对其存在许多埋怨。

3. A 小于 38 分，B 大于 38 分：这种领导更关心人，与下级之间存在着浓厚的感情，而不太注重对工作的管理，如果组织较小的话，组织中的工作能搞上去，但当组织过大时，这种领导行为方式往往会遇到一定的困难。

4. A 小于 38 分，B 小于 38 分：这种领导既不关心组织，也不关心下级，工作搞不好，下级对领导相当不满，这是组合效果最差的一种领导行为方式。

第三节　表达能力训练

现实生活中，不少人为自己"不会说话"而苦恼。通过演讲训练，可以提高我们的表达能力。演讲是一种语言的艺术。古希腊的著名演讲家伊索格拉底说："一篇真实、合法、公证的演讲词就是一个善良而忠诚的灵魂的外在意象。"好的演讲词充满着智慧，蕴涵着启发人的真谛，可以动人心腑，让人久久难以释怀；好的演讲家可以用话语拨动听众的心弦，讲到刚烈之处听众情绪激昂，讲到悲痛之处听众歔欷流涕，讲到喜庆之处听众心胸舒畅。因此，在文化比较发达的国家或历史时期，演讲之风都非常盛行。

早在 3000 年以前，在爱琴海的许多岛屿和海岸上，希腊民族在创造自己灿烂文化的同时，就将演讲作为重要的文化特征传播开来。希腊的公民们每隔十天就要到雅典城外风景宜人的山坡上去参加一次公民大会，倾听政客们的演讲和辩论。我们所熟知的著名的古代哲学家苏格拉底、柏拉图等人都是著名的演讲家。公元前4世纪，雅典的安提芬、伊索格拉底、德摩西尼等人被誉为当时的"十大演讲家"。现代社会中，人们越来越摒弃武力和强制，总是力图宣传一些美好的观念如和平、团结，这样演讲就更体现出它的价值和意义了。

现代的演讲一般包括政治演讲、礼节性演讲、法庭演讲、学术文化演讲等几种形式。政治演讲是为了获得政治上的支持或者为了宣传自己的政治观念而进行的演讲，在现代政治演说中，最引人注目的就是竞选演讲。礼节性演讲是指在公众节日或国家、社团、个人等重要仪典上的讲话。法庭演讲是在法庭上为辩护或驳斥而进行的演讲。学术文化演讲是指学者们进行宣传自己观点的演讲，这类演讲多以科学的内容、系统的知识、独到的见解、通俗易懂而又生动严谨的语言为特色。演讲的方式也是多种多样的，演讲者可以根据不同的场合、不同的演讲内容以及演讲者自身的特点来进行选择。例如，在一些比较严肃的场合，我们一般都要准备演讲稿，演讲时基本上按照准备的内容来宣讲；在某些要求特别注意演讲效果的场合，我们可以尝试脱稿演讲；我们还可以选择按提纲演讲、照腹稿演讲和即兴演讲等方式。

在社会上，流传着许多著名演讲家的演说成功的故事。例如，林肯的告别演说，季米特洛夫在莱比锡审讯时为自己的辩护演说以及马丁·路德·金为黑人争取权利的演说等，它们都被当做演讲的范本来学习。但是俗话说"冰冻三尺，非一日之寒"、"台上一分钟，台下十年功。"我们要真正在演讲方面有较大的提高，不是靠背几篇好的演讲词就能够达到层次上的飞跃，演讲能力的提高需要有较系统的训练。下面我们就从不同的方面来介绍一下提高演讲能力的训练方法。

一、形象设计训练

外在形象是演讲者给听众的第一次展示，能给听众造成一种先入为主的印象。可以说，如果一个演讲者对自我的形象缺乏合理的定位和设计，那演讲就等于失败了一半。如果演讲者以一个听众能够接受甚至是欣赏的形象出现，那么他就会对听众产生极强的吸引力。演讲者对听众所具有的吸引力，是两者彼此态度相容程度提高的基础，它能够帮助增加心理气氛的和谐，从而给演讲创造一个良好的环境氛围。一个人的外在形象除了与其先天条件有关外，更重要的是靠演讲者对自我形象的包装。形象设计涉及的方面比较多，下面介绍几个要特别注意的问题。

1. 形象设计对基本仪表的要求

演讲者仪表修饰整洁，是对听众的一种尊重。演讲者的脸部必须整洁，头发要整齐。男性留胡须者，要将胡须梳理整洁。女性可以适当化淡妆。关于服饰，一要得体，二要符合规范，三要庄重大方。比如说穿西装，西服必须合体，太小显得小气，太大显得松垮。男性演讲者的服饰，一般有较少的选择余地。女性演讲者的着装以各式职业女装套服为主，即着同色的上装和套裙或连衣裙，一般不穿长裤。

2. 形象设计要体现出个性

演讲者的形象设计主要是为了增强演讲者的魅力而对演讲者外观形象的改造，这种改造是建立在演讲者个性基础上的。如果形象设计偏离了演讲者的个性特点，就会给人一种矫揉造作的印象。比如说，一个人本来粗犷豪放，在台上却以一个文质彬彬的形象出现；一个人本来纤弱瘦小却以豪爽的形象出现；一个人本来知识贫乏，却硬要把自己装扮成博学的智者；等等。这些情况如果出现，就会使听众觉得演讲者不可信赖。因此，演讲者要通过多种方式了解自己的特点，如请好朋友对自己作出客观评价或做一些有关个性的测评试题，然后再根据自己的个性特点设计出自己在演讲时所应该展示的一种形象。

3. 形象设计还要体现出环境的特征

演讲者进行形象设计时要充分考虑到社会的大环境和演讲场内的小环境。我们的时代科学技术日益发达，政治经济体制改革也正在深入进行，演讲者在设计自己的形象时一定要符合现代社会的特征，要以一个现代人的面目出现，切忌在演讲时表现出顽固保守，食古不化。演讲者同时要注意演讲场内的小环境，一定要与当场的气氛相协调。当演讲者面对知识层次不高的听众群体时，要显现出平易近人的姿态，要注意谈些比较实在、实际的问题；而当演讲者面对知识层次较高的听众群体时，就要争取表现出一种博学高雅的风度和高瞻远瞩的眼光。

二、言辞表达能力训练

言辞是演讲的主要内容，言辞的说服力是演讲效果的最终决定因素。提高言辞的说服力有一个很重要的基础，那就是知识能力。演讲者只有具有了较完整的知识结构，较丰富的社会科学知识和自然科学知识后，才能对各种演讲资料顺手拈来，灵活应用各种演讲信息，才能使自己的演讲充满睿智的思考，才能有充分的证据引起听众的共鸣。人的知识能力不是靠短时间的训练就可以提高的，它主要靠长时间的积累。因此，我们在这里不作过多的阐述。

下面我们主要介绍几种提高言辞说服力的训练方法：

1. 语音、语气和语调的练习

语音、语气和语调是演讲的基本功，以声传情，是演讲者的必修课。把握言辞的表达能力，就是从声开始的。古希腊哲学家亚里士多德在他的《修辞学》一书中指出："什么时候说得明亮，什么时候说得柔和，或者介于两者之间；什么时候说得高，什么时候说得低，或者不高不低——都是关系到演讲成败的关键问题。"法国哲学家帕斯卡也说过："说话的语调可以左右最明智之人，并且能改变一篇文章或一首诗的力量。"要加强语言的震撼力，就必须加强对声音的训练。

语音、语气、语调都把握得恰到好处的和谐之声，是每一个演讲者追求的目标。当然，声音美与不美有着先天的因素。例如，我们常常会听到一些评价，如"这人天生一副好嗓子。"有的人天生就音色甜美纯净，有的声音天生浑厚凝重。但是，优美的声音更多地来自后天的有目的性的训练。按照声音运动的规律，采用科学练声方法，辅之对情感的体验，对自己用以演讲的声音加以引导，就可以使声音成为语言表达的有力工具，为语言传播增光添彩。公元4世纪雅典的狄里斯在当时被称为"历史性的雄辩家"。但据说，他天生声音低沉，呼吸急促，开始演讲时别人总是很难听懂他在说些什么。但是狄里斯并不灰心，他反而更加努力地练习自己说话的胆量。他每天跑到海边去，对着大海呐喊，回到家中，又对着镜子观察自己说话的嘴型，做发声练习，一直坚持不懈。几年过去后，当狄里斯再次登上演讲台时，博得了全场听众的热烈喝彩。

关于语音、语调和语气的简单练习方法，除了像狄里斯一样在空旷地带大声呐喊和对着镜子练口型外，还有就是带着感情色彩大声朗读绕口令、诗词、文言文和抒情散文。发声训练中还要特别注意气息运用的训练。演讲者如果能够正确运气，就能够很好地控制讲话的节奏和声调的抑扬顿挫。

2. 逻辑能力的训练

逻辑能力包括逻辑推理能力和逻辑思维能力。演讲时，演讲者如果没有一种高度的逻辑能力，那么就像在大海中漂泊的小舟，无法掌握航向。即使他（她）在台下做了非常充分的准备，到了台上还是会觉得底气不足。演讲者的逻辑能力可以帮助听众在复杂的现象和严密的理论论述中发现基本的逻辑关系和逻辑结构，从而比较容易获得听众的认同。逻辑能力事实上说明了一个人思维的清晰度，他与一个人的知识结构有很大的关系，但我们也可以有意识地进行一些系统的训练，比如进行辩论练习等。

3. 陈述能力的训练

陈述能力是一种能够准确地表达自己的思想和观点，更为重要的是能够富有感染力地表达自己，能够深深地打动听众的能力。它实际上是一种组织句子、说明思想感情和意愿、将思想观念准确地转变成语言、使用成语、俗语等方面综合能力的体现。它主要是一种遣词能力，即掌握词汇的量、对词汇使用的恰当性、使用概念的准确性。丘吉尔据称是掌握词汇量最多的人之一，这给他的演讲成功奠定了很好的基础。要提高陈述能力，我们主要是靠平时的词汇积累，到了演讲场上，我们的话语就会变得魅力四射。

从下面一段演讲词中，我们可以体会到丘吉尔先生的遣词造句的能力："我要向下院说：'我没有什么可以奉献，有的只是热血、辛劳、眼泪和汗水。'摆在我们面前的，是一场极为痛苦的严峻考验。在我们面前，有许多许多漫长的斗争和苦难的岁月。你们问：我们的政策是什么？我说，我们的政策就是用我们的全部能力，用上帝所能给予我们的全部力量，在海上、陆地和空中进行战争，同一个在人类黑暗悲惨的罪恶史上从未有过的穷凶极恶的暴政进行战争。这就是我们的政策。你们问：我们的目标是什么？我们可以用两个字来回答，胜利——不惜一切代价，去赢得胜利，无论多么可怕，也要赢得胜利，无论道路多么遥远和艰难，也要赢得胜利。因为没有胜利，就没有生存。"

4. 价值体现

许多成功的演讲，均是以一定的价值观念为基础的。例如，美国总统威尔逊在要求国会对德国宣战的演讲的最后说："把这个伟大的和平民族带入一场空前可怕的战争中去，是一件思之令人恐惧的事情。全人类的文明处于岌岌可危的关头。但是正义比和平更珍贵，我们将为心中最珍贵的事物奋勇作战——为民主，为那些争取在自己政府中有发言地位的人的权利，为各自由民族一致赞同的自由正义统治而战。为了实现这一任务，我们可以骄傲地献出我们的生命财产，献出我们的一切所有，连同我们自己在内。因为我们认识到美国人用自己的热血和力量去捍卫自己原则的时刻已经来临，正是这些原则赋予我国生命、幸福与她所珍惜的和平。"

价值判断与演讲者的世界观、人生观、理想观、历史观和宇宙观有密切的关联，是演讲者对社会、对人类本身、对历史发展的一种综合的态度，对演讲者的文化修养、理论修养和人生修养有较高的要求。在这方面训练是比较困难的，最基本的是演讲者对传统文化、对社会发展、对经济发展、对政治民主、对国际关系、对人生道路应该要有比较稳定的态度。

三、非语言表达能力训练

表达能力除了语言表达能力外，还有一种非语言的表达能力。据研究，言辞的冲击力 = 7%言辞 + 38%声音 + 55%面部表情。在演讲时，有很多不同渠道的信息沟通。演讲者和听众之间，有很多信息不是通过语言，而是通过表情、手势来表达的，这称为非语言沟通。做得好，大有无声胜有声的妙处。

美国心理学家爱德华在他的《无声的语言》一书中说："无声语言所显示的意义要比有声语言多得多，而且深刻得多。"对于非语言表达能力的训练，演讲者可以对着镜子来进行，以把握自己的表情变换，体会不同的体态语言给听众带来的不同感觉。

1. 眼神训练

"眼睛是心灵的窗户"，演讲者进行眼神练习，主要是平时对着镜子琢磨自己的眼神。成功的演讲者善于用眼神去和听众交流，在听一个好的演讲者演讲时，每一个听众都觉得演讲者在注视着自己，从而增强心中的亲切感，更加集中注意演讲内容，也更加容易对演讲者产生认同感。演讲者的亲和力有很大一部分是通过眼神散发出来的。

2. 手势训练

演讲时的四肢动作主要集中在双手上，人的许多复杂的思想可以通过手势简单地表达出来，听众可以通过演讲者的手势与演讲者进行心灵上的沟通。例如，毛泽东同志去重庆谈判之前在机场时挥礼帽的手势、列宁在工人中演讲时前指用力的手势，都表达了丰富的内涵。演讲者进行手势训练，主要可以通过观看著名影片中的精彩片段、揣摩剧中人物不同的手势表达。演讲者除了要熟悉不同手势的含义外，还要注意在演讲时手势的流畅性，演讲时犹豫的手势，会给听众造成演讲者缺乏自信的印象。

3. 姿势训练

演讲者平时就要注意养成良好的习惯，培养正确的姿势形态。孙中山先生在总结演讲经验时,特别强调要练姿势。他说:"身登演说台,其所具风度姿态,即须使全场有肃穆起敬之心;开口演讲,举动格式又须使听者有安静祥和之气,最忌轻佻作态。"所以孙中山先生经常对着镜子练姿势,直到无缺点为止。毛泽东同志所列的十大教授法中,也专门列有"以姿势助说话"一法。

4. 表情训练

表情的训练可以通过看录像来模仿和学习。一般来说,演员特别善于运用表情来感染人和打动人。在一些好的影片中,演员的一举一动都经过精心的揣摩,都有比较深刻的含义,都能让观众觉得与环境非常贴切。我们可以仔细地学习他们的表达方式,增强表情的驾驭能力。

四、临场能力训练

当一个演讲者鼓足勇气走上讲台后,接下来的便是要独立驾驭所面对的场面。这时如果演讲者临场能力强,他就能够正常甚至是超常地发挥自己的水平。临场能力主要由自信心、应变力、内控力等多个方面的能力组成。

1. 自信心训练

成功的演讲者必须先有一个强大的内心世界,自信心训练就是对内心世界的一种改造。许多演讲者在临上场前或演说过程中会出现紧张心理,这是比较正常的现象,它并不说明演讲者演讲方面的缺陷。相反,它说明的是演讲者正全力以赴地投入演讲者的角色中。英国的戏剧家、世界级演说大师萧伯纳在第一次演讲时就是因为紧张,无法控制场面,受到了别人的讥笑。甘地夫人初次登台时,她在台上讲了些什么连她自己也不知道,只听到一个听众在说:"她不是在讲话,而是在尖叫。"这样的例子举不胜举。

那么,怎样克服胆怯心理,增强自信心呢?首先我们应该把听众,无论是认识的还是不认识的,都当成是自己的朋友来对待。大家知道,我们平时与陌生人说话时要顾前顾后,而同朋友在一起的时候就要轻松很多。所以,演讲者始终要有一种感觉,就是觉得与听众之间有很亲密的感情联系。克服胆怯心理,还要注意改善自我意向。自我意向是每个人对自己主观的描绘。它有一个很重要的功能就是引导人的行为向所想象的方向发展。如果我们在自我意向中将自己描绘成一个总是垂头丧气、总是失败、总是对观众缺乏征服力,特别是有语言功能障碍的人,那么也许失败就会接踵而至。如果我们相信自己的陈述是正确的,相信自己能够说服听众,那么这就预示着我们已经有了成功的希望。怯场的演讲者可以在每次演讲前,都对自己作一番成功的自我描绘,帮助自己树立信心。增强自信心还可以通过情景模拟训练来进行。情景模拟训练是演讲者在平时的练习中,默想自己站在讲台上演讲时的情景。在默想时,可以安排一些突发事件,并在想象中试着去解决它。比如,你可以想象有些听众因为和你意见不一样而在下面交头接耳,这时你通过一种很适当的方式制止了这种情况。

2. 应变能力训练

领导者必须具有适应情景变迁的能力。领导者假如只是根据以前准备的文稿来背诵,不一定能够取得良好的效果。一个好的领导者善于在谈话过程中捕捉各种信息,了解听众的心理,然后调整他的演讲策略。影响应变力的因素主要有对事物变化的敏感程度和觉察能力、对事物变化的心理适应和调整程度、改变自我的能力和信心、利用和改变环境的能力、适应变化的时间长短等。

为了增强演讲场上的应变力,演讲者可以在演讲前先了解听众群体的构成,分清他们的层次,分析他们的特点。不同特点的听众群体有不同的演讲要求。亚里士多德在《修辞学》一书中曾经主张应对不同年龄、不同性格、不同职业、不同社会地位的人采取不同的劝说手段和修辞方式。为了增强场上的应变力,演讲者要在台下为如下一些情况的发生做好准备:发现内容多,时间少;演讲发生失误;听众当场递条子或口头质疑;发现听众反应冷漠、缺乏合作;听众持对立观点等。

3. 自控力训练

演讲场上要力争避免以下几种情况的出现：自我陶醉；情绪化；脱离主题。这些情况基本上都是因为缺乏自控力而产生的。临场的自控力主要来自于我们平时对自己的性格、气质的锤炼和注意养成良好的情操，我们平时要努力养成谦虚谨慎的作风、宽广的胸襟和真诚待人的生活态度。

4. 幽默能力训练

枯燥无味、死板单调的教条式说教是演讲最为忌讳的。相反，如果我们的演讲中处处是睿智的幽默，将使我们的演讲通体充满魅力。当你以幽默来开始你的演讲，你就能够一下子拢住听众的心；当你正式开始演讲后适当地穿插一些幽默，就能够不断地将听众的情绪推向高潮；当你以幽默来结束演讲，你就能够让听众回味无穷。幽默感是基本的素质，演讲者必须具有一定的幽默感，又不让人觉得庸俗、低级趣味。卓别林说："所谓幽默，就是我们在看来是正常的行为中觉察出来的细微差别。换句话说，通过幽默，我们在貌似正常的现象中看出了不正常的现象，在貌似重要的事物中看出了不正常的现象。"

培养人的幽默感不是靠背一些他人创造的幽默和笑话就能够起作用的，人的幽默素质除了要有宽广的知识面作为支撑外，最重要的是要有很强的发散性思维的能力。我们平时可以多读一些诗歌、古文和名人的演讲词，要注意多进行写作练习。

[小故事] 上帝没有这个意思

一位父亲带儿子去参观凡·高故居。在看到那张小木床及裂了口的皮鞋之后，儿子问父亲："凡·高是一名那么有名的画家，他怎么不是百万富翁呢？"

父亲回答："凡·高是位连妻子都没能娶上的穷人。"

第二年，这位父亲带儿子去丹麦，在安徒生的故居前，儿子又困惑地问："爸爸，安徒生不是生活在他故事中所描述的皇宫里吗？"

父亲答道："安徒生是位鞋匠的儿子，他就生活在这栋简陋的阁楼里。"

这位父亲是一个水手,他每年往来于大西洋各个港口。这个儿子叫伊尔·布拉格,是美国历史上第一位获普利策奖的黑人记者。

20年后,在回忆童年时,布拉格说:"那时,我们家很穷,父母都靠出卖苦力为生。在很长一段时间里,我一直认为像我们这样地位卑微的黑人是不可能有什么出息的。好在父亲亲自让我认识了凡高和安徒生,这两个人告诉我,上帝没有这个意思。"

「大智慧」你的出身、你的种族、你的肤色都不能影响你获得非凡的成就。要记住,上帝对每一个人都是公平的,相信这一点,你就能勇敢地接受命运的挑战。

作业与思考

1. 课堂演讲比赛:"我的职业理想"、"假如我是总经理"。
2. 课堂辩论赛:学历重要还是能力重要?
3. 策划一份校园活动计划,要求有主题和目的、有实施程序和预期效果分析、有组织方案和应变措施等。

第十一章 生涯规划

[小故事] 比尔·盖茨的忠告

第1条准则：适应生活

生活是不公平的，要去适应它。

命运掌握在自己手中。

第2条准则：成功是你的人格资本

这世界估计并不会在意你的自尊。这世界指望你在自我感觉良好之前先要有所成就。

成功是人生的最高境界，成功可以改变你的人格和尊严，自负是愚蠢的。

第3条准则：别希望不劳而获

高中刚毕业的你不会一年挣4万美元。你不会成为一个公司的副总裁，并拥有一部装有电话的汽车，直到你将此职位和汽车电话都挣到手。

成功不会自动降临，成功来自积极的努力，要分解目标，循序渐进，坚持到底。

第4条准则：习惯律己

如果你认为你的老师严厉，等你有了老板再这样想。老板可是没有任期限制的。

好习惯源于自我培养。

第5条准则：不要忽视小事

烙牛肉饼并不有损你的尊严。你的祖父母对烙牛肉饼可有不同的定义，他们称它为机遇。

平凡成就大事业。

第6条准则：从错误中吸取教训

如果你陷入困境,那不是你父母的过错,所以不要尖声抱怨,要从中吸取教训。

第7条准则:事事需自己动手

在你出生之前,你的父母并非像他们现在这样乏味。他们变成今天这个样子是因为这些年来他们一直在为你付账单,给你洗衣服,听你大谈你是如何的酷。所以,如果你想消灭你父母那一辈子的"寄生虫"来拯救雨林的话,还是请自己动手去清除你房间衣柜里的虫子吧。

不要总靠别人活着,要凭借自己的力量前进。

第8条准则:你往往只有一次机会

你的学校也许已经不再分优等生和劣等生,但生活却仍在作出类似区分。在某些学校已经废除不及格分,只要你想找到正确答案,学校就会给你无数的机会。这和现实生活中的任何事情没有一点相似之处。

机遇是一种巨大的财富,机遇往往就那么一次,也许你"没有机会",但可以创造。

第9条准则:时间,在你手中

生活不分学期,你并没有暑假可以休息,也没有几位雇主乐于帮你发现自我。自己找时间做吧,绝不要把今天的事情拖到明天。

第10条准则:做该做的事

电视并不是真实的生活。在现实生活中,人们实际上得离开咖啡屋去干自己的工作。

第11条准则:善待身边的所有人

善待乏味的人。有可能到头来你会为一个乏味的人工作。

「大智慧」善待他人就是善待自己,要用赞扬代替批评并主动适应对方。

本章内容通过教学和练习,教育和引导大学生树立崇高的职业理想,明确职业生涯规划的意义和作用,培养职业兴趣,提高自主抉择能力,在正确认识自己的个性、兴趣、能力,以及了解社会发展的需要的基础上,认真设计自己的职业生涯规划,努力完善自我,发挥自己的专长,在为社会发展贡献自己的才华和力量的同时实现自己的人生价值。

第一节 生涯规划小常识

一、生涯概述

"生涯"一词由来已久,"生"原意为"活着","涯"为"边际",生涯连起来是"一生"的意思。生涯的英文为career,从字源看,来自罗马字viacarraria及拉丁字Caltus,二者的含义均指古代的战车。在希腊,career这个字蕴涵疯狂竞赛的精神,最早常用作动词,如驾驭赛马。后来又引申为道路,即人生的发展道路,又可指人或事物所经历的途径,或指个人一生的发展过程,也指个人一生中所扮演的系列角色与职位。

1. 国外学者的观点

沙特尔(Shartle, l952)认为,生涯是指一个人在工作生活中所历经的职业或职位的总称。舒伯(Super, 1957)认为,生涯指一个人终生经历的所有职位的整个历程。生涯是生活中各种事件的演进方向和历程,它统合了人一生中的各种职业和生活角色,由此表现出个人独特的自我发展形态。生涯也是人自青春期以至退休后一连串有酬或无酬职位的综合。除了职业之外,还包括任何与工作有关的角色,如学生、退休者,甚至包含了家庭和公民的角色。麦克弗兰德(McFarland, 1969)认为,生涯指一个人依据心中的长期目标所形成的一系列工作选择,以及相关的教育或训练活动,是有计划的职业发展历程。

2. 我国学者的观点

我国古代教育家孔子曰:"三十而立,四十而不惑,五十而知天命,六十而耳顺,七十而从心所欲,不逾矩。"这也是一种生涯的概念。我国职业指导专家和学者认为，生涯是指与个人终身所从事工作或职业等有关活动的过程。所以，"生涯"可以理解为介于"生命"和"职业"之间的概念，它的外延可以大到个体一生的经历，与"生命"等同，也可以小到与"职业"等义，其内容是比较宽泛的，具有丰富的内涵与特性。职业生涯则是对生涯的狭义理解，专指个体职业发展的历程。生涯即人生的发展道路，又可指人或事物所经历的途径，或指个人一生的发展过程，也指个人一生中所扮演的系列角色与职位。

二、生涯的特性

1. 终身性

生涯的发展是一生当中连续不断的过程。生涯概括了一个人一生中所拥有的各种职位、角色。因此，生涯不是个人在某一阶段所特有的，而是终生发展的过程。

2. 独特性

每个人的生涯发展都是独一无二的。生涯是个人依据他的人生理想，为了自我实现而逐渐展开的一种独特的生命历程。不同的个体有不同的生涯，也许某些人在生涯的形态上有相似的地方，但其实质却可能是完全不同的。

3. 发展性

人是生涯的主动塑造者。生涯是一个动态的发展历程，个人在不同的生命阶段中会有不同的企求。这些企求会不断地变化与发展，个体也就不断地成长。

4. 综合性

生涯是以个人事业角色的发展为主轴，也包括了其他与工作有关的角色。生涯并不是个人在某一时段所拥有的职位、角色，而是个人在他一生中所拥有的所有职位、角色的总和，职业生涯则是对生涯的狭义理解，专指个体职业发展的历程。

三、职业生涯规划的环节

职业生涯规划一般分为四个环节：

1. 审视自我

有效的职业生涯设计，必须是在充分且正确地认识自身的条件与相关环境的基础上进行。对自我及环境的了解越透彻，越能做好职业生涯设计。

2. 确立目标

有效的设计需要切实可行的目标，以便排除不必要的犹豫和干扰，全心致力于目标的实现。如果没有切实可行的目标作驱动力的话，人们是很容易对现状妥协的。

3. 生涯策略

有效的设计需要有确实能够执行的生涯策略，这些具体且可行性较强的行动方案会帮助你一步一步走向成功，实现目标。

4. 生涯评估

有效的设计还要不断地反省修正目标，反省策略方案是否恰当，以适应环境的改变。同时可以作为下轮生涯设计的参考依据。

四、自我职业生涯规划

1. 问题的提出

编辑老师：

您好！我是一名大一的本科生，即将升入大二。听老师和高年级的同学讲，现在大学生就业时竞争十分激烈，既需要各种证书，也需要实际工作能力和实践经验。因此，我很担心毕业后找不到理想的工作，于是下决心考研，但是又担心考不上，您说我该怎么办？

一位迷茫的大学生　王奇
2002 年 6 月 28 日

王奇同学：

你好！

很高兴收到你的来信。一方面，你的担心是有道理的。因为中国有句古语：凡事"预则立，不预则废"，大学生提前做好升学就业的计划十分必要。这在心理学中称为职业生涯规划。另一方面，与那些认为"车到山前必有路"的人比较，你已经具有职业生涯规划的潜意识了。所以，我很高兴回答你的提问。

职业生涯是对生涯的狭义理解，专指个体职业发展的历程。生涯即人生的发展道路，又可指人或事物所经历的途径，或指个人一生的发展过程，也指个人一生中所扮演的系列角色与职位。

职业生涯一般是指一个人终生经历的所有职位的整个历程。一个人一生中连续从事的职业，它不仅包括过去、现在和未来那些可以实际观察到的职业发展过程，而且还包括个人对职业生涯发展的见解和期望。具体地说是以个体心理开发、生理开发、智力开发、技能开发、伦理开发等人的潜能开发为基础，以工作内容的确定性和变化、工作业绩的评价、工资待遇、职称职务的变动为标志，以满足需求为目标的工作经历和内心体验的经历。

一个人的职业生涯是一个漫长的过程。也许一生只从事一种职业，也许一生中从事多种职业，但每个人都希望找到一种相对稳固、适合自己的职业。如何选择和规划自己的职业生涯，这往往受学识、爱好、机遇、工作环境等主客观条件的制约，只有根据现行的工作需要改变原来的职业目标和兴趣，调整心态，培养对从事的职业的敬业精神，在实践中产生对事业的热爱，才能集中精力全身心投入工作，实现个人价值，做出成就。

郝老师
2002年7月

2. 职业生涯规划

职业生涯规划的制订，主要取决于两个方面：一是社会发展的客观需要，特别是社会职业的现实要求；二是大学生或当事人自身的实际情况，其中起主要作用的是当事人自己。因为职业生涯规划不是社会或学校强加在个人身上的实施方案，而是当事人在内心动力的驱使下，结合社会职业的要求和社会发展利益，依据现实条件和机会所制订的个性化的实施方案。

3. 职业生涯发展的阶段

在国外有的人将职业生涯发展划分为五个阶段：一是职业准备阶段。典型年龄为0~18岁，其主要任务是发展职业想象力，评估不同的职业，选择第一份工作，接受必需的教育。二是进入组织（学校）阶段。典型年龄段为18~25岁，其主要任务是在一个理想的组织中获得一份工作或在学到足够的知识、技能、信息以后，选择一份合适的工作。三是职业生涯初期阶段。典型年龄为25~40岁，其主要任务是学习职业技术，提高工作能力，学习组织规范，学会协作与共处，逐步适应职业与组织，期望未来职业成功。四是职业生涯中期阶段。典型年龄为40~55岁，其主要任务是对早期职业生涯重新评估，强化或转变职业理想，对中年生活作适当选择，在工作中再接再厉。五是职业生涯后期阶段。典型年龄为55~退休，主要任务是继续保持职业成就，维持自尊，准备光荣引退。其特点是调整心态，做好退休后的打算。

国外也有人将生涯规划的阶段划分为五个时期，即成长期、探索期、建立期、维持期和衰退期，同上述划分大同小异。大学生正处在生涯探索期和生涯建立期的转换阶段，主要的发展任务是通过生涯探索，明确发展方向，完成具体的职业计划和准备。

根据我国的国情，我国学者林永和教授将职业生涯发展划分为五个阶段：

第一阶段：0~18岁　　　　为职业幻想、憧憬期
第二阶段：18~35岁　　　　为职业选择、适应期
第三阶段：35~55岁　　　　为职业发展、立业期
第四阶段：55至退休　　　　为职业辉煌、衰退期
第五阶段：退休至生命终点　为休闲期

4. 我国职业生涯规划的历史类型

（1）子承父业型：在自然经济中，经济发展落后，信息封闭，家传亲授各种谋生的技艺或手工艺十分普遍，某种行业至今仍是

这样。例如,现在社会上还有很多演员世家、教师世家、医生世家、家庭手工业作坊等,甚至有的"青出于蓝而胜于蓝"。但与此同时"子叛父业"的人数也在增加。

(2) 服从分配型:新中国成立以来,在计划经济时代,大学生实行"包学费、包分配、包当干部"。因此,包括大学生在内的全体人民服从分配、"一颗红心、多种准备"、"我是一颗螺丝钉,拧在哪里都不放松"、"我是一块砖,天南海北任党搬"十分盛行。大学生的职业生涯规划主要是依靠国家、依靠学校、服从分配。

(3) 临阵磨枪型:在计划经济向市场经济转化时期,当"自主择业"到来的时候,大学生的职业生涯规划就出现了临阵磨枪型,即临近就业时,接受就业指导教育,临时收集就业信息、临时制定就业决策,匆匆忙忙准备就业资料,一副"现上轿、现扎耳朵眼"的"忙出嫁"的紧张状况。

(4) 未雨绸缪型:在市场经济中,社会竞争日趋激烈,"预则立,不预则废"。生涯规划显得十分重要,其前提是正确认识自我。因此,客观上要求大学生在高考之前就应当制订符合自身实际情况的职业生涯规划,选择满足社会发展需要和自己有兴趣的专业。上大学以后还要重新认识自我,调整自己的职业生涯规划,并积极做好知识、技能、思想、心理诸方面的准备,努力实施生涯规划。

五、职业生涯规划的实施

1. 正确认识自己

要正确认识自己就要进行必要的心理测试和能力测试,深刻认识自我,包括理想、信念、道德、职业、生活等;并开展一个小小的调查:我在别人心目中的形象如何?然后根据自己的个性特征重塑自我形象。

2. 职业生涯规划的确认

职业生涯规划的确认,首先是树立正确的职业理想和职业追求的目标,然后对社会所对应的职业调查研究,确认自我未来的职业环境。

3. 职业准备的实施

职业准备的实施主要是考察社会对人才职业素质的要求,加强自身知识的学习与技能的培养,努力完善自身的综合素质,特别是努力提高自身的心理素质。

4. 职业规划的调整

职业规划的调整,一是根据社会发展的需要进行调整;二是根据自身发展的变化进行调整;三是重新审定自我的职业价值观。

5. 求职择业的步骤

求职择业的步骤主要有:收集信息,了解社会需求;准备资料;参加双向选择大会;投递资料;网络求职;等等。我们将在下一章进行练习。

6. 积极竞争、善于竞争

积极竞争、善于竞争是指要认清人才竞争的趋势;了解用人单位的资讯;积极参加用人单位的笔试和面试,敢于和善于展示自己的才华。

7. 转换职业须知

首先是遵守人才流动的规则,依法保护自身的权益;其次是在流动时要争取原单位的同意;在求职时力争赢得新单位的好感,积极适应新单位的规定。

总之,职业生涯规划是系统工程,主要取决于三个方面:一是正确认识社会发展的客观需要,特别是社会职业的现实要求;二是正确认识自己,根据自身的实际情况,实事求是、与时俱进地制订符合当事人自己的职业生涯规划;三是根据已经确定的职业生涯规划,努力学好专业基础知识,掌握职业基本技能,不断完善自身的综合素质,学会学习、学会做人、学会做事(操作、创新)、学会与人相处,提高心理健康水平。

第二节 生涯规划小测试

一、霍兰德职业兴趣测量表

本测量表的目的是帮助大学生发现和确定自己的职业兴趣与能力特长,从而正确地作出求职择业决策。如果你已经考虑好或选择好了自己的职业,本测试将使你的这种考虑选择具有理论基础,或者为你提供其他合适的职业;如果你至今尚未确定职业方向,本测试将帮助你根据自己的情况,选择一个适当的职业方向。为了便于修改,请用铅笔填写。

本测试共七个部分,每部分测试都没有时间限制,但你应当尽快去做。

(一) 你心目中的理想职业(专业)

对于未来的职业(或升学进修的专业),你得早有考虑,它可能很朦胧,也可能很具体、很清晰。不论是哪种情况,现在都请你把最想干的三种工作或最想读的三种专业按顺序号写下来。

1. _____
2. _____
3. _____

(二) 你所感兴趣的活动

下面列举了各种活动,请就这些活动判断你的好恶。喜欢的活动请在"是"栏里打"√",不喜欢的话请在"否"栏里打"√"。请务必按顺序回答全部问题。

活动性:你喜欢从事下列活动吗?

	是	否
R:现实型活动		
1. 装配修理电器或玩具	□	□

2. 修理自行车　　　　　　　　　　□　　□
3. 用木头做东西　　　　　　　　　□　　□
4. 开汽车或摩托车　　　　　　　　□　　□
5. 用机器做东西　　　　　　　　　□　　□
6. 参加木工技术学习班　　　　　　□　　□
7. 参加制图描图学习班　　　　　　□　　□
8. 驾驶卡车或拖拉机　　　　　　　□　　□
9. 参加机械和电气学习　　　　　　□　　□
10. 装配修理机器　　　　　　　　 □　　□

统计"是"一栏得分，计总得分：

A：艺术型活动　　　　　　　　　　是　　否
1. 素描、制图或绘画　　　　　　　□　　□
2. 参加话剧戏曲　　　　　　　　　□　　□
3. 设计家具布置室内　　　　　　　□　　□
4. 练习兵器、参加乐队　　　　　　□　　□
5. 欣赏音乐或戏剧　　　　　　　　□　　□
6. 看小说、读剧本　　　　　　　　□　　□
7. 从事摄影创作　　　　　　　　　□　　□
8. 写诗或吟诗　　　　　　　　　　□　　□
9. 进艺术（美术或音乐）培训班　　□　　□
10. 练习书法　　　　　　　　　　 □　　□

统计"是"一栏得分，计总得分：

I：调研型活动　　　　　　　　　　是　　否
1. 读科技图书或杂志　　　　　　　□　　□
2. 在试验室工作　　　　　　　　　□　　□
3. 改良水果品种，培育新的水果　　□　　□
4. 调查了解土和金属等物质的成分　□　　□
5. 研究自己选择的特殊问题　　　　□　　□
6. 解算式或数学游戏　　　　　　　□　　□
7. 喜欢物理课　　　　　　　　　　□　　□
8. 喜欢化学课　　　　　　　　　　□　　□

9. 喜欢几何课 □ □
10. 喜欢生物课 □ □

统计"是"一栏得分，计总得分：

S：社会型活动　　　　　　　　　　是　　否
1. 参加学校或单位组织的正式活动　□　　□
2. 参加某个社会团体或俱乐部活动　□　　□
3. 帮助别人解决困难　　　　　　　□　　□
4. 照顾儿童　　　　　　　　　　　□　　□
5. 出席晚会、联欢会、茶话会　　　□　　□
6. 和大家一起出去郊游　　　　　　□　　□
7. 想获得关于心理学方面的知识　　□　　□
8. 参加讲座或辩论会　　　　　　　□　　□
9. 观看或参加体育比赛和运动会　　□　　□
10. 结交新朋友　　　　　　　　　 □　　□

统计"是"一栏得分，计总得分：

E：企业型活动　　　　　　　　　　是　　否
1. 说服鼓动他人　　　　　　　　　□　　□
2. 卖东西　　　　　　　　　　　　□　　□
3. 谈论政治　　　　　　　　　　　□　　□
4. 制订计划，参加会议　　　　　　□　　□
5. 以自己的意志影响别人的行为　　□　　□
6. 在社会团体中担任职务　　　　　□　　□
7. 检查与评论别人的工作　　　　　□　　□
8. 结识名流　　　　　　　　　　　□　　□
9. 指导有某种目标的团体　　　　　□　　□
10. 参与政治活动　　　　　　　　 □　　□

统计"是"一栏得分，计总得分：

C：常规型活动　　　　　　　　　　是　　否
1. 整理好桌面和房间　　　　　　　□　　□
2. 抄写文件和信件　　　　　　　　□　　□
3. 为领导写报告或公务信函　　　　□　　□

4. 核查个人收支情况 □ □
5. 参加打字培训班 □ □
6. 参加算盘、文秘等实务培训 □ □
7. 参加商业会计培训班 □ □
8. 参加情报处理培训班 □ □
9. 整理信件、报告、记录等 □ □
10. 撰写商业贸易信函 □ □

统计"是"一栏得分,计总得分:

(三)你所擅长或胜任的活动

下面列举了各种活动,其中你能做或大概能做的事,请在"是"栏打"√",反之在"否"栏里打"√"。请回答全部问题。

R:现实型能力 是 否
1. 能使用电锯、电钻和锉刀等木工工具 □ □
2. 知道万用表使用方法 □ □
3. 能够修理自行车或其他机械 □ □
4. 能够使用电钻床、磨床或缝纫机 □ □
5. 能给家具和木制品刷漆 □ □
6. 能看建筑等设计图 □ □
7. 能够修理简单的电气用品 □ □
8. 能修理家具 □ □
9. 能修收录机 □ □
10. 能修理水管 □ □

统计"是"一栏得分,计总得分:

A:艺术型能力 是 否
1. 能演奏乐器 □ □
2. 能参加二声部或四声部合唱 □ □
3. 能独唱或独奏 □ □
4. 能扮演剧中的角色 □ □
5. 能创作简单的乐曲 □ □
6. 会跳舞 □ □

7. 能绘画、素描或书法 □ □
8. 会雕刻、剪纸或泥塑 □ □
9. 设计海报、服装或家具 □ □
10. 写得一手好文章 □ □

统计"是"一栏得分，计总得分：

I：调研型能力 是 否
1. 懂得真空管或晶体管的作用 □ □
2. 能够列举三种蛋白质多的食品 □ □
3. 理解铀的裂变 □ □
4. 能用计算尺、计算器、对数表 □ □
5. 会使用显微镜 □ □
6. 能找到三个星座 □ □
7. 能独立进行调查研究 □ □
8. 能解释简单的化学式 □ □
9. 理解人造卫星为什么不落地 □ □
10. 经常参加学术会议 □ □

统计"是"一栏得分，计总得分：

S：社会型能力 是 否
1. 有向各种人说明解释的能力 □ □
2. 常参加社会福利活动 □ □
3. 能和大家一起友好地相处、工作 □ □
4. 善于与年长者相处 □ □
5. 会邀请人、招待人 □ □
6. 能简单易懂地教育儿童 □ □
7. 能安排会议等活动顺序 □ □
8. 善于体察人心和帮助他人 □ □
9. 帮助护理病人和伤员 □ □
10. 安排社团组织各种事务 □ □

统计"是"一栏得分，计总得分：

E：企业型能力 是 否
1. 担任过学生干部并且干得不错 □ □

2. 工作上能指导和监督他人 □ □
3. 做事充满活力和热情 □ □
4. 有效地用自身的做法调动他人 □ □
5. 销售能力强 □ □
6. 曾为俱乐部或社团的负责人 □ □
7. 向领导提出建议或反映意见 □ □
8. 有开创事业的能力 □ □
9. 知道怎样做能成为一个优秀的领导者 □ □
10. 健谈善辩 □ □

统计"是"一栏得分，计总得分：

C：常规型能力	是	否
1. 熟练地打印中文	□	□
2. 会用外文打字机或复印机	□	□
3. 能快速记笔记和抄写文章	□	□
4. 善于整理保管文件和资料	□	□
5. 善于从事事务性的工作	□	□
6. 会用算盘	□	□
7. 能在短时间内分类和处理大量文件	□	□
8. 能使用计算机	□	□
9. 能搜集数据	□	□
10. 善于为自己或集体作财务预算表	□	□

统计"是"一栏得分，计总得分：

（四）你所喜欢的职业

下面列举了多种职业，请逐一认真地看，如果你喜欢、关心，在"是"栏里打"√"；如果你不太喜欢、不关心，在"否"栏里打"√"，请回答全部问题。

R：现实型职业	是	否
1. 飞机机械师	□	□
2. 野生动物专家	□	□
3. 汽车维修工	□	□

4. 木匠 □ □
5. 测量工程师 □ □
6. 无线电报务员 □ □
7. 园艺师 □ □
8. 长途公共汽车司机 □ □
9. 火车司机 □ □
10. 电工 □ □

统计"是"一栏得分，计总得分：

S：社会型职业	是	否
1. 街道、工会或妇联干部	□	□
2. 小学、中学教师	□	□
3. 精神病医生	□	□
4. 婚姻介绍所工作人员	□	□
5. 体育教练	□	□
6. 福利机构负责人	□	□
7. 心理咨询员	□	□
8. 共青团干部	□	□
9. 导游	□	□
10. 国家机关工作人员	□	□

统计"是"一栏得分，计总得分：

I：调研型职业	是	否
1. 气象学或天文学者	□	□
2. 生物学者	□	□
3. 医学实验室的技术人员	□	□
4. 人类学者	□	□
5. 动物学者	□	□
6. 化学者	□	□
7. 数学者	□	□
8. 科学杂志的编辑或作家	□	□
9. 地质学者	□	□
10. 物理学者	□	□

统计"是"一栏得分，计总得分：

E：企业型职业	是	否
1. 厂长	☐	☐
2. 电视片编制人	☐	☐
3. 公司经理	☐	☐
4. 销售员	☐	☐
5. 不动产推销员	☐	☐
6. 广告部长	☐	☐
7. 体育活动主办者	☐	☐
8. 销售部长	☐	☐
9. 个体工商业者	☐	☐
10. 企业管理咨询人员	☐	☐

统计"是"一栏得分，计总得分：

A：艺术型职业	是	否
1. 乐队指挥	☐	☐
2. 演奏家	☐	☐
3. 作家	☐	☐
4. 摄影家	☐	☐
5. 记者	☐	☐
6. 画家、书法家	☐	☐
7. 歌唱家	☐	☐
8. 作曲家	☐	☐
9. 电影、电视演员	☐	☐
10. 节目主持人	☐	☐

统计"是"一栏得分，计总得分：

C：常规性职业	是	否
1. 会计师	☐	☐
2. 银行出纳员	☐	☐
3. 税收管理员	☐	☐
4. 计算机操作员	☐	☐
5. 簿记人员	☐	☐

6. 成本核算员 ☐ ☐
7. 文书档案管理员 ☐ ☐
8. 打字员 ☐ ☐
9. 法庭书记员 ☐ ☐
10. 人口普查登记员 ☐ ☐

统计"是"一栏得分，计总得分：

（五）你的能力类型简评

下面两张表是你在 6 个职业能力方面的自我评分表。你可以先与同龄者比较出自己在每一方面的能力，斟酌后对自己的能力作一评价。请在表中适当数字上画圈。数字越大表示职业能力越强。

注意，请勿全部画同样的数字，因为人的每项能力不可能完全一样。

R型	I型	A型	S型	E型	C型
机械操作能力	科学研究能力	艺术创作能力	解释表达能力	商业洽谈能力	事务执行能力
7	7	7	7	7	7
6	6	6	6	6	6
5	5	5	5	5	5
4	4	4	4	4	4
3	3	3	3	3	3
2	2	2	2	2	2
1	1	1	1	1	1

体力技能	数学技能	音乐技能	交际技能	领导技能	办公技能
7	7	7	7	7	7
6	6	6	6	6	6
5	5	5	5	5	5
4	4	4	4	4	4
3	3	3	3	3	3
2	2	2	2	2	2
1	1	1	1	1	1

(六) 统计和确定你的职业倾向

请将第二部分至第五部分的全部测试分数按前面已统计好的各种职业倾向（R型、I型、A型、S型、E型、C型）得分填入下表，并作纵向累加。

测 试	R型	I型	A型	S型	E型	C型
第一部分						
第二部分						
第三部分						
第四部分						
第五部分						
总　分						

请将上表中的 6 种职业倾向总分按大小依次从左到右排列：

_____型　　　_____型　　　_____型

_____型　　　_____型　　　_____型

你的职业倾向型得分：最高分_____　　最低分_____

(七) 您所看重的东西——职业价值观

这一部分测试列出了人们在选择工作时通常会考虑的 9 条因素（见所附工作价值标准）。现在请你在其中选最重要的两项因素，以及最不重要的两项因素，并将序号填入下边相应的空格上。

最重要：_____

次重要：_____

最不重要：_____

次不重要：_____

附：工作价值标准

1. 工资高、福利好
2. 工作环境（物质方面）舒适
3. 人际关系良好
4. 工作稳定有保障

5. 能提供较好的受教育机会
6. 有较高的社会地位
7. 工作不太紧张、外部压力小
8. 能充分发挥自己的能力特长
9. 社会需要与社会贡献较大

以上全部测试完毕。

现在，将你测试得分居第一位的职业类型找出，对照下表，判断一下自己适合的种类。

R（现实型）：木匠、农民、操作X光的技师、工程师、飞机技师、鱼类和野生动物专家、自动化技师、机械工（车工、钳工等）、电工、无线电话务员、火车司机、长途公共汽车司机、机械制图员、修理机器、电器师。

I（调查型）：气象学者、生物学者、天文学者、药剂师、动物学者、化学者、科学报刊编辑、地质学者、植物学者、物理学者、数学家、实验员、科研人员、科技工作者。

A（艺术型）：室内装饰专家、图书管理专家、摄影师、音乐家、作家、演员、记者、诗人、作曲家、编剧、雕刻家、漫画家。

S（社会型）：社会学者、导游、福利机构工作者、咨询人员、社会工作者、社会科学教师、学校领导、精神病院工作者、公共保洁员。

E（企业型）：推销员、进货员、商品批发员、旅馆经理、饭店经理、广告宣传员、调度员、律师、零售商。

C（常规型）：记账员、会计、银行出纳、法庭书记员、税务员、核算员、打字员、办公室职员、统计员、计算机操作员、秘书。

职业索引：

对照表——职业兴趣代号与其相应的职业。

下面介绍与你3个代号的职业兴趣类型一致的职业表。对照的方法如下：首先根据你的职业兴趣代号，在下表中找出相应的职业。例如你的职业兴趣代号是RIA，那么牙科技术员、陶工等职业是适合你兴趣的。然后寻找与你职业兴趣代号相近的职业，如你的职业兴趣代号是 RIA，那么你可寻找所有包含 RIA 等编号相应的职业，诸如 IRA、IAR、RAI、ARI 等编号所相应的职业，这些职业也较适合你的兴趣。

RLA：牙科技术员、陶工、建筑设计员、模型工、细木工、制作链条人员。

RIS：厨师、服务员、跳水员、潜水员、染色员、电器修理、眼镜制作、电工、纺织机器装配工、报务员、装玻璃工人、发电厂工人、焊接工。

RIE：建筑和桥梁工程、环境工程、航空工程、公路工程、电力工程、信号工程、电话工程、一般机械工程、自动工程、矿业工程、海洋工程、交通工程技术人员、制图员、家政经济员、打捞员、计量员、农民、农场工人、农业机器操作员、清洁工、无线电修理工、汽车修理工、手表修理工、管子工、线路维修工、盖（修）房工、电子技术员、伐木工、机械师、锻压操作工、造船装配工、工具仓库管理员。

RIC：船上工作人员、接待员、杂志保管员、牙科医生的助手、制帽工、磨坊工、石匠、机器制造、机车（火车头）制造、农业机器装配、鞋匠、货物检验员、电梯维修工、托儿所所长、钢琴调音员、装配工、印刷工、建筑钢铁工人、卡车司机。

RAI：手工雕刻、制作模型人员、家具木工、制作皮革员、手工绣花、手工钩针编织、排字工人、印刷工人、图画雕刻、装订工。

RSE：消防员、交通巡警、警官、门卫、理发师、房间清洁工、屠夫、锻工、开凿工人、管道安装工、出租汽车驾驶员、货物搬运工、送报员、勘探员、娱乐场所的服务员、起重机操作工、灭害虫者、电梯操作工、厨房助手。

RSI：纺织工、编织工、农业学校的教师、某些职业课程教师（诸如艺术、商业、技术、工艺课程）、雨衣上胶工人。

REC：抄水表员、保姆、实验室动物饲养员、动物管理员。

REJ：轮船船长、航海领航员、大副、试管实验员。

RES：旅馆服务员、家畜饲养员、渔民、渔网修补工、水手长、收割机操作工、搬行李工人、公园服务员、救生员、登山导游、火车工程技术员、建筑工人、铺轨工人。

RCI：测量员、勘测员、仪器操作者、农业工程技术员、化学工程师、农用工程技师、石油工程技师、资料室管理员、探矿工、煅烧工、烧窑工、矿工、保养工、车床工、取样工、样品检验员、纺纱工、炮手、漂洗工、电焊工、锯木工、刨床工、制帽工、手工缝纫工、油漆工、农民冷筑工人、电影放映员、勘测员助手。

RCS：公共汽车驾驶员、一等水手、游泳池服务员、裁缝、建筑工人、石匠、烟囱修建工、混凝土工、电话修理工、爆炸手、邮递员、矿工、裱糊工人、纺纱工。

RCE：打井工、吊车驾驶员、农场工人、邮件分类员、铲车司机、拖拉机司机。

IAS：普通经济学家、农场经济学家、财政经济学家、国际贸易经济学家、实验心理学家、工程心理学家、心理学家、哲学家、内科医生、数学家。

IAR：人类学家、天文学家、化学家、物理学家、医学病理学家、动物标本制作者、化石修复者、艺术品管理员。

ISE：营养学家、饮食顾问、火灾检查员、邮政服务检查员。

ISC：侦察员、电视播音室修理员、电视修理服务员、验尸室人员、编目录人员、医学实验室技师、调查研究者。

ISR：水生生物学者、昆虫学家、微生物学家、配镜师、矫正视力者、细菌学家、牙科医生、骨科医生。

ISA：实验心理学家、普通心理学家、发展心理学家、教育心理学家、社会心理学家、临床心理学家、目录学家、皮肤病学家、精神病学家、妇产科医生、眼科医生、五官科医生、医学实验室技术专家、民航医务人员、护士。

IES：细菌学家、生理学家、化学专家、地质专家、地球物理学专家、纺织技术专家、医院药剂师、工业药剂师、药房营业员。

IEC：档案保管员、保险统计员。

ICR：质量检验技术员、地质学技师、工程师、法官、图书馆技术辅助员、计算机操作员、医院听诊员、家禽检查员。

IRA：地理学家、地质学家、水文学家、矿物学家、古生物学家、石油专家、地震学者、声学物理学家、原子和分子物理学家、电学和磁学物理学家、气象学家、设计审核员、人口统计学家、数学统计学家、外科医生、城市规划家、气象员。

IRS：流体物理学家、物理海洋学家、等离子体物理学家、农业科学家、动物学家、食品科学家、园艺学家、植物学家、细菌学家、解剖学家、动物病理学家、作物病理学家、药物学家、生物化学家、生物物理学家、细胞生物学家、临床化学家、遗传学家、分子生物学家、质量控制工程师、地理学家、放射治疗技师。

IRE：化验员、化学工程师、纺织工程师、食品工程师、食品技师、渔业技术专家、材料测试工程师、电气工程师、土木工程师、地质工程师、电力工程师、口腔科医生、牙科医生。

CRC：飞机领航员、飞行员、生理实验室技师、文献检查员、农业技术专家、动植物技术专家、生物技师、油管检查员、照相机修理者、工程技师员、设计计算机程序者、仪器维修工。

CRI：簿记员、会计、计时员、铸造机操作工、打字员、按键操作工、复印机操作工。

CRS：仓库保管员、档案管理员、缝纫工、讲述员、收款人、标价员、实验室工作者、广告管理员、自动打字机操作员、电动机装配工、缝纫机操作员。

CIS：记账员、顾客服务员、报刊发行员、土地测量员、保险公司职员、会计师、估价员、统计员、邮政检查员、外贸检查员。

CIE：打字员、统计员、支票记录员、订货员、校对员、办公室工作人员。

CIR：校对员、工程职员、海底电报员、检修计划员、发报员。

CSE：接待员、通讯员、电话接线员、售票员、旅馆服务员、私人职员、商学教师、旅游办事员。

CSR：运货代理商、铁路职员、交通检查员、办公室通信员。

CSI：簿记员、出纳员、银行财务职员。

CSA：秘书、图书管理员、办公室办事员。

CER：邮递员、数据处理员、航空邮件检查员。

CEI：推销员、经济分析家。

CES：银行会计、记账员、法人秘书、速记员、法院报告人。

ECI：银行行长、审计员、信用管理员、地产管理员、商业管理员。

ECS：信用办事员、保险人员、各类进货员、海关服务经理、售货员、会计。

ERI：建筑物管理员、工业工程师、农场管理员、护士长、农业经营管理人员。

ERS：仓库管理员、房屋管理员、货栈监督管理员。

ERC：邮政局长、渔船船长、机械操作领班、木工领班、瓦工领班、驾驶员领班。

EIR：科学、技术和有关出版物的管理员。

EIC：专利代理人、鉴定人、运输服务员、检查员、安全检查员、废品收购人员。

EIS：警官、侦查员、交通检查员、安全咨询员、合同管理者。

EAS：法官、律师、公证人。

EAR：展览室管理员、舞台管理员、播音员、驯兽员。

ESC：理发师、裁判员、政府行政管理员、财政管理员、工程管理员、职业病防治人员、售货员、商业经理、办公室主任、人事负责人、调度员。

ESR：家具售货员、书店售货员、公共汽车驾驶员、日用商品售货员、护士长、自然科学和工程的行政领导。

ESI：博物馆管理员、图书馆管理员、古迹管理员、饮食业经理、地区安全服务管理员、技术服务咨询者、超级市场管理员、零售商品店店员、批发商、出租汽车服务站调度。

ESA：博物馆馆长、报刊管理员、音乐器材售货员、广告商、售画营业员、导游、事务长（轮船或班机上的）、飞机上的服务员、船员、法官、律师。

ASE：戏剧导演、舞蹈教师、广告撰稿人、报刊专栏作者、记者、导演、英语翻译。

ASI：音乐教师、乐器教师、美术教师、管弦乐指挥、合唱队指挥、歌星、演奏家、哲学家、作家、广告经理、时装模特。

AER：新闻摄影师、电视摄像师、艺术指导、录音指导、丑角演员、魔术师、木偶戏演员、模特。

AEI：音乐指挥、舞台指导、电影导演。

AES：流行歌手、舞蹈演员、电影导演、广播节目主持人、舞蹈家、口技表演者、喜剧演员、模特。

AIS：画家、剧作家、编辑、评论家、时装艺术大师、新闻摄影师、导演、文学作者。

AIE：花匠、皮衣设计师、工业产品设计师、剪影艺术家、复制雕塑大师。

AIR：建筑师、画家、摄影师、绘图员、环境美化工、雕刻家、包装设计师、陶器设计师、绣花工、漫画工。

SEC：社会活动家、退伍军人服务管理员、工商会事务代表、教师咨询者、宿舍管理员、旅馆经理、饮食服务管理员。

SER：体育锻炼指导、游泳指导、大学校长、学院院长、医院行政管理员、历史学家、家政经济学家、职业学校教师、资料员。

SEA：娱乐活动管理员、国外服务办事员、社会服务助理、心理咨询师、宗教教育工作者。

SCE：部长助理、福利机构职员、生产协调人、环境卫生管理人员、戏院经理、餐馆经理。

SRI：外科医师助手、医院服务员。

SRE：体育教师、职业病治疗者、体育教练、专业运动员、房管员、儿童家庭教师、警察、引座员、传达员、保姆。

SRC：护理员、护理助理、医院勤杂工、理发师、学校儿童服务员。

SIA：社会学家、心理咨询者、学校心理学家、政治科学家、大学学院的系主任、大学或学院的教育学教师、大学农业教师、大学工程建筑课程教师、大学法律教师、大学数学、医学、物理社会科学和生命科学的教师、研究生助教、成人教育教师。

SIE：营养学家、饮食学家、海关检查员、安全检查员、税务稽查员、校长。

SIC：描图员、兽医助手、诊所助理、体检检查员、监督缓刑犯的SIR理疗员、救护队工作人员、手足病医生、职业病治疗助手。

SCA：理发师、指甲修理师、包装艺术家、美容师、整容专家、发型设计师。

SAE：听觉病治疗者、演讲矫正者。

SAZ：图书馆管理员、小学教师、幼儿园教师、学龄前儿童教师、中学教师、师范学院教师、盲人教师、智力障碍人的教师、聋哑人的教师、护士、牙科助理员、飞行教导员。

由于篇幅限制这里不可能把社会上所有的职业都列进去。此外，有的类型与我国情况不尽相符，或者由于某些原因，你不愿从事这些职业，那么你可以根据自己的职业兴趣类型特点，寻找与其一致的职业。

第三节　生涯规划训练

在许多机构和专家那里，职业生涯规划必须有心理学等方面的知识和训练；而一个有基本人文素养的人，做职业生涯的规划，则可使用一些简便易行的方法。这是一种被许多人士成功应用的方法，从问自己是谁开始，一路问下去，您就有了自己的职业生涯规划。

一、回答五个问题

这五个问题是：
1. 我是谁？
2. 我想干什么？
3. 我会干什么？
4. 我做某项职业还缺什么素质和能力？
5. 我的职业规划是什么？

回答了这五个问题，找到它们的最高共同点，您就有了自己的职业生涯规划。

二、提示与范例

先阅读训练的提示与范例，然后认真、独立地进行思考。

1. "我是谁？"提示：

要回答过去的"我是谁？"，现在的"我是谁？"，将来的"我是谁？"……回答的要点是：面对自己，真实地写出每一个想到的答案；写完了再想想有没遗漏，认为确实没有了，按重要性进行排序。

请看下列生涯规划实例：李佶（简称李），男，1999年考入北京某大学经济学本科学习。家住河北省唐山地区迁安市（县级市），父母为普通职员，大他三岁的哥哥正在国外攻读MBA，学习成绩一直较好，具有自主职业规划的能力。

对第一个问题"我是谁？"他的回答是：

我是身体健康，心理正常，性格较外向，情绪较乐观的大男孩；我是来自小城市的优秀学生，学习能力不错；

我在中、小学一直担任学生干部，在大学曾经担任系学生会副主席，是具有一定组织管理能力的人；

我是好奇心较强，有时会幻想的人；

我是一个有主见的人；

我喜欢唱歌,是有一定表演能力的人;

……

2. "我想干什么?"提示:

对这个问题可将思绪回溯到孩童时代,从人生初次萌生第一个想干什么的念头开始,然后随年龄的增长,回忆自己真心向往过想干的事,并一一记录下来,写完后再想想有无遗漏,确实没有了,就进行认真的排序。

李佶的回答是:

(1) 我想做管理咨询公司合伙人与职业经理;

(2) 我想成为管理咨询公司顾问;

(3) 我想先去国外读 MBA,再回国干管理咨询,甚至想开自己的咨询公司;

(4) 我想考研;

(5) 如果有可能,我想报考国家公务员;

(6) 我想在父母有生之年多尽一些孝心,可能的话,把他们接到家里来住;

……

3. "我会干什么?"提示:

把确实证明的能力和自认为还可以开发出来的潜能都一一列出来,包括我能干什么?我会干什么?我适合干什么?等等。认为没有遗漏了,再进行认真的排序。

李佶的回答是:

"我会干什么?"

(1) 我可以管理公司更多的业务,并能协调公司各部门的关系;

(2) 我是推广公司咨询业务的能手和指导下属开发客户的老师;

(3) 我会讲业务开发的课程和较容易的管理课程;

(4) 我会开汽车;

(5) 我唱卡拉 OK 很迷人;

(6) 相信在今后的日子里我还可以学会很多东西;

……

我适合干什么？

通过霍兰德六角形理论的测试：

（1）我是社交型和企业型的人；

（2）我适合在教育界、企业界、社会服务业以及心理健康咨询等行业中谋职；

（3）我适合的职业类别包括了教师、企业合伙人、管理顾问、国家公务员、学校督导以及市场开发的策划者等；

……

4."我做某项职业还缺什么素质和能力？"提示：

首先是"环境支持或允许我干什么？"对这个问题的回答则要稍作分析：环境，有本单位、本市、本省、本国和其他国家，自小向大，只要认为自己有可能借助的环境，都应在考虑范畴之内；在这些环境中，认真想想自己可能获得什么支持和允许，搞明白后——写下来，再按重要性排列一下。其次是我做某项职业还缺什么素质和能力？

李佶的回答是：

"环境支持或允许我干什么？"

（1）可以去研究生院深造；

（2）可以读在职MBA，只要有好的课程与教师；

（3）哥哥可以帮助我联系去国外的大学读书，但以后可能还要回来从头开始；

（4）可以去管理咨询公司求职；

（5）可以去中等专业学校当老师；

（6）可以报考国家公务员；

（7）可以去练唱歌，也可以去酒吧唱，但专业成就很渺茫；

……

我做某项职业还缺什么素质和能力？

（1）如果考研，我需要认真复习外语及相关课程；

（2）如果去公司求职，我需要了解职业常识，掌握求职的基本技巧；

(3) 如果去中等专业学校当老师,我还要提高表达能力;

(4) 如果报考国家公务员,我还要提高政策和理论水平,更多地关心时事政治;

……

5."我的职业规划是什么?"提示:

认真比较第一题至第四题的答案,将内容相同或相近的答案用一条横线连起来,您会得到几条连线,而不与其他连线相交的又处于最上面的线,就是您最应该去做的事情,您的职业生涯就应该以此为方向。然后在此方向上以三年为单位,提出近期、中期与远期的目标;再在近期的目标中提出今年的目标;将今年的目标分解为每季度目标、每月目标、每周目标、每天目标。这样,您每天睡前就可以对照自己的目标进行反省,总结当日成就与失误、经验与教训,修正明天的目标与方法,第二天醒来后稍加温习就可以投入行动了!这样日积月累,没有不能实现的规划。

李佶的回答是:

(1)"我的职业和生活规划是什么?"

(2)去其他公司做合伙创业者;找一家管理咨询公司好好干,不远的将来能有职位的晋升,并获得合伙创业的机会;

(3)工作的同时选择在职的 MBA 进修;

(4)当一名优秀的人民教师;

(5)当好国家公务员;

(6)买房、结婚、买汽车;

(7)经常去看父母,以后接他们来住;

(8)有时去唱歌玩玩;

(9)出国读书;

……

三、方法与步骤

先取出一支铅笔、一块橡皮。然后,静下心来,排除干扰,按照顺序,认真、独立、实事求是地回答每一个问题:

1. 我是谁?

(1) _____

(2) _____

(3) _____

(4) _____

(5) _____

(6) _____

(7) _____

(8) _____

(9) _____

(10) _____

2. 我想做什么?

(1) _____

(2) _____

(3) _____

(4) _____

(5) _____

(6) _____

(7) _____

(8) _____

(9) _____

(10) _____

3. 我会做什么?

(1) _____

(2) _____

(3) _____

(4) _____

(5) _____

(6) _____

(7) _____

(8) _____

(9) _____
(10) _____

4. 我做某项职业还缺什么素质和能力?

(1) _____
(2) _____
(3) _____
(4) _____
(5) _____
(6) _____
(7) _____
(8) _____
(9) _____
(10) _____

5. 我的职业规划是什么?

(1) _____
(2) _____
(3) _____
(4) _____
(5) _____
(6) _____
(7) _____
(8) _____
(9) _____
(10) _____

四、练习填写职业生命线

练习填写职业生命线是生涯规划训练的又一种有效的方法,简便易行。其方法和步骤是:

1. 画一条生命线,按生涯周期理论分别填写职业生涯经历。

2. 放大第一阶段，详细填写职业生涯经历。

3. 放大第二阶段，详细填写职业生涯经历。

4. 放大第三阶段，详细填写职业生涯经历。

5. 放大第四阶段，详细填写职业生涯经历。

6. 放大第五阶段，详细填写职业生涯经历。

7. 小结。

五、练习填写生命彩虹图

填写生命彩虹图与填写职业生命线雷同,但又有区别。区别之一是将线变为条格,然后将条格图上不同的颜色或标记,相互区分;区别之二是强调在生命不同阶段所充当的角色;区别之三是将最长的条格放在最上边,将最短的条格放在最下边,然后将这些条格与生命年龄线一起弯成彩虹图。

1. 公民角色

2. 职业角色

3. 子女角色

4. 家长角色

5. 学生角色

6. 休闲者角色

7. 其他角色

8. 生命年龄线条格

[小故事] 使你自己成为珍珠

有一个自以为是全才的年轻人,毕业以后屡次碰壁,一直找不到理想的工作,他觉得自己怀才不遇,对社会感到非常失望。多次的碰壁,让他伤心而绝望,他感到没有伯乐来赏识他这匹"千里马"。

痛苦绝望之下,有一天,他来到大海边,打算就此结束自己的生命。在他正要自杀的时候,正好有一位老人从附近走过,看见了他,并且救了他。老人问他为什么要走绝路,他说自己得不到别人和社会的承认,没有人欣赏并且重用他……老人从脚下的沙滩上捡起一粒沙子,让年轻人看了看,然后就随便地扔在了地上,对年轻人说:"请你把我刚才扔在地上的那粒沙子捡起来。"

"这根本不可能!"年轻人说。

老人没有说话,从自己的口袋里掏出一颗晶莹剔透的珍珠,也是随便地扔在了地上,然后对年轻人说:"你能不能把这颗珍珠捡起来呢?"

"当然可以!"

"那你就应该明白是为什么了吧?你应该知道,现在你自己还不是一颗珍珠,所以你不能苛求别人立即承认你。如果要别人承认,那你就要想办法使自己成为一颗珍珠才行。"年轻人蹙眉低首,一时无语。

「大智慧」如果你不是卓尔不群的,你就不要指望自己能鹤立鸡群;如果你自己是一粒沙子,你也不要指望别人能把你当成一粒珍珠。

作业与思考

1. 什么是职业生涯规划?你的职业生涯规划是什么?
2. 在你的一生中,你已经和准备扮演哪些社会角色?
3. 本章列举的李佶的职业生涯规划对你有何启发?

第十二章　求职择业

[小故事] **招聘园长**

南方一家幼儿园公开招聘园长，由于待遇极优厚，一时间报名者众，其中甚至包括专攻幼儿心理的女研究生和多名早已有了职业和稳定收入的女大学生。但经过考试，最终被录取的却不是他们，而是一个扎着小辫儿的极文静的姑娘，她叫雯雯。

请看最后一轮面试吧！面试考场在二楼，楼梯拐角处有个脏兮兮的小男孩儿，拖着鼻涕，正站在那里泪汪汪地等着什么，当众多的应聘者穿过长长的楼梯去面试时，只有雯雯一个人停了下来，她不仅掏出手帕给孩子擦了擦鼻涕，还亲切地说了一句："小弟弟别哭，是不是找不着妈妈了？别哭，等我一会儿，姐姐去去就来，带你找妈妈！"

请再注意后来的情节：面试之后，众多的应聘者都匆匆下楼，视若无睹，唯有雯雯把脏兮兮的小男孩抱了起来，那么亲切地哄他，那么认真地给他唱歌，那么投入地给他讲故事——而这一切，被早已架设好的录像机都录了下来！

天！应聘者谁也没有发现，这个小男孩儿，原来是幼儿园方面专门安排的！

自然，当园方宣布被录用者是雯雯并播放了刚才的录像时，所有的报考者都羞愧地低下了头，她们显然已恍然大悟，自己被淘汰乃是一种必然！因为她们尽管知识渊博、修养深厚，却恰恰缺少了一种叫做"爱"的东西。

「大智慧」爱是人的内在属性，如果一个人没有了爱心，那整个社会都会将他抛弃。大学生在接受职业指导的过程中，要学会学习、学会做人、学会做事、学会与人相处,全面提升自身素质。

[小故事] 适当低调

一位留美的计算机博士毕业后在美国找工作,结果好多家公司都不录用他。思前想后,他决定收起所有证明,以一种"最低身份"再去求职。他被一家公司录用为程序员。老板发现他能看出程序中的错误,非一般的程序输入员可比,这时他亮出学士证书,老板给他换了个与大学生对口的职位。

过了一段时间,老板发现他时常能提出许多独到的有价值的建议,远比一般的大学生要高明。这时,他又亮出了硕士证书,于是老板又提升了他。

再过一段时间,老板觉得他还是与别人不一样,就对他"质询",此时他才拿出博士证书,老板对他的水平有了全面认识,毫不犹豫地重用了他。

「大智慧」是金子在哪里都会闪光,只要你自己心中时刻保持着激情燃烧的希望,脚踏实地地朝着目标前进,那最终的胜利一定属于你。通过本章的学习和训练,使在校大学生了解怎样收集就业信息,怎样写好独具特色的求职信,怎样参加用人单位的录用考试等相关的知识,有助于大学生提前做好知识准备、技能准备、信息准备、资料准备和心理准备等;有助于大学生提高完善自身素质的自觉性;也有助于大学生在校期间的勤工俭学。

第一节 求职择业小常识

一、信息准备

狭义地理解,信息就是指对消息接受者来说是预先不知道的报道或情报。广义地理解，信息乃是指事物存在的方式或运动的状态及这种方式、状态的直接或间接的表达。

求职择业不仅取决于体力和能力、社会和经济等诸多因素，而且也取决于就业信息。一个人如果掌握了大量的信息，他的就业视野就会广阔，就能够比较稳定地掌握自己的命运，争得主动权，不失时机地选择自己的位置。一个人如果视听闭塞、信息失灵，如同盲人骑马，那么，他不是站在校园发出"生不逢时"的感叹，就是盲目地、糊涂地从事某种工作。随着就业制度的改革，择业者越来越清楚地认识到信息是择业的基础，是通往用人单位的桥梁。谁获得信息，就获得主动权；谁失去信息，就失去主动权。可以说，信息是关系就业顺利与否的关键之一。

1. 怎样收集信息

既然就业信息是择业的基础，是通向用人单位的桥梁，那么，就应该广泛地收集就业信息。就业信息越广泛，择业的视野越宽阔；就业信息质量越高，择业的把握性越大。而高质量的就业信息存在于广泛的信息之中，因此就必须利用各种渠道、各种手段，广泛地、全面地、准确地收集与择业有关的各种信息，为择业做好充分的准备。

一般来说，获得信息的渠道主要有下列几条：

（1）通过对国家、地方、学校就业指导机构及其信息资料中心的咨询，搜集储存用人资料。

（2）通过新闻媒体，搜集动态用人信息资料。

（3）通过阅读介绍职业资料的报纸杂志、资料展览等，搜集静态用人资料。

（4）通过与亲戚、朋友、邻居、师长、校友等交谈，搜集隐藏性用人资料。

（5）通过去单位了解、工厂参观、实地直接观察等活动，搜集第一手用人资料。

2. 怎样处理信息

在广泛搜集的基础上，要对照自己的情况，对获取的信息进行一番去伪存真、去粗取精，有目的、有针对性地进行排列、整理和分析，使信息具有准确性、全面性和有效性，更好地为自己就业服务。因为有些信息不准确或模棱两可，所以要对之进行严格鉴别和判断，并加以澄清或剔除，使所获得的信息具有准确性。就业信息还具有较强的易逝性，所以对之要更新、淘汰。要尽量获取最新的信息。信息缺乏时间性，也就丧失了实用性。

3. 信息必备的要素

比较全面的就业信息应含有下列要素：工作单位名称；对从业者的学历和学习成绩要求；对从业者的身体状况要求；招聘方法和报名手续，此工作在社会主义建设中的作用，此工作在社会经济结构中的地位；工作活动，包括工作的性质，如何做、为何而做等；单独还是合作工作；工作的设备、使用工具，诸如机器、材料、工具等；工作关系，如与领导、同事等的工作关系；工作时间，如工作时间的长短、是否三班等；工作地点；工作环境，如室内、户外、冷热、潮湿、高空等；待遇，如工资、奖金、保险、退休费等；对从业者的体力、性别、身高、相貌等身体性方面的要求；对从业者的政治思想、道德品质方面的要求；对从业者职业技能方面的特殊要求；对从业者的兴趣、职业能力、职业气质等职业心理健康方面的要求；工作前途，此工作晋升、进修的可能性，此工作今后的可能发展方向；工作单位所有制性质和隶属关系。

当你收集到广泛的信息并加以分析处理后，应尽早决断并向用人单位反馈信息。一是因为招工、招干、应聘都是有一定的时限的；二是因为条件较好的职业谁都会被吸引，而录用指标是有限的。因此，犹豫不决会使你失去良机。在就业的激烈竞争面前，捷足者先登。

二、资料准备

大学生在临近毕业时，必须认真作好各种文字资料准备。一般说来，这些资料应提前一年左右完成，并认真修改，为进入大学生就业市场做好必要准备。本章将在简要介绍求职资料的内容、要求的基础上，推荐一些较好的求职资料供大家参考、借鉴。

1. 资料的种类

一是就业文件。每个高等院校毕业生的就业办法，都是根据教育部、上级主管部门关于毕业生就业的方针、原则，结合本校具体情况制定的。由于高校类型不同，所在地区不同，社会需求信息不同，学校在执行同一上级要求时，做法也不尽相同。所以毕业班同学一定要掌握本校本届毕业生就业的有关文件，根据其要求，积极参与求职择业工作。二是社会需求信息。就业信息是择业的基础，是通向用人单位的桥梁。就业信息越广泛，择业的视野越宽阔。就业信息质量越高，择业的把握性越大。因此，利用各种渠道，广泛地、准确地收集与择业有关的信息十分重要。

2. 资料的作用

个人资料在求职择业中起着十分重要的作用。通过个人资料信息的发布、传递可以有效地与用人单位建立联系，有利于进一步了解用人单位的人才需求情况，也有利于"推销"自我，使自己成功地进入职业生涯。一是建立联系。大学毕业生求职择业的首要环节就是与用人单位建立有效的联系和融洽的关系。精心准备的个人资料将给用人单位留下良好的第一印象，有助于"供需见面、双向选择"关系的确立。二是"推销"自己。成功地"推销"自己是个人文字资料最重要、最根本的作用，是扬长避短地介绍自己的学习、工作情况及能力、特长，成功地挖掘自己的职业潜力，以及对所求职业的兴趣、热情，是必不可少的组成部分。三是了解情况。在某种意义上，个人资料信息的发布与反馈也是进一步了解用人单位的态度及社会需求情况的必要手段。通过个人资料的发布，有助于大学生正确认识社会，正确评价自己，从而树立正确的择业观念和适度的期望值。

3. 资料（信息）的发布

邮寄。用信函的方式传送个人资料是大学生求职择业的主要方式。一般说来，科研单位、机关团体、大中学校、事业单位及大中企业比较乐于接受这种形式，但是由于大学生就业市场供需状况的变化，这种方式的成功率在逐年下降。

面呈。通过参加招聘会、供需见面会的机会，与用人单位直接见面，在双方都比较满意的情况下送上个人详细资料；或者是毕业生主动登门拜访，并呈上个人资料。这种形式适用于那些公关能力较强、个人反应敏捷的毕业生。

推荐。由高校毕业生分配就业的主管部门或对用人单位有影响力的教师、亲友以推荐的方式向用人单位呈送毕业生的个人资料，给人以可靠、郑重的感觉，对毕业生求职成功有重要作用。部队、机关及本专业、本系统有关单位更乐于接受这种形式。

广告。广而告之也是发布信息的有效方式。有人戏称，在发达国家，人的生活空间除了空气，最多的就是广告，广告无处不在。近年来，许多毕业生尝试在电视广播、报纸、杂志和计算机网络上发布个人求职信息，效果十分显著，因此用这种方式求职前景十分乐观。

4. 应注意的问题

一是实事求是。不能过高地宣扬自己，也不必将自己多方面能力讲得平平，要减少华而不实的修饰语，才能恰如其分地介绍自己。二是突出重点。自荐信切忌篇幅过长，洋洋洒洒几十页，容易使对方厌烦。反之，如果自荐过短，寥寥数语既说不清问题，又容易给对方以不严肃、不认真的感觉。那么如何是好呢？专家经过大量研究认为，大学生的求职信篇幅要适中，不宜过长，文字以一千字左右为宜，二三页为好。在这有限的篇幅内，一定要突出重点，有针对性，对某一单位的某一人，或针对某一单位的某一职位而求职，效果会更好。三是文字顺畅、字迹整洁。求职信是用人单位对求职人的一次非正式的考核。用人单位可以通过信件了解求职者的语言修辞和文字表达力。求职信是用人单位对求职者取得第一印象的凭证，求职信工整、清洁、美观，给人以愉快的感觉，易形成良好的印象。相反，如果求职信写得字迹潦草、难以辨认，会给对方留下办事草率、敷衍了事的感觉。如果你的字写得不好，最好打印或请人写，尽管这样做效果并不好，但也比字写得歪歪扭扭、杂乱无章，还未读完就被淘汰了好些。如果你写一手好字，就工工整整地写，并落款"亲笔敬上"字样，这不仅可以给对方办事人认真负责的印象，也可以显示你的书法特长。因为许多单位都愿意用一个写字漂亮的人。另外写自荐信还应选择标准的信封，注意书写章法，并贴上精美的邮票。有些求职专家认为，信封样式乃至邮票的图案对引起对方注意都有一定作用。四是你在少数民族地区求职，最好将求职信用汉语和少数民族文字各写一份；如果你向中外合资企业求职，应用中文和合资外方通用的外文各书写一份。既可表现你对少数民族或外方的尊重、礼貌，也可显示你的少数民族文字或外文水平，可谓一箭双雕、一举两得。

三、自荐信

写自荐信是目前毕业生求职择业的一种比较常用的，也是非常主要的手段。因为用人单位一般出于节约人力和时间的考虑，多数不采取见面的形式，而是要求求职者先寄送自我介绍材料，由他们进行比较、筛选，然后才通知求职者是否面试。因此写好自荐信十分重要，它是敲开职业大门的第一个重要步骤。

写自荐信应包括以下几方面的内容：

1. 说明个人的基本情况和用人消息的来源

首先，要介绍个人的基本情况，如姓名、性别、年龄、政治面貌、就读学校、专业等，最好将个人基本情况打印附在信后。应该说，个人基本情况越详细越好，但也要注意删繁就简。其次，说明用人消息的来源。如说明自己听到的用人消息和见到的招聘广告。经理看后会愉快的，因为他的广告费没有白花。假如你并没有广告作为依据，也不知道对方是否需要招聘新职员，而你自己很想去对方单位求职，是否也可写一封自荐信投石问路呢？回答是肯定的，完全可以去碰碰运气。但是一定要说明你对该单位的印象，表示希望到该单位从事某种工作的愿望，可以这样写："久闻贵公司声誉卓著，发展迅速，产品深受欢迎。据悉贵公司正在筹备扩大业务，聘用新人，特冒昧自荐。"

2. 说明胜任某项工作的条件

这是自荐信的核心部分,主要是向对方说明有知识,有经验,有专业技能,有与工作要求相符合的特长、性格和能力。总之,就是让对方感到,无论从哪个角度你都能胜任这个工作,在介绍自己的知识、学历、经验或成绩时,一定要突出适合于所求职业的特长和个性,不落俗套,起到吸引和打动对方的作用。

3. 介绍自己的潜力

如向对方介绍自己曾经担任过各种社会工作及取得的成绩,预示着自己有管理方面的才能,有发展、培养的前途。再如,介绍自己能熟练使用操作珠算、计算机,实际上不但介绍自己现在的专业技能——会使算盘、计算机,还预示着可以承担会计办公自动化重任。又如,向宣传或公关部门推荐自己时,介绍自己喜好文艺、绘画、摄影或书法等特长,预示着你能承担各种工作任务。

4. 附带证明材料或文件

信件说明附上有关资料文件,如毕业证书、学位证书、获奖证书的影印件、学校的推荐信、履历表、近照及其他有关证明等,给对方以办事认真、考虑周全的印象。信结尾要表示希望对方给予回信,并且热切地希望有一个面谈或面试的机会。要写清楚自己的详细通讯地址、邮政编码和电话号码,必要时还应注意何时打电话合适等,以便相互联络。

例一

公司经理先生:

您好!

今天我与贵公司人事部的主管谈话,得知贵公司目前急需一名会计。经过对贵公司情况的了解,我自信我的工作资格和能力,完全符合此项工作的要求。

大学期间,我学的是商业会计专业,并参加过计算机操作技能的培养和严格训练,这使我有能力在贵公司——专业化和现代化水平较高的公司能熟练地运用计算机处理各种会计业务。此外,在商业写作、人际关系和心理方面的训练,将利于我与公司客户建立密切而融洽的业务联系。

此外，我具有较强的组织能力，曾任学校学生会副主席和社团活动中心部长等职。我能与人密切合作，这也将有益于做好会计工作。

如果需要，我将愿意接受笔试和面试，我自信会对贵公司作出奉献的。

切盼回复我的电话：（略）

求职人：王力

2002年11月18日

例二

尊敬的领导：

你们好！

我怀着景仰的心情写这封信，希望在不久的将来能够加入到你们中间去，成为贵单位中的一员，并能够和你们一道去开创明天。

在我的简历中我已经谈了许多情况，这里我不再赘谈。我只想谈谈我的思想和我的打算。

我出生在一个四口之家，普通但幸福。我的父母性格都很开朗，而且社交面也很广，因此我受他们的影响很大。我性格外向、好结交朋友。从进小学开始，我就一直是班级或学校里的小干部，在作为同学和老师间"联络官"的期间，我积累了许多宝贵的工作经验，我相信这会在今后的学习和工作中令我受益。

我从小学三年级就开始练习公共演讲，到现在，我已获得近十项演讲冠、亚军。而且我的确从全面简捷和巧妙的语言表达中受益不浅，因为我相信语言是一门艺术。

我非常注重社会实践，因为我坚信：知识来源于实践。而我们学习知识也就是为了实践。因此，从大学一年级下学期起我就开始在校外兼职，并尽可能地丰富一些，尽量找不一样的工作。屈指算来，已经有五六份不同的工作了。这其中既有翻译（口、笔译）、英语教师，也有计算机管理员、网络管理员等，唯有家教是一直没有做过。正是这些社会工作，才不断促使我前进，不断学习新的东西。一个非常好的例子是：当时中央人民广播电台科教部新成立一个公司（即功达广告公司），需要一些计算机网络管理员和编辑，刚开始我想去应聘编辑，但他们已经找到合适人选了。于是，他们问我愿不愿意做网络主管，而当时我对网络还知之甚少，但INTERNET的狂潮正一阵阵袭来，我也正想找机会接触一下网络，于是我就应承下来了。在后来的一个多月的时间里主要通过自己的努力，我竟然独立建成了功达内部网和功达BBS情感站。这也直接导致我下决心自费2000元去报考NOVELL的CM证书。类似的例子有好多。

　　说心里话，我这么努力只为了一点——希望我是个有用的人。我知道，我现在那点成绩是多么的不够，但那的确是我努力的结果。我有充分的信心继续奋斗下去。对于未来的工作，自我感觉，我不是很适合太静的工作，比较希望能够从事贸易、市场、管理、技术销售、谈判等工作。

　　我衷心地期待与您的会谈。

　　有未尽事宜您可以直接和我联系，也可以和我的家人联系，随时恭候，并期待您的回复。

　　我的电话：（略）

　　谢谢！

杨 力
2002.10.26

　　附录：自我评价

　　1. 流利的英语听、说、写、能力及口、笔译能力。已经取得文学学士学位、全国高等学院英语专业四级合格证书和英语专业六级资格认证。

　　2. 完全独立的自我学习能力。我有很强的自学能力，并有充分的学习能动性和对新知识强烈的求知欲。

　　3. 熟练的计算机操作、运用、网络管理能力。我有大约六年的计算机使用经验，并且从事多份与计算机相关的工作。我已经通过美国NOVELL公司CNE授权网络工程师的认证考试和北京市高教局的计算机应用水平认证考试。我对于相关的计算机软件有比较充分的了解（本简历就是用 word 编辑排版完成的）。

4. 公共场所中有良好的英文演说能力。我先后数十次获得过各种中、英文演讲比赛的冠、亚军及其他荣誉称号。

5. 市场分析和经营决策能力。这一直是我比较感兴趣的领域。我曾打算报考中国人民大学国际经济系研究生，该专业即属于宏观调控范畴。

6. 领导和管理能力。从小到大，我一直是学校的班干部。自己觉得"父母官"做得对得起大家，并且因此学会了协调人际关系。

四、面试常识

在大学生的求职过程中，用人单位经常安排一些笔试、面试等必不可少的环节。本章将重点阐述面试类型和面试策略。

1. 面试类型

所谓面试就是由用人单位安排的对求职者的当面考试。目前，国内外有些就业指导或人事管理方面的书刊往往把面试与面谈混为一谈，其实这是不正确的。二者虽然有一些共同之处，但是区别也是很明显的。面试与面谈的共同点是：都是求职择业的一个重要步骤，是促进供需双方相互了解的必要途径。二者的区别：一是人数不同。面谈一般是指一对一式的对话，而面试则是多人对多人次的对话。这种对话通常是由招聘单位组织二人或二人以上的"考官"组，多人与一个一个求职者单独对话。二是气氛不同。面谈是双方平等的对话，面试则是由多人组成的小组向求职者提问，双方是考官与考生的关系，因此求职者往往处于被动的地位。三是重视程度不同。面谈一般是由人事部门的干部与求职者对话，而面试的考官组则是事先周密安排的人选，既有人事干部，又有专家和部门领导。四是时间安排不同。面谈时间可以相互商量再确定，面试则是由招聘一方决定后再通知求职者本人，求职者因故不能参加，则以自动弃权论。五是时间长度不同。面谈的时间弹性较大，可长可短，如果双方交谈融洽可以谈上半天或一天，而面试的时间长度有限制，一般为半小时至一小时，一到时间就停止面试。而且，面谈只是双方互相了解的途径，而面试则是录用与否的关键环节。

面试一般有四种情况：一是主导式。即在多人组成的考官组中确定一个主考官，事先收集好各种准备提出的问题。当求职者进入考场时，主要由主考官提问，二者一对一式地对话，其余考官如有问题可向主考官递条子，由主考官决定是否提问。或经主考官同意后，其余考官才可提问。二是围攻式。即由多人组成的考官组同时与一个求职者对话，这种提问往往是不同角度、不同性质的问题，给求职者造成的压力较大。采取上述两种面试方式，一般在所招聘的职位比较重要时采用。三是集体式。即面试的一方是多人组成的考官组，另一方则是众多的求职者，通过对话，当场比较优劣，每一个求职者都可以估计出结果。四是讨论式。即招聘方多人与多个求职者就预先准备的问题展开讨论，有时由招聘方主持讨论，有时由求职者轮流主持。集体式和讨论式面试一般气氛热烈，时间较长。

2. 面试策略

由于面试与面谈有相同之处，所以前面所讲的面谈技巧同样适用于面试，即要做好充分准备；建立良好的第一印象；要有自信心；要让对方喜欢自己；等等。但是更重要的是要针对不同的面试方式采取不同的策略，具体说来，主要有以下几点。

第一，要谦虚谨慎。面试和面谈的区别之一就是对方往往是多人，其中不乏专家、学者。因此求职者切不可自以为是，不懂装懂，讲话要有余地。因为中国的传统文化之一是提倡"满招损，谦受益"，大多数人都不会喜欢自以为是、不懂装懂的人。另外在参加"集体式、讨论式"面试时，要正确发表自己的观点，不要随意攻击他人，以抬高自己，因为这样做也是不谦虚的表现，只能减少或降低你的面试分数。

第二，要机智应变。当求职者一人面对众多考官时，心理压力很大，面试成败往往取决于求职者是否能机智果断，随机应变。首先，进入考场时要注意分析面试类型，如果是"主导式"

面试，你应将目光集中投向主考官，认真礼貌地回答问题；如果是"围攻式"面试，则应把目光投向提问者，逐一简明地回答问题，切不可只关注甲方而冷落乙方；如果是"集体式"面试，分配给每个求职者的时间很短，事先准备的材料可能用不上，这时最好的方法是按考官的提问在脑海里重新组合材料，言简意赅地作答，切忌长篇大论。其次，要避免尴尬场面，在回答问题时常遇到这些情况：听清了问题自己一时不能作答、回答问题出现错误或遇到不会的问题时，可能使你处在极为尴尬的境地。避免的技巧是：对未听清楚的问题可以请求对方复述一下，一时回答不出可以请求考官再提下一个问题，然后考虑成熟再回答。遇到自己根本不知道的问题，你可以实事求是地告诉对方自己不会；遇到偶然出现的错误也不必耿耿于怀而扰乱后面问题的思路。

第三，要扬长避短。每个人都有自己的特长和不足，无论是在性格上、专业上都是如此。因此面试时一定要扬我所长，避己所短。例如，性格外向的人往往容易给人留下热情活泼、思维敏捷但不深沉的印象，这类性格的人在面试中要注意克服自己的弱点，讲话的节奏要适当放慢，语言要组织得当，不要一个话题反复讲，要注意给人以博学多才、见多识广的良好印象。性格内向的人则容易给人留下深沉有余、反应迟缓的印象，在"讨论式"面试时，这类性格的人要力争早发言并就某一种观点展开论述，以弥补自己性格上的不足。再如，有的人巧于说而拙于干，有的人则相反，巧于干而拙于说。面试时往往前者占"便宜"而后者吃亏。遇到这种情况，后者就应婉转地说明自己的长处和不足，用其他方法加以弥补。例如，一位擅长绘画、摄影，而语言表达能力欠佳的历史系大学毕业生，在参加谋求某公司宣传干部职位的面试时，出奇不意地将自己绘画作品的彩色照片分发给考官，从而赢得了一片赞许。

第四，应显示潜能。面试的时间通常很短，求职者不可能把自己的全部才华展示出来，因此要抓住一切时机，巧妙地显示潜能。例如，报考会计职位的求职者可以将正在参加计算机专业业余学习的情况"漫不经心"地讲出来，可以使对方认为你不仅熟悉会计业务，而且有发展会计电算化的潜力；报考秘书工作的求职者可以借主考官的提问，把自己的名字、地址、电话等简单资料当场写在准备好的纸上，顺手递上去，以显示自己写一手漂亮字体的能力；报考需要经常出差的职位不妨把自己在外地工作的同学、朋友顺口说出来，以显示自己的交往能力；等等。显示潜能时要实事求是、简短、自然、巧妙，否则也会弄巧成拙。

第五，要增强自信心。面试时应聘者往往要接受多方提问，迎接多种目光，这是造成紧张的客观原因之一。这时你不妨将目光盯住主考官的脑门，用余光注视周围，既可增强自信又能解除紧张。面试过程中考官们可能交头接耳、小声议论，这是很正常的，你也没有必要紧张，要增强自己的自信心，才能提高成功的概率。

[小故事] 一道测试题

一家公司要招收新的职员，其中一道测试题是：你开着一辆车，在一个暴风雨的晚上经过一个车站。有三个人正在等公共汽车，一个很快要死的老人，好可怜的；一个是医生，他曾救过你的命，是你的大恩人，你做梦都想报答他；还有一个女人/男人，她/他是那种你做梦都想娶/嫁的人，也许错过就没有了。

但你的车只能坐一个人，你会如何选择呢？请解释一下你的理由。

老人快要死了，你应该先救他。然而，每个老人最后都只能把死作为他们的终点站。你先让那个医生上车，因为他救过你，你认为这是个报答他的好机会。同时，你会让那位心仪的人上车，因为你一旦错过了这个机会，你可能永远不能遇到一个让你这么心动的人了。

在200个应征者中，只有一个人被雇用了。他并没有解释他的理由。他只是说了以下的话："给医生车钥匙，让他带着老人去医院，而我则留下来陪我的梦中情人一起等公车！"

「大智慧」错过了花，你将能收获果实；错过了冬天，你就能享受春天；错过了这辆车，你将收获一份真情和一个人。

第二节　求职择业小测试

一、面试中常见的题目

1. 你为什么来应聘这份工作？
2. 你有什么实力（特长）？
3. 你对工作有什么要求？
4. 你的理想是什么？
5. 大学期间你做过最得意的事情是什么？
6. 你最喜欢或最不喜欢什么课程，为什么？
7. 业余时间你都干些什么？
8. 你找工作首先考虑的因素是什么？
9. 你的适应能力如何？
10. 你喜欢与什么样的人交往？
11. 你想怎样获取成功？
12. 你对自己的学习成绩是否满意？
13. 到本单位工作后，让你先到基层锻炼两年，你愿意吗？
14. 你爱读什么样的书？
15. 你觉得学历和工作经验哪个重要？作为一个学生，你最大的挑战是什么？你是怎样迎接这一挑战的？
16. 当初你为什么会选择这一专业？
17. 你认为你的主要优势是什么？你认为你的主要劣势是什么？
18. 你近期的目标是什么？长远的目标又是什么？
19. 你对我们单位能有什么样的帮助？
20. 你为什么要到我们单位来应聘这份工作？
21. 如果你处在逆境，你会怎么办？

22. 你认为你对工作有何创意？
23. 你不认为你太年轻，难以承担这项工作吗？
24. 假如你是人事部经理，你将如何同我面谈？
25. 你选择单位时，最重视什么？
26. 我公司目前属于不景气的行业，你为何要选择本公司？
27. 对单调、枯燥的工作（会计、打字等），你也能干好吗？
28. 对你而言，生活的意义是什么？
29. 你的工作目的是什么？
30. 在你走过的人生道路上，对你影响最大的人是谁？
31. 请你介绍一下你在学校的学习成绩。
32. 从成绩单上看，你的成绩并不理想，你怎样看？
33. 请你介绍一下你的毕业论文（毕业设计）。
34. 大学对你意味着什么？
35. 最近你读了哪些有关社会科学方面的书？
36. 请你描述一下你自己。
37. 这项工作，我们不准备接受女同学（大专生），你作为女同学（大专生）为何来应聘？
38. 你的简历上写着英语过了六级，你能用英语作一下自我介绍吗？
39. 对于中国当前的经济形势你是怎样看的？
40. 当前社会中出现的一些问题，你怎样看？
41. 你觉得哪些课程对你最有帮助？
42. 你认为找工作难吗？
43. 请你说说，在大学里你愿意参加哪些活动？
44. 你担任过什么职务，制定过什么计划？
45. 你觉得工作和其他活动占用你的时间吗？
46. 你觉得挤出时间学习很困难吗？
47. 你认为你有哪些特殊才干？
48. 请你谈谈你对本公司的了解。
49. 你有什么问题要问吗？
50. 你能很快适应新环境吗？

51. 你是如何认识自己潜力的？打算如何挖掘这些潜力？

52. 你决定问题时是愿意单独作决定还是与他人讨论决定？为什么？

53. 谈谈你对"智商诚可贵、情商价更高"这句话的理解，好吗？

54. 你在假期经常做些什么？

55. 你是喜欢弹性工作制，还是喜欢严格管理呢？

56. 你的近期目标是什么？准备如何去实现这一目标？

57. 你认为做好工作最重要的因素是什么？

58. 在你的人生经历中最大的挫折是什么？你是怎样对待的？

59. 在你的人生经历中最主要的成就是什么？

60. 在工作中如果你莫明其妙地受到批评，你将如何对待？

二、面试不同类别题目的答题要点

面试中涉及的问题多种多样，可以归纳成若干种类型，现举例分析经常出现的一些题目：

1. 个人特点方面的问题

例如：

（1）请介绍你自己（你是个什么样的人?）。

（2）你有哪些优点和缺点？

（3）你做过什么令自己最自豪的事？

（4）你的健康状况如何？有没有患过重病或发生过严重意外，过去一年共请了多少天病假？

（5）你能不能接受别人的批评？

（6）你与人相处得怎样？

（7）你喜欢独自工作还是跟他人合作呢？

（8）你喜欢在什么样的上司手下工作？

主试者利用这些问题在短时间内尽量了解你这个人，这是你表现自己的良机，应该尽量突出自己的长处，但切勿吹嘘过分，给对方浮夸的印象。

2. 家庭背景方面的问题

例如：

(1) 令尊是做什么工作的，能介绍一下吗？

(2) 你有多少个兄弟姐妹？你排行第几？

(3) 你的兄弟姐妹已经工作了？在什么机构任职？

(4) 你从小家庭生活美满吗？

(5) 你的爸爸妈妈当年是否赞成你学习这一专业？

(6) 你的爸爸妈妈知道你申请这份工作，有什么意见？

(7) 你短期内会不会打算结婚？

(8) 你的家庭能对你的工作有哪些帮助？

这类问题表面上看好像侵犯了个人的隐私权，其实主试者是很有理由提出来的。因为你所提供的资料和回答的态度都很能帮助他们进一步了解你，对你这个人全面认识。例如你自小的家庭环境和气氛，都会影响你的个性，你有多少弟妹、你和家人的关系等都是你性格与社交关系的指标。

3. 教育背景方面的问题

例如：

(1) 请介绍你的学历。

(2) 你为什么专修这一门学科？

(3) 你最喜欢哪门学科？最讨厌的是哪门？为什么？

(4) 你在班里的成绩怎样？考试名次怎样？

(5) 你如何评价你校的学风？

(6) 你对自己的学业成绩满意不满意？这些成绩能够正确反映出你的才能吗？为什么？

(7) 你修的科目对现在申请这份工作有什么帮助？

(8) 你课余参加过哪些课外活动？

申请人的学历基本资料，早已在简历表上填清楚，主试者再问的目的，是了解你受过的教育与训练跟这份工作有什么关系。尤其是应试者刚毕业，没有先前工作记录可以参考，主试者已从简历表上知道你念过什么科目，会集中问为什么选这些科目，喜欢什么不喜欢什么，以判断你的工作动机、态度、能力。

这类问题大致上都比较容易回答，只要预先想过，应该不会有什么困难。比较难的是如果你学业成绩欠佳，而主试者提出来，问你有没有特别理由。如果你真的有理由（例如考试前生了大病），不妨直说，但也不要过分渲染，更不要说谎，否则主试者会觉得你抵赖。你可以说："毕业考试举行之前，我患了急性肠炎，要在床上休息一星期，精神不好，不知道那件事是不是对后来考试成绩有影响（你是在暗示影响很大）。"

4. 兴趣与活动方面的问题

例如：

（1）你课余有什么消遣？

（2）你有特别的兴趣、爱好吗？平均每星期花多少小时？

（3）你喜欢参加什么活动？

（4）你加入了哪些团体、组织？

（5）你的爱好、运动、社团活动给你带来过哪些荣誉？

（6）在简历表上你说喜欢读书，你平均每个月看多少本书？你从看书中得到了什么？最近看的是哪一本？最喜欢哪位作家？为什么喜欢他（她）？

（7）你经常看哪几份报纸和杂志？

（8）哪些兴趣爱好对你现在的工作有帮助？

主试者透过这些问题，了解你这个人的另一面，包括你喜欢群体生活还是长期孤独过日子？你好动还是好静？你的业余活动是否有许多组织领导的机会？你谈论自己喜欢的事时，是否有条理、有趣味、有热忱？你的业余活动对这份工作有没有帮助？你在申请表或简历表上提及的任何一种兴趣、爱好、活动，必须预先准备一下，以免被问及时，不知所措。

5. 职位和薪酬方面的问题

例如：

（1）你喜欢被派到本机构里哪个部门工作？为什么？

（2）你喜欢从事何项工作，为什么？

（3）如果工作需要，你愿意加班吗？

（4）你喜欢例行的、常规的工作吗？

（5）你是否喜欢经常出差？

（6）你有没有申请过别的工作？是什么机构？

（7）你要求多少月薪？

（8）你肯接受的最低工资是什么？

关于职位问题的回答，首先要对所申请职位的性质及涉及的问题了解清楚，然后根据自身的专业知识和实践工作能力诚实地回答。刚毕业的大学生一般不宜申请总经理助理一类的领导职务，应做好从基层做起，从艰苦的工作做起的思想准备。关于薪酬方面也应事先调查了解，最好不要作十分肯定的答复。

6. 报考动机方面的问题

例如：

（1）你为什么应聘（报考）我单位？

（2）你为什么应聘（报考）某职位？

（3）这份工作是不是特别适合你？

（4）你认为这份工作由什么人担任最适合？他应具备什么条件？

（5）既然你没有类似的工作经验，为何还要竞争这一职位呢？

（6）为什么你有兴趣加入本部门工作？

（7）这份工作需要某些方面的专业知识和技能，你认为自己能否胜任？

（8）你的专业与这份工作不相符，为什么还要报考呢？

用人单位提出这类问题是十分必要的，他们希望从面试中判断谁最合适，而你的任务是说服主考官"我是最合适的人选"。回答这类问题不宜从因为看到你的招聘广告，或因为离家近，或专业相符等方面简单地加以回答，而应主要从该项工作的社会功能、个人的兴趣、特长及潜能等方面深入思考后再回答。回答这一类问题既要慎重、自信，更要诚恳、迫切，要表现出对这项工作的热情和志向，给主考官留下最佳的印象。

7. 具有挑战性的问题

例如：

（1）对不起，你的条件不符合本公司的要求，我们不准备录用,你将怎么办?

(2)你喜欢什么样的领导方式?例如民主式、专制式、放任式,你喜欢哪一种?

(3)你最喜欢和哪一类同事合作?

(4)如果你的工作出现失误,给本公司造成经济损失,你认为该怎么办?

(5)你怎样看待人才流动问题?

(6)假如上级交给你一项超越你的能力的工作,你可能怎么办?

(7)如果你发现领导在决策时出现失误,你该怎么办?

(8)你准备什么时候结婚?

上述这些问题还可以列举很多,回答这类问题时不要过于盲目,要深思熟虑后再予回答。这里想举一个实例来说明这一观点:在一次电影百花奖授奖仪式上,李雪健因成功地扮演了焦裕禄而获最佳男演员奖。当时,他捧着奖杯说:"苦和累都让好人焦裕禄受了,名利都让傻小子李雪健得了!"他赢得了热烈的掌声。此话既符合客观实际,更反映了李雪健谦虚谨慎、幽默而又诚实的性格,属于深思熟虑后的一种语言表达。回答具有挑战性问题的技巧是:在不经意间说出深思熟虑的话。

第三节 求职择业训练

随着人才市场供求矛盾的变化,对重要岗位或社会热门职业的竞争日趋激烈,除了一般程式的考察以外,面试是必不可少的环节。大学毕业生虽然"身经百战"(指参加各类文化考试),但对面试的常识知之不多,或是缺乏了解。因此,开展面试考场的模拟活动,可以使求职者亲身感觉到考场的气氛,学会机智应变。

一、模拟面试训练

模拟面试训练是一种有效的群体活动,在模拟面试训练的过程中,大学生有的扮演考官,有的扮演考生,更多的人是充当观众。通过实践,使整个群体都能了解招聘考试的一般程序、可能涉及的问题。而且都能亲身感觉到考场气氛,有利于大学毕业生做好求职前的各种准备,深刻认识到"临渊羡鱼,不如退而结网"、"自古场外无举人"的道理,积极主动地参与人才竞争。

据近三年的调查反馈,在1078名参加模拟面试训练的学生中,完全赞成开设模拟考场、收获很大的有891人,占参加调查学生总数的82.6%,他们强烈要求增加模拟面试训练的课时,主动要求扮演考生或考官;赞成开设模拟面试训练,同时又提出各种批评建议的有119人,占参加调查学生总数的16.6%。对模拟面试训练这一教学环节的评价,有99.5%的学生打了满分。因此,我们完全有理由相信,认真组织好模拟面试训练将大大提高心理素质教育课程的吸引力。

二、模拟面试训练的准备

1. 调查研究

(1)调查人才市场面试的基本形式、一般程序、面试提问、评分标准等,使面试模拟训练有的放矢。

(2)调查分析毕业生的求职心态,存在哪些不良心理,容易引起紧张的问题是什么,等等。

(3)了解学生在面试前需要哪些帮助,以满足学生的迫切需要。

2. 提问准备

(1)关于个人基本情况、兴趣爱好、能力特长等方面的提问。

(2)关于工作要求、工作发展、工作设想、工作挑战等方面的提问。

(3) 关于报考动机、职业道德、人际关系、家庭与事业等方面的提问。

(4) 关于进修学习、流动、出国等方面的提问。

(5) 关于情景试验、现场模拟及专业知识、技能等问题。

(6) 挫折试探。如出了问题如何负责？不要女生怎么办？不要没经验的大学生怎么办？不要专科生怎么办，等等。

3. 科学指导

通过开设课程或讲座，对参加面试模拟的学生进行科学指导，引导他们在面试中：

(1) 实事求是，谦虚谨慎。以事实为依据，说话要有余地，采用成熟、理智的方式回答问题，切忌不懂装懂。

(2) 讲究礼仪，认真准备。包括服饰得体，遵守时间，文明礼貌，尊重对方，表情自然等，还要对可能提出的问题一一进行充分的准备。

(3) 扬长避短，机智应变。在正确认识自己的基础上扬己之长，避己所短，机智果断，随机应变。

(4) 显示潜能，增强自信。要善于把自己与报考岗位相关的兴趣、爱好、特长或正在学习研究的情况"漫不经心"巧妙地显示出来，同时还要学会消除紧张的方法和避免尴尬的技巧，增强必胜的自信心。

(5) 学会感谢，两手准备。面试以后应善始善终，及时退出考场，要认真总结经验教训，耐心等候，学会感谢，做成功与失败的两手准备。

三、模拟面试训练的组织

1. 模拟面试训练的类别

(1) 开放式和封闭式。由于人数的原因可分成开放式考场和封闭式考场。人数较少时模拟考场可安排在会议室、办公室或学生宿舍封闭进行；人数较多时，要安排在教室、报告厅或礼堂进行，欢迎更多的学生旁听，形成开放式考场。

(2) 专业式和简易式。根据地点的不同可分为专业式考场和简易式考场。条件具备时，可开辟专门用于招聘考试和模拟面试的考场，配置录像、扩音、电话等必要设备，设有旁听席和情景考试的空间等；简易式考场则因陋就简，但人数多时也要准备好扩音等设备，营造好考场气氛。

(3) 指导式和自发式。根据有否老师指导帮助可分为指导式考场和自发式考场。在宿舍里由同学分别扮演考官和考生而进行模拟面试可称为自发式考场，此类模拟考场简便易行，可以锻炼提高学生参加面试的自信心；由专业教师和工作人员精心准备且具体指导的考场可称之为指导式考场，使各种模拟考试更加正规化。

2. 模拟面试训练的组织

(1) 模拟考试通知。以布告的形式，通知拟录用的岗位、人员素质要求及考试的时间、地点等。

(2) 模拟考官。可聘请专业教师和就业指导工作人员组成考评委员会（也可由学生扮演），准备好评分标准及所提问题目录。

(3) 维护秩序、组织好旁听、观摩的同学提前入场。

(4) 做好考场的评议和总结。

3. 模拟考场的范例（以64人为例）确定招聘岗位

(1) 在课堂上组织就近四人为一组分别模拟考生、考官相互提问，选拔优秀者进入下一轮（约15分钟）。

(2) 组织4个组的优秀者竞争，从中再选拔一个优胜者（约15分钟）。

(3) 4个组的同学对优胜者的表现提出建设性意见（约10分钟）。

(4) 选拔出来的4名优胜者按抽签顺序走上讲台，接受全体同学（本小组的16名同学除外）的提问，每人约10分钟。

(5) 第四名考生在答题前应对第一名考生的表现作一简短评价，以此类推，最后由第一名评价第四名。

(6) 先由全体同学自由发言、评论，再由指导教师总结。

4. 模拟面试训练的总结

（1）明确目标，坚定信念。有助于大学生树立正确的职业理想和择业观念，做好就业前的各种准备，对犹豫不决的同学帮助更大，可促使他们尽快决策。

（2）了解提问，熟悉环境。有助于学生了解面试可能提到的各种问题，熟悉考场气氛。

（3）扬长避短，巧妙应答。有助于大学生正确认识自己的长处和不足，在正式面试场合做到扬长避短、巧妙应答。

（4）增强自信，消除紧张。有助于大学生消除不必要的考前紧张，增强竞争的自信心。

（5）组织学生座谈或写模拟考场观后感，及时、客观、辩证有针对性地进行评价，总结经验，不断提高模拟考场的效果。

作业与思考

1. 如何收集、分析和利用各种职业信息？
2. 你在求职前有何完善自身心理素质的想法和措施？
3. 模拟面试训练对你有何帮助和启发？
4. 分析下列案例，并提出改进措施：

计算机学院的男生小A在校期间多次到与专业学习相关的单位勤工俭学和生产实习，积累了丰富的实践工作经验，但在与面试考官的交谈中准备不足、表达不清；化工学院的女生小D在1~4年的学习中成绩优秀，但缺乏社会工作经验。当考官问及："你要求多少月薪？"时，她连忙回答："给多少我都不在乎！"当考官继续问道："你有何实践经验"时，她的回答是："怎么能要求我们有实践经验呢？"。外语学院的女生小F在回答考官"你能简单介绍一下自己的情况吗？"时，直接用英语介绍自己的简历，并突出自己的发音准确，等等。

附录一 心理素质拓展训练简介

一、拓展训练内容

1. 什么是拓展训练

拓展训练是一种现代人和现代组织全新的学习方法和训练方式。它利用崇山峻岭、瀚海大川等自然环境,通过各种精心设计的活动,在解决问题、应对挑战的过程中,达到"激发潜能、熔炼团队"的培训目的。

相应的团队热身活动将有助于加深学员间的相互了解,消除紧张,建立团队,以便轻松愉悦地投入到各项培训活动中去。拓展培训包括个人项目和团队项目:个人项目是本着心理挑战最大、体能冒险最小的原则设计。每项活动对受训者的心理承受都是一次极大的考验。真正的"敌人"是自己这一人生真谛,将使受训者刻骨铭心。团队项目是以复杂性、艰巨性为特征。良好的团队气氛,成员之间的相互信任、理解、默契、配合是活动成功的关键。团队项目对于改善受训者的合作意识和受训集体的团队精神有很强的针对性。

回顾总结:回顾将帮助学员消化、整理、提升训练中的体验,以便达到活动的具体目的。总结,使学员能够将培训中的收获迁移到工作中,最终实现整体的培训目标。

2. 训练科目

主要由场地训练、野外训练和室内课程构成。一是场地。如求生、天梯、攀岩、断桥、雷阵、绳网及各种团体组合项目等。二是野外。远足露营、登山攀岩、长城跋涉、野外定向、伞翼滑翔、户外生存。三是室内课程。以领导艺术、管理技巧、人际关系、团队建设为主要内容，综合运用情景模拟、问卷自测、案例分析、角色扮演等各种现代培训方法。

3. 培训师

他们将精心指导学员完成学习的全过程。拓展训练关心的第一件事是时刻保持警觉，并以专业的态度、专业的手段保证每一个细节的安全性。师资队伍长期从事人力资源开发及培训技术的研究与实践，具有良好的人文知识背景和教育学、管理学、心理学素养，同时精通指导各类户外活动。拓展训练培训师具备的专业技能主要包括：红十字紧急救护员资格、野外活动指导资格、登山保护员资格、登山教练员资格等。安全对拓展训练不仅意味着规章制度，它又是我们企业文化的一部分，已融入到拓展人的日常工作和生活习惯中。富有经验的培训师严格地依照安全程序指导、监控活动的全过程。关键的训练器材，全部使用由国际权威的户外运动装备安全认证机构认证的一流品牌，并严格遵守器材的检查和更新制度。

4. 多种课程组合

学校的课程对社会各界具有广泛的适应性，无论是企业经理，还是普通员工、政府公务员，都有相应的课程来满足培训需要。同时，我们的课程还可根据具体需要进行开发、设计、组合，使每次培训活动更为切合实际，达到目标。由于课程大多以团体活动的方式进行，尤其适合集体参训。

二、课程体验

训练项目经典集成，可使学员感受震撼和冲击。

1. 拓展体验课程

时间：2天

内容：主要由场地、室内科目组成。安排空中单杠、断桥、攀岩、下降等个人项目和天梯、求生、电网、电力、沼泽等团队项目。视季节与天气情况，还可安排水上或野外科目，如扎筏、野外定向等。

目标：使学员初步认识自身的潜能，建立自信心，并改善与他人的合作。

2. 回归自然课程

时间：2天

内容：主要由野外科目组成。安排攀岩、远足、登山、露营、野外定向、长途跋涉、洞穴探险等项目，同时传授基本的攀岩技巧和户外生存技能。

目标：在空气清新、阳光明媚的大自然中，在层峦叠嶂的崇山峻岭中陶冶情操、磨炼意志；在群体的配合下，接受考验，挑战自我，熔炼团队。

3. 团队建设课程

时间：5天

内容：全面安排场地、野外及相关室内科目。各项目按照建设成功团队的目标安排，涉及求生、天梯、攀登、越障、飞降、电网、户外露营、长途跋涉、定向越野、泅渡、跳水、划艇、扎筏以及沟通、合作与竞争、决策、人际关系等项目。

目标：增进学员对团队力量的认识，培养学员的归属感，感受沟通、合作、相互激励、融洽人际关系以及遵从团体规范的重要性。

4. 挑战自我课程

时间：3天

内容：主要由场地科目组成。侧重安排野外定向、飞降、下降、空中单杠等个人项目，穿插安排扎筏等团队项目。

目标：通过个人项目使学员充分认识自身的潜能，培养良好的心理素质和勇敢、顽强的意志品质；通过团队项目培养学员对群体的参与意识和责任心。

5. 管理才能课程

时间：4天

内容：主要由场地、野外及相关室内科目组成。场地科目安排攀登、跳跃、下降、绳网等项目；野外科目安排负重远足、户外露营、定向越野、洞穴探险等项目；室内科目安排组织计划、沟通、决策等项目，同时帮助学员消化场地、野外训练的体验。

目标：培养学员的组织、统筹、决策、沟通、权力配置、激励、控制等管理才能。

三、拓展训练课程方案和时间安排

（一）学习目标

1. 课程透过学员亲身体验、震撼内心的感想，让学员发自内心地从自己做起，深入浅出，轻松体验，效果加倍。

2. 从心出发体验团队运作的重要性，通过团队的力量完成任务，通过此一课学习学员将脱胎换骨，重塑焕然一新的工作态度来服务顾客，并且让顾客满意服务，实现百分百的"双赢"局面。

3. 培训团队凝聚力、发挥融洽群体合作，为企业迅速建立高绩效团队，并在活动中挖掘出未来的储备领导、储备企业未来人才。

4. 发挥员工想象力、创意，提高员工解决问题的能力；并提升员工相互配合与互相支持的团队精神与整体意识。

5. 体验活动的教学法让学员在工作中从心做起，积极为团队贡献自我全力，让团队运转绩效提升，让学员更用心且有效率地创造业绩高峰，进而达到（领导满意、员工如意、企业得益）"三赢"的局面。

（二）课程安排

	时间	课程主题	课程内容	授课目的
第一天晚上	17：30~18：30	天下第一关	下定决心从心学习	学习承诺
	19：00	就餐		
	20：00~21：30	心灵聚合、精神整合	诞生领导	团队合作

续表

	时间	课程主题	课程内容	授课目的
第二天上午	6：30~7：30	清晨团队野外训练	爬网、过独木桥、过轮胎（团队合作与竞争）	突破团队"瓶颈"，加快团队合作速度，建立团队信赖与精神
	7：30	就餐		
	8：00~9：30	信任	个人对团体的信任	团队凝聚力产生于相互信任，建立换位思考的意识
	9：45~11：00	立竿见影	（抓杠）超越自我培养领导如何鼓励与帮助遇到困难、挑战的员工	在团队的鼓励下挑战个人极限，克服心理压力，建立自信心，增强自我控制和自我决断能力，敢于抓住机会
	11：10~12：00	过沼泽	沟通与合作	改善沟通技巧，学习运用多种沟通方式交流，体会合作的重要性
第二天下午	12：00	就餐		
	13：30~14：30	催眠		目标确认
	14：30~15：30	电网情深	团体合作的一致性促使每个人对质量的重视，质量是企业的根本	培养团结一致、密切配合的团队精神，培养计划、组织、协调指挥的能力，培养决策和统筹意识，了解个体与集体的关系，找到自己的位置
	15：45~17：30	相依为命	协力天梯（团队合作，领导艺术）	加强团队的沟通，体会"不会与人合作的人永远不能成为一个成功者"，体会被人帮助及帮助别人达到成功的成就感
	18：30~22：30	篝火晚会	娱乐节目、烧烤、总结报告	概述个人和小组的学习成果，分享个人感受，催化、提炼、升华、应用
第三天上午	6：30~7：30	清晨野外训练		
	8：30~9：30	绝壁逢生	团体合作、创新，领导指挥和组织协调能力	培养学员对平衡能力的掌握及遇事的平衡心态和忍耐力

续表

	时间	课程主题	课程内容	授课目的
第三天上午	9：45~10：45	集体木鞋	合作	培养组织、指挥的能力，培养团队凝聚力，树立相互配合的团队精神与整体意识
	11：00~12：00	逃生	团队合作	培养团结一致、密切配合的战胜困难的团队精神，培养计划组织协调指挥的能力，培养决策和统筹意识
	12：30	就餐		
第三天下午	13：30~14：30	按摩活动	催眠	目标确认
	14：45~15：45	孤岛求渡	发挥学员想象力、创意，提高团队解决问题能力；并提升领导与员工相互配合、互相支持的团队精神与整体意识	检验沟通技巧，学习运用不同的沟通方式和沟通态度，介绍几种沟通理论
	16：00~17：00	断桥	挑战自我	体会"今日一小步，人生一大步"的真正内涵，认识自身潜能，增强自信心，体会战胜真正的"敌人"就是战胜自己这一人生真谛
	17：30	结业	快乐赋归	

四、其他参考选择项目

1. 探险求生（夜间山地营训练团队合作，体现出个人领导指挥和组织协调能力）。

团队互相帮助克服困难。

2. 攀岩（超越自我，培养领导如何鼓励与帮助遇到困难、挑战的员工）。

挑战心理极限和本能极限，认识自身潜能、增强自信心，改进自身形象，相信他人，建立换位思考意识。

3. 荆棘取水（团队合作，体现出个人创新，领导指挥和组织协调能力)。

充分认识个人与团队的关系，树立相互配合的团队精神与整体意识，启发想象力与创造性，提高解决问题的能力。

4. 四绳桥（挑战自我）。

培养平衡能力和忍耐力，树立一种平常心，克服心理压力，增强自控能力。

5. 滑降（挑战自我）。

克服心理压力，增强自信心，体验惊险与刺激。

6. 同心圈（合作）。

树立相互配合、互相支持的团队精神和整体意识，培养计划、组织、协调的能力。

7. 传人（合作与沟通）。

学会做任何事情都要有计划、有组织地进行，体会对体能的极限挑战及如何为他人承接负担。

8. 步步高（合作）。

改善人际关系，学会关心，更为融洽群体合作，相信他人，建立换位思考的意识。

9. 垂降（挑战自我）。

克服心理惰性，磨炼战胜困难的毅力，相信他人，建立换位思考的意识。

培训形式：户外拓展

培训时间：两天两夜（48小时）

培训过程与结果：

1. 由教练对每个学员的特点作出一个评价，来为他定位。

2. 在每个活动项目中也可以不断地换选学员来担任小组的领导，勇敢发挥其才能。

3. 总结每次活动中遇到什么困难并运用什么样的方式来解决（结合到实际工作中）。

4. 告诉每位学员这个项目是考查什么，达到什么样的学习目的。

附录二 关于进一步加强北京高等学校学生心理素质教育工作的意见(试行)

京教工 [2000] 45号

为深入贯彻落实《中共中央关于进一步加强和改进学校德育工作的若干意见》、《中共中央、国务院关于深化教育改革全面推进素质教育的决定》,加强高校学生心理素质教育工作,培养全面发展的高素质人才,现提出以下意见。

一、充分认识高等学校加强学生心理素质教育的重要意义

(一)培养大学生良好的心理素质关系到高等学校能否完成培养德智体美等方面全面发展的社会主义事业建设者和接班人这一根本任务,关系到全民族素质的提高,关系到中华民族的未来。心理素质教育是素质教育的重要组成部分,其作用是其他教育所不能替代的。《中共中央关于进一步加强和改进学校德育工作的若干意见》中明确指出"在科学技术迅速发展,社会主义市场经济体制逐步建立的情况下,如何指导学生在观念、知识、能力、心理素质方面尽快适应新的要求",是学校德育工作需要研究和解决的新课题,并且提出要"通过多种方式对不同年龄层次的学生进行心理健康教育和指导,帮助学生提高心理素质,健全人格,增强承受挫折、适应环境的能力"。

(二)加强心理素质教育不仅是深化教育改革、全面推进素

质教育的需要，也是大学生自身成长与发展的需要。随着社会发展和改革开放的进一步深入，大学生面临的社会环境和成长过程中遇到的问题更加复杂、多样，这对大学生的心理素质提出了更高的要求。总体上看，目前大学生的心理素质状况不容乐观。近年来有关调查和研究表明，相当一部分学生心理上存在不良反应和适应障碍，心理疾患发生率有一定比例且呈上升趋势。特别值得重视的是，心理健康问题引发的恶性事件比例有所上升，心理问题已经明显地影响了一部分学生的健康成长，提高大学生的心理素质是当前摆在高等教育工作者面前的一项紧迫任务。

（三）北京高校从20世纪80年代中期开始对学生实施心理健康教育，经过十几年的实践和探索，培养了一支热心从事心理素质教育的骨干队伍，形成了比较规范和系统的工作渠道，取得了一批在全国有影响的工作成果和科研成果，对全面提高学生的素质发挥了积极的作用。但是与时代发展的要求相比，与高等教育人才素质培养的要求相比，还存在着不小的差距。如心理素质教育的规模和水平还不能完全满足学生的需求，有相当数量的学生对这项工作的满意度不高；各校间心理素质教育工作开展不平衡，有的学校对心理素质教育的认识和重视程度有待进一步提高；一部分学校心理素质教育工作尚未开展或仍处于自发阶段，缺乏规范的管理，体制不顺；各校开设的心理教育公共课缺乏统一要求，难以达到心理素质教育目标；缺乏一批稳定的、水平较高的师资队伍，现有人员由于政策不到位等原因流失严重，致使一些学校虽建有机构，但不能正常开展工作；高校心理咨询人员接受系统、规范的培训不够，缺乏教育信度；等等。这些差距和问题表明，我们的工作还不能适应全面推进素质教育的要求。加强学生的心理健康教育，培养学生坚韧不拔的意志、艰苦奋斗的精神，增强适应社会生活的能力，是培养21世纪现代化建设人才的需要，必须给予高度重视并采取切实措施加强高校学生心理素质教育工作。

二、进一步明确高等学校学生心理素质教育的目标和任务

（四）高等学校开展学生心理素质教育的目标是：全面贯彻党的教育方针，适应未来社会对人才素质的要求，努力提高全体学生的心理素质，培养学生健康人格，帮助学生解决成长过程中遇到的各种心理问题，开发个体潜能，促进学生全面、健康发展。

（五）高等学校开展学生心理素质教育的主要任务是：帮助学生提高自我认识能力，树立自爱、自尊、自信、自强的意识和积极乐观的人生态度；培养学生具有坚强的意志品质和战胜挫折的信心，学会积极面对和正确处理学习、生活中的各种压力，提高适应环境、适应社会的能力；培养学生健康情绪、情感和自我控制、自我调节情绪的能力以及人际交往能力，帮助他们正确对待他人，树立团队精神；培养学生创新精神和实践能力，促进学生潜能的开发；解决学生在成长中出现的各种心理问题，帮助他们排除心理障碍，优化学生个性心理品质；积极预防学生中由于心理问题引发的突发事件，进行必要的危机干预。各高校在实施心理素质教育过程中，不仅要注意预防学生的心理疾病、开展心理健康教育，更应将其作为开发大学非智力资源的重要途径，以优化学生的心理品质、开发心理潜能、协调心理行为，使其拥有健全人格、健康情感和良好适应能力。

三、努力构建一个完整的大学生心理素质教育体系

（六）对大学生实施心理素质教育，是一个系统工程，要遵循教育教学规律和学生的身心发展规律，充分发挥学校教育的优势，把心理素质教育融入到学校整体教育之中；以课堂教学、校内教育指导为主要渠道，积极利用社会实践、第二课堂、军训、体育活动等多种形式，形成一个课内与课外、教育与指导、咨询

与服务紧密结合的、完整的心理素质教育体系。

（七）认真抓好心理素质教育课程的开设工作。开设心理素质教育课是高等学校面向广大学生进行心理素质教育的重要方式，各校要将该课程纳入教学计划，作为学生的必选课，要求每个学生在大学期间至少修满2学分（或30个学时）有关心理素质教育方面的课程。暂时不具备开课条件的学校，也应按照中宣部、教育部《关于普通高等学校"两课"课程设置的规定及其实施工作的意见》和《中国普通高等学校德育大纲（试行）》及北京市有关文件要求，在思想道德修养课程中，科学地安排和体现心理素质教育的有关内容，并尽快创造条件，单独开设课程。心理素质教育课要结合学生心理特点，注重帮助学生解决实际问题，避免单纯传授心理知识。同时，要注意发挥体育课、日常体育锻炼和军训等在培养学生良好心理素质方面的作用。市委教育工委、市教委将着手制定《北京全日制高等学校心理素质教育大纲》，并组织力量编写教材。学校还可以根据学生需要举办经常性的讲座、报告，普及心理健康知识，配合课堂教学。

（八）积极开展有助于提高学生心理素质的课外实践活动。开展课外社会实践活动是提高学生心理素质的重要途径，要充分利用宣传媒体，加强对心理素质教育有关内容的宣传；通过学生社团和兴趣小组，如"认知评价小组"、"智力开发小组"、"人际交往小组"、"挫折训练小组"等形式，紧密结合学生需要开展形式多样的活动。学校要为学生心理社团和兴趣小组配备专门的指导教师，引导和组织广大学生尤其是一些心理素质较差或有人格缺陷的学生参加小组活动，开展同辈间咨询。

（九）认真开展心理咨询和辅导工作。对学生开展心理咨询是心理素质教育工作的重要组成部分，要根据学生的不同情况有针对性地开展咨询和辅导。心理咨询机构要面向全校学生开展咨询活动，通过开设心理咨询门诊、咨询热线电话、咨询信箱、咨询网站等形式，为学生提供倾诉场所，及时发现有心理障碍的学生并给予指导。咨询人员要严格遵守心理咨询的有关规则和职业道德，认真负责地接待每位来访学生。

（十）积极做好新生心理健康普查工作，建立健全学生心理健康档案，这要作为一项制度确定下来。每年在新生入学后各校要认真进行一次心理素质普查和心理测试工作，建立学生心理健康档案，对学生的心理发展状况进行分析、预测，以便加强工作的针对性。对患有心理疾病的学生要及时进行矫治，帮助他们尽快排除障碍。

四、加强心理素质教育工作队伍建设

（十一）高等学校心理素质教育工作是一项理论性、知识性和实践性很强的综合性工作，必须有一支以专职为骨干、专兼结合，受过系统、科学的培训，具有一定理论水平和实践经验的工作队伍。专职教师要少量、精干，纳入学生思想政治工作队伍编制。专职教师职务评聘归入德育人员专业技术职务评聘序列，有条件的也可以纳入心理学系列，逐步建立心理健康教育专业职称系列。专职教师的数量，各校可根据实际需要自行确定，但至少要配备一名。兼职教师可以从心理学或教育学教师、心理保健医生和具有从事这方面工作能力和经验的德育工作者、校外心理咨询员或离退休老教师中聘任；教师的待遇应与其他专业课教师的待遇相同，工作量参照教学工作计算。

（十二）专兼职教师都要接受系统的心理学和心理咨询知识与技术的专业培训。市委教育工委、市教委将制定《高等学校心理咨询员任职条例》，并确定有关高校承担师资培训任务。高校心理咨询人员要逐步做到持证上岗，市委教育工委、市教委将对经过培训，符合上岗条件的人员颁发《高等学校心理咨询员资格证书》。

（十三）通过开展课题研究和工作、学术交流，不断提高心理素质教育工作队伍的水平。在原有"北京高校心理咨询研究会"的基础上，组建"北京高校心理素质教育研究会"，结合工作实际，组织北京高校心理素质教育工作队伍开展研究和交流；加强国际间的交流与合作，积极借鉴国外高校开展心理素质教

育的经验与做法，不断提高北京高校心理素质教育工作队伍的水平。

五、加强对心理素质教育工作的领导和管理

（十四）高校党委和行政要切实加强对心理素质教育工作的领导，将其列入重要议事日程，支持心理素质教育工作的开展。要把心理素质教育纳入学校的教育教学计划和学生的日常教育工作。学校领导中要有专人分管这项工作，并明确职能部门负责协调和组织全校心理素质教育的教学、科研和咨询等工作。工作基础和条件较好的学校，应进一步完善、健全心理素质教育工作的专门机构；条件尚不成熟的学校可以先开展心理素质教育工作，并积极创造条件，争取尽快建立专门机构。

（十五）保证对心理素质教育工作的投入。学校要设立心理素质教育工作专项经费，以保证人员培训、兼职人员的报酬、开展心理状况调查等所需经费；同时配备必需的办公用房、测量工具（心理测验软件、量表等）、图书资料、计算机等，为更好地开展心理素质教育工作提供必要的物质条件保证。

（十六）加强对心理素质教育工作的指导和评估。市委教育工委、市教委将成立"北京高校心理素质教育专家指导组"，定期对高校开展心理素质教育工作的情况进行检查、指导和评估。评估内容包括学校重视和支持程度、机构设置、资金投入、师资队伍建设、科研工作、教学安排和开展心理咨询的情况等，评估结果作为评价学校德育工作、学生素质教育工作的重要内容。

各校要根据上述意见，结合本校的实际情况，制定具体的实施办法，并努力探索心理素质教育的规律，积累经验，把北京高校心理素质教育工作提高到一个新水平。

中共北京市委教育工作委员会

北京市教育委员会

2000年10月23日

参考文献

1. 林永和、卢思锋:《求职与择业》,北京:改革出版社,1992年版。
2. 赵淑文、林永和:《心理学》,北京:首都师范大学出版社,1992年版。
3. 北京市教育工委:《大学生心理素质教程》,北京:北京出版社,2002年版。
4. 彭聃龄:《普通心理学》,北京:北京师范大学出版社,1990年版。
5. 林永和:《大学生心理卫生》,北京:宇航出版社,1995年版。
6. 罗庆生、韩宝玲:《大学生创造学》,北京:中国建材工业出版社,2002年版。
7. 陶学忠:《创造创新能力训练》,北京:中国时代经济出版社,2002年版。
8. 陶文:《五分钟心理自测》,北京:中国华侨出版社,2002年版。
9. 颜世富:《成功心理训练》,上海:上海三联书店,2002年版。
10. 姜宪明:《大学生心理自我保健》,北京:北京出版社,2001年版。
11. 林永和:《大学生就业指导》,北京:时事出版社,1998年版。
12. 张筱:《轻松心理测试手册》,北京:中国城市出版社,2001年版。
13. [英]朱莉娅·贝里曼:《心理学与你》,北京:北京大学出版社,2000年版。
14. 林永和:《管理心理学》,北京:机械工业出版社,1992年版。
15. 樊富珉:《大学生心理咨询案例集》,北京:清华大学出版社,1994年版。
16. 晨曦:《人生测试全书》,北京:经济日报出版社,1999年版。
17. 教育部人事司:《高等教育心理学》,北京:高等教育出版社,1999年版。
18. 刘降亚译:《素质测试手册》,海南:南海出版社,2001年版。
19. 黄素菲:《人际关系测试与训练》,北京:中国纺织出版社,2002年版。

20. ［美］朵妮·秦百玲：《培训游戏大全》，北京：企业管理出版社，2002年版。

21. 吴武典：《团体辅导手册》，台北：心理出版社，1992年版。

22. 赖文龙：《心理素质教育》，广州：华南理工大学出版社，2001年版。

23. 汪向东等：《心理卫生评定量表手册》，北京：中国心理卫生杂志社，1999年版。

24. 林永和、卢思锋：《认识你自己》，北京：中国人事出版社，1993年版。

25. 林永和、卢思锋：《从认识自我开始》，北京：中国人事出版社，1993年版。

26. 林永和、卢思锋：《求职择业百事通》，北京：中国人事出版社，1993年版。

27. 张玲：《心理健康研究与指导》，北京：教育科学出版社，2001年版。

28. 王玲：《大学生心理手册》，广州：暨南大学出版社，1992年版。

29. 方俐洛：《职业心理与成功求职》，北京：机械工业出版社，2001年版。

30. 林永和：《思想道德修养》，北京：工商出版社，2001年版。

31. 魏贤超、杨宏飞：《成为你自己》，杭州：浙江教育出版社。

32. 王淑兰：《大学生心理健康与自我调适》，西安：陕西人民教育出版社，2002年版。

33. 张世权：《测试我们的孩子》，北京：当代世界出版社，2001年版。

34. 李霞等：《创富心理分析》，重庆：重庆大学出版社，1996年版。

35. 马建青：《大学生心理卫生》，杭州：浙江大学出版社，1992年版。

36. ［美］MaxwellMaltz，梁春等编译：《自我意象与人格改造》，中国商业出版社，2000年版。

37. 沈贵鹏：《什么是心理教育——基于教育学反思》，《教育理论与实践》，2001年第7期。